영국 직업훈련정책의 제도주의적 분석

영국 직업훈련정책의 제도주의적 분석

고 혜 원 著

책머리에

이 책은 역사적 제도주의의 관점에서 영국의 1990년대 직업훈련정책을 분석하고 있다. 영국은 블레어 정부 이후 '노동을 위한 복지(welfare-to-work)' 정책을 최우선의 정책으로 표방하면서, 직업훈련을 강화한 결과 노동시장과 직업훈련의 계량적 성과가 유럽 경쟁국에 비하여 양호한 것으로 평가되고 있다. 이러한 이유로 많은 나라에서 영국의 정책을 중요한 학습대상으로 삼는 경향이 있으며, 우리나라도 예외가 아니다. 그러나 영국의 직업훈련정책의 결과에 대하여 영국 내부에서도 부정적인 의견이 많이 제기되고 있으며, 더욱이 다른 나라의 정책에 대하여 심도있는 검토가 이루어지지 않은 채 모방하는 것은 적절하지 못하다.

아직 국내에는 영국의 직업훈련과 관련된 본격적인 비교연구는 부족하다. 이 책은 이러한 국내의 연구공백을 메우면서 동시에 영국 직업훈련정책의 원리와 성과에 대한 분석을 통하여 한국의 직업훈련정책에 주는 함의를 찾고자 하였다.

이 책의 내용은 크게 다섯 분야로 구성되어 있다. 첫번째, 영국 직업훈련정책 형성의 요인에 대한 분석이다. 이를 정책환경, 정책결정구조, 과거 정책의 제도화된 특징으로 설정하여 검토하였는데, 정책 환경으로는 정치이데올로기, 산업 및 고용구조, 생산체제를 변수로 설정하였고, 정책결정구조로는 정치행정구조와 노사정구조를 변수로 설정하였다. 기존 정책의 제도화된 특징으로는 역사적 전개에 따른 정책의 변화를 살펴보았다.

두 번째는 직업훈련정책의 정책기조와 정책의 구체적 내용에 대해 살펴보았다. 1990년대의 직업훈련의 정책은 과거 정책의 특징인 시장중심성이 더욱 강화된 것으로 나타나고 있다. 정부는 역사적으로 기업의 직업훈련에 대하여 개입하지 못하였으며 현재에도 취약계층인 청소년과 실업자에 대한 직업훈련에만 개입하고 있다.

세 번째로는 직업훈련정책의 집행기구 및 운영방식을 살펴보았다. 영국의 다른 행정부문과 마찬가지로 직업훈련정책에서도 정부와 민간의 역할에 대한 구분이 명확한 편이다. 정부는 정책을 입안하고 정책수행에 대한 평가의 원칙을 제시하고 있으며, 민간부문은 정부의 정책을 대신 집행하는 경향이 있다.

네 번째로는 직업훈련정책의 결과를 경제적 결과와 사회복지적 결과로 나누어 분석하였다. 영국의 직업훈련정책은 경제의 지속가능한 발전을 지탱할 적절한 수준의 인력을 제공하는 데 적절하지 않으며, 특히 중급 수준의 기술 부족은 여러 번의 개혁을 통해서도 이루어지지 않고 있다. 또한 정책목표와 달리 취약계층에 대한 직업훈련도 활성화되지 못하고 있다.

다섯째로는 영국 직업훈련정책의 분석을 통한 한국의 직업훈련정책에 주는 시사점을 정리하였다.

책을 펴내고 나니 두려움과 걱정이 앞선다. 이 책의 내용과 표현에 대한 책임은 전적으로 필자가 감당하여야 할 몫이다. 이 책의 집필과 관련해 도움을 주신 분들이 너무도 많아 일일이 열거할 수 없음을 안타깝게 생각한다. 무엇보다도 가족들에게 감사를 표한다. 그 중에서도 이 책의 집필과 관련한 자료를 구하는 과정에서 차가운 영국의 겨울을 참아주면서 또한 공부하는 엄마의 짜증까지 받아준 사랑하는 딸 지영에게 고마움을 표한다. 앞으로도 지혜롭고 씩씩한 여성으로 자라기를 바란다. 그리고 사정이 여의치 않은 데도 이 책의 출간을 독려해 주신 한국학술정보(주)의 채종준 사장님과 황명현 팀장님, 신재훈 선생님, 그리고 편집진의 노력에 진심으로 감사를 드린다.

2005년 12월

고혜원 識

차 례

표 차례

그림 차례

약 어

ALMP(Active Labour Market Policy) 적극적 노동시장정책
CBI(Confederation of British Industry) 영국기업연맹
CDL(Career Development Loan) 경력개발대부
DTI(Department of Trade and Industry) 통상산업부
DfEE(Department for Education and Employment) 교육고용부
DfES(Department for Education and Skills) 교육기술부
ES(Employment Service) 고용청
ESF(European Social Fund) 유럽사회기금
EU(European Union) 유럽연합
FE(Further Education) 계속교육
FEFC(Further Education Funding Council) 계속교육재정지원협의회
GCE(General Certificate of Education) 일반교육자격
GCSE(General Certificate of Secondary Education) 일반중등교육자격
GNVQ(General National Vocational Qualification) 일반국가직업자격
HE(Higher Education) 고등교육
HEFC(Higher Education Funding Council) 고등교육재정지원협의회
IALS(International Adult Literacy Survey) 국제성인 문해력 조사
ILA(Individual Learning Account) 개인학습계좌
IiP(Investor in People) 인적투자인증
ITB(Industrial Training Board) 산업훈련위원회
ITO(Industrial Training Organization) 산업훈련기구
JTS(Job Training Scheme) 직업훈련계획
LEA(Local Education Authority) 지방교육청

LSC(Learning and Skill Council) 학습기술협의회
LEC(Local Enterprise Company) (스코틀랜드) 지역기업협의회
LFS(Labour Force Survey) 노동력조사
MSC(Manpower Services Commission) 인력관리위원회
NCVQ(National Council for Vocational Qualifications) 국가직업자격위원회
NRA(National Record of Accomplishment) 국가성취기록
NTET(National Target for Education and Training) 국가교육훈련목표
NTO(National Training Organization) 전국훈련기구
NVQ(National Vocational Qualification) 국가직업자격
PIC(Private Industry Council) (미국) 민간산업협의회
RDA(Regional Development Agency) 지역개발기구
TEC(Training and Enterprise Council) 훈련기업협의회
TfW(Training for Work) 취업훈련(실업자훈련의 일종)
TSC(Training Standard Council) 훈련기준협의회
TUC(Trade Union Congress) 노동조합회의(영국노총)
TVEI(Technical and Vocational Education Initiative) 기술직업교육계획
UfI(University for Industry) 산업대학
VET(Vocational Education and Training) 직업교육훈련
WBTA(Work Based Training for Adults) 성인현장훈련
WBTYP(Work Based Training for Young People) 청소년현장훈련
YT(Youth Training) 청소년훈련
YTS(Youth Training Scheme) 청소년훈련계획

제1장 서 론

제1절 연구의 필요성과 목적

직업훈련정책은 고용 확대를 정책목표로 하는 고용정책의 하나이다. 노동의 질을 제고하여 우수한 노동력을 노동시장에 공급함으로써 고용 확대를 꾀하고자 하는 정책이라 할 수 있다. 직업훈련정책은 그동안 경제발전에 필요한 우수한 인력을 공급하는 경제정책으로 인식되어 왔다.

그러나 최근에 와서 복지국가를 지향해 온 일부 선진국의 직업훈련정책은 경제정책의 성격에만 머무르지 않고 사회복지정책과 연계하여 노동시장 취약계층의 고용가능성(employability)을 제고하기 위한 근로복지(workfare), 교육복지(edufare)의 성격을 강하게 드러내고 있다. 그 대표적인 나라가 바로 영국이다.

대처정부 이래 '작은 정부'를 지향해 온 영국은 복지국가의 전성시기에 확장되었던 이른바 '큰 정부'의 실업수당, 주택수당 등 공여적 복지수당을 대폭 감소시킨 바 있다. 대신에 기존의 복지수당 수혜층에 대한 직업훈련을 통하여 노동시장 참여를 유도하는 '노동을 위한 복지(welfare-to-work)'정책을 최우선의 사회복지정책으로 표방(Blair, 1998; Giddens, 1998)하고 있다. 특히 블레어정부[1]는 1980년대와 1990년대 초기 대처와 메이저의 보수당정부가 노동시장의 유연성만을 강조하고 노

1) 블레어는 집권하기 이전 노동당 내 예비내각의 고용 장관(Shadow Employment Secretary)을 지내면서 고용, 교육훈련 부문에 깊은 관심을 보인 바 있으며, 집권 이후 교육훈련부문을 정치적 어젠다의 위치로 격상시키고, '교육훈련은 최선의 경제정책'이라고 정의하면서, '국가경쟁력 제고를 위한 교육훈련'의 확대를 꾀하고 있다.

동시장에서 탈락하게 되는 이들에 대한 보완적인 교육 및 직업훈련을 실시하지 않았기 때문에 실업의 증가, 사회적 배제(social exclusion), 의무교육 이후의 교육참여율 저조, 자격증보유율의 저조 현상 등의 문제점이 초래되었다고 판단하고 교육 및 직업훈련정책에 관한 각종 새로운 정책방안을 활발히 제시하고 있다. 이러한 노력 때문에 영국의 직업훈련과 노동시장의 계량적 성과[2]는 다른 유럽국가에 비하여 양호한 것으로 평가되고 있다(Ryan, 2000; OECD, 2000b).

현재 많은 나라들은 이러한 영국의 직업훈련정책이 사회복지정책-노동시장 취약계층의 학습을 제고시키고 그들의 사회적 통합(social inclusion)을 가속화시키는 정책-의 역할과 경제정책-국가 전체적으로 필요한 인력을 제공하는 정책-의 역할을 모두 수행할 수 있으리라고 판단하고 영국의 관련 정책을 중요한 학습대상으로 삼는 경향이 있다. 김대중 정부 출범 이후 우리나라도 행정 전반에 걸쳐 영국에 관심을 가진 바 있고[3], 직업훈련정책 관련 정부부처의 조직변화와 같은 정부개혁에도 큰 관심을 보였다.

우리나라의 직업훈련제도는 과거 정부가 주도하여 인력을 양성하는 특징[4]을 지니고 있었다. 그러나 정부 주도의 정책이 '공공직업훈련의

2) 예를 들어 실업자훈련 수료생의 취업률이나 자격증취득률이 다른 나라에 비하여 높은 편이며, 실업률도 낮게 나타나고 있다. 이에 대한 자세한 내용은 6장에서 후술한다.

3) 김대중 정부는 출범초기 정책 대안의 하나로 '제3의 길'을 표방하면서 영국식 정책사고를 정책 전반에 많이 받아들였다(김석준, 2000). 김대중 정부가 강조한 '민간주도', '시장경제', '기업가적 관리', '경쟁과 개방', '효율성', '성과중심'과 같은 용어들은 바로 영국식 시장중심형 모델이 강조하는 용어들로서 IMF위기를 수습하기 위한 김대중 정부 정책결정자들의 주요한 화두였다(김판석, 2000).

4) 한국의 직업훈련은 초기 산업화단계에 필요한 인력양성을 목표로 정부주도하에 도입되었으며, 민간기업의 직업훈련에 대한 규제와 강제, 그리고 공공직업훈련의 정부기관에 의한 직접공급을 중심축으로 하는 정부주도 모델로 분류된다(김진영, 1999). 자세한 내용은 2장을 참고할 것.

비효율성'을 초래하였고 '성과와 연계되지 않은 지원'이라는 강한 비판이 제기되면서 이에 대한 대안으로서 영국식 모델이라고 볼 수 있는 '성과와 연계된 예산지원', '민간중심의 직업훈련'이라는 시장중심형 정책을 시도하는 과정에 있다[5]. 또한 1997년 외환위기 이후 양산된 실업자를 위한 실업대책에서도 영국과 비슷하게 직업훈련방식이 주요한 프로그램으로 등장하였다.

영국의 직업훈련제도는 경쟁국가인 독일이나 프랑스, 우리나라와 달리[6] 기업체의 교육훈련에 관한 한 정부가 직접 개입하지 않고 있으며, 시장실패가 발생할 수 있는 청소년 및 실업자 직업훈련에만 정부가 개입하고 있다. 또한, 청소년 및 실업자에 대한 직업훈련도 정부가 직접 직업훈련을 실시하는 것이 아니라 정부와 계약관계에 있는 민간기업인 훈련기업협의회(Training and Enterprise Councils: TEC)[7]가 담당하

5) 한국의 직업훈련제도에 대한 비판 및 변화내용은 다음의 책을 참고할 것. 최성수. (1997).
직업훈련체제의 문제점과 개선방안」. 서울: 한국경제연구원; 심재용. (1997). 「직업훈련과 정부역할」. 서울: 자유기업센터; 유길상 외. (1997). 「경제환경의 변화에 대응한 직업훈련체제 개편방안」. 서울: 한국노동연구원; 강순희 외. (2000). 「직업훈련제도의 효율성 제고방안」. 서울: 한국노동연구원; 정무권. (1998). '적극적 노동시장정책'의 정치경제: 한국에서의 제도적 정착을 위한 모색. 「한국정책학회보」, 7(3): 319-358.

6) 직업훈련에 대한 정부의 개입 및 규제수준과 관련하여 일반적으로 유럽 내에는 3가지 접근방식이 있는 것으로 구분되고 있다. 첫 번째 접근방식은 시장논리에 기초한 규제로서 영국이 대표적이다. 두 번째는 정부주도적인 방식인데, 프랑스가 대표적이다. 세 번째 방식은 독일이 대표적인 사회적 파트너십(social partnership) 방식으로 사용자, 노동자, 그리고 정부가 함께 직업훈련을 조정하다(폴 라이언, 1996). 우리나라는 이러한 유럽의 직업훈련제도 유형화에 비추어 본다면 프랑스와 비슷하게 정부 주도적 방식으로 구분할 수 있다. 자세한 내용은 후술하는 2장을 참고할 것.

7) 훈련기업협의회는 계약을 통하여 중앙정부의 훈련예산을 지원받은 후 민간의 훈련기관들과 다시 계약을 하고 정부재정지원 훈련을 실시하도록 하는 민간기업이다. 2001년 4월에 훈련기업협의회는 학습기술협의회(Learning and Skills Councils: LSC)로 새로 개편되었다. 자세한 내용은 5장을 참고할 것.

는 것이 특징이다. 전반적으로 직업훈련에 있어서 정부보다는 시장의 역할이 강하다고 할 수 있다.

그러나 이러한 영국의 직업훈련정책의 결과나 혹은 영국기업의 직업훈련에 대한 투자나 관심이 반드시 긍정적인 것은 아니라는 의견이 제기되고 있다(Finegold and Soskice, 1988; Finegold, 1992; Jeong, 1995). 특히 독일이나 프랑스 같은 경쟁국에 비하여 중급기술(intermediate skill)[8]의 부족 문제가 심각(Wagner, 1986; 폴 라이언, 1996)하다거나 국가 전체적으로 '저숙련 균형(low-skill equilibrium)' 상황으로 지적(Finegold, 1992; Finegold, 1996; Clough, 1996)받는 이유는 바로 국가 인력양성의 핵심이라고 할 수 있는 기업이 직업훈련에 기여하지 않기 때문이라는 지적[9]도 나오고 있다. 직업훈련정책이 사회복지적 성격을 강하게 띠기 시작하면서 기존의 복지수혜층이었던 장기실업자나 장애인, 고령자, 청소년층과 같은 이른바 노동시장 취약계층을 주 정책대상으로 하면서도 이들에 대해 효과적인 정책이 되지 못했다는 비판(DfEE, 1999)이 정부차원에서도 제기되고 있다. 이처럼 영국의 직업훈련정책이 반드시 성공적이지는 않다고 판단되기 때문에 충분한 검토 없이 우리가 영국의 정책을 모방하는 것은 문제점이 있다.

외국에서 도입된 정책이 제대로 작동하기 위해서는 우리나라와 외국의 제도적 환경이 유사할 필요가 있고, 제도의 유사성과 차이에 대한 검토도 선행될 필요가 있다(정정길, 2002; Rose, 1993; Dolowitz and Marsh, 2000). 역사적·제도적 맥락을 무시한 채 단순히 프로그램과

---

8) 기술수준을 초급(routine), 중급(intermediate), 고급(professional)으로 나눌 수 있다.

9) 입직 이후 기업체에서 지속적인 계속훈련을 통하여 함양될 수 있는 중급수준의 기술 부족은 영국 직업훈련의 가장 큰 문제점이라고 지적되고 있다. 필자가 면담한 영국의 직업훈련전문가들은(영국노동조합회의의 전문가이면서 런던대학 교육연구소의 연구원이기도 한 Bert Clough나 서섹스대학 고용연구소의 Jim Hillage) 이 문제의 해결을 위해서는 기업체의 직업훈련 참여가 가장 중요하다고 강조하고 있다.

정책수단만을 도입하였을 경우 실패하기 쉽기 때문이다. 따라서 우리나라의 직업훈련제도 개편의 시점에서 영국과 같은 시장중심형 제도의 도입이 타당한 것인지에 대한 충분한 검토가 필요하다. 이미 시장중심적이고 기업중심적인 정책을 실시하고 있는 영국 직업훈련정책의 결과와 문제점에 대한 심층적인 분석이 선행되어야 할 것이다. 또한 새로운 복지의 틀로 설정되고 있는 '생산적 복지'가 영국의 '노동을 위한 복지'의 원리를 많이 받아들이고 있다는 점에서도 '노동을 위한 복지'의 주요 프로그램인 영국의 직업훈련정책의 분석은 필요하다.

그러나 국내에는 아직까지 영국의 직업훈련과 관련된 본격적인 비교연구는 부족하다. 교육정책[10]이나 복지정책과 관련된 영국의 국가변화에 관한 거시적인 분석[11], 연금 · 의료보험 · 소득분배와 같은 사회복지정책에 대한 연구[12]가 일부 있다. 따라서 이 연구는 이러한 영국 직업훈련정책에 대한 국내의 연구공백을 메우면서 동시에 영국 직업훈련정책의 원리와 성과에 대한 분석을 통하여 한국의 직업훈련정책에 주는 함의를 찾고자 한다.

한 나라의 정책은 그 나라의 정책이 뿌리박고 있는 고유한 제도적

10) 정영순 · 석재은. (2000). 청소년 고용증진을 위한 영국과 한국의 직업교육제도의 비교. 「사회보장연구」, 16(2): 109-145; 이명숙 · 강수택. (1997). 영국 의무교육의 성과와 국제비교. 「EU학 연구」, 2(2): 136-168; 이명숙. (1997). 영국의 고등교육과 고용구조. 「경제학논집」, 6(2): 519-539.

11) 장훈 · 강원택 · 김영순 · 구갑우. (2000). 영국에서 국가성 변화의 이중성에 대한 연구: 케인스주의 국가에서 신자유주의적 국가로. 「국제정치논총」, 40(3): 197-316.

12) 권혁주. (1999). 영국의 소득분배와 국가. 「한국정치연구」, 8: 257-270; 권혁주. (1998). 영국 복지개혁의 소득재분배 효과: 쎄처 정부시기를 중심으로(1979-1991). 「한국행정학보」, 32(1): 27-43; 김홍식. (1999). NHS하에서의 영국 민간의료보험에 관한 연구: 한국에 주는 정책적 함의. 「한국정책학회보」, 8(3): 299-324; 주은선(2001). 영국 보수당정부와 노동당정부의 공적연금 개혁의 성격에 관한 연구: 연속성과 단절. 「사회복지연구」, 17: 219-244.

맥락과 역사를 벗어날 수 없다. 따라서 영국의 직업훈련정책을 정확히 이해하려면 영국 직업훈련정책의 제도적 맥락과 역사에 대한 충분한 이해가 먼저 선행되어야 한다. 이와 같은 문제의식을 염두에 두면서 이 연구는 다음과 같은 문제들을 살펴 볼 것이다.

첫째, 같은 유럽에 위치하고 있고, 비슷한 경제력을 보유하고 있는 독일이나 프랑스와 달리 영국은 왜 시장중심형 직업훈련정책을 실시하게 되었는가? 어떠한 배경에서 이러한 정책이 도입되게 되었는가? 둘째, 시장중심적 직업훈련정책의 구체적인 내용은 무엇인가? 셋째, 가장 중요한 정치적 어젠다로 상정되면서 추진되고 있는 직업훈련정책은 과연 성공적이었는가? 구체적으로 경제적인 면에서 국가가 필요로 하는 인력수요에 부응하여 왔는가? 나아가 사회복지적 측면에서 볼 때 노동시장의 취약계층에 대하여 효과적으로 대응하여 왔는가? 넷째, 결론적으로 이러한 영국의 직업훈련정책이 우리나라 정책에 주는 함의는 무엇인가?

제2절 연구의 대상과 범위

주요 연구대상은 영국[13]의 1990년대 직업훈련정책이다. 1990년대를

13) 영국(United Kingdom of Great Britain and Northern Ireland)은 잉글랜드, 웨일즈, 스코틀랜드, 북아일랜드로 이루어진 국가이다. 각 지역은 각각의 법을 가지고 있고, 교육훈련부문에서도 관련법과 중앙정부가 다르다. 잉글랜드가 영국 전체의 교육훈련부문 중 80%의 비중을 차지하고 있으며, 스코틀랜드는 10%, 웨일즈와 북아일랜드가 각각 5%를 차지하고 있다. 잉글랜드의 경우 현재 교육기술부(Department for Education and Skills: DfES)가, 웨일즈의 경우는 웨일즈정부(Welsh Office)가 교육훈련분야를 담당하는 주무부처이며, 잉글랜드와 웨일즈는 같은 법체계 내에서 운용되고 있다. 이

대상으로 선정한 이유는 정부지원 직업훈련의 주요 전달기구이며 시장 중심적 직업훈련제도를 완성시키고 있는 훈련기업협의회가 운영된 기간이기 때문이다. 훈련기업협의회는 보수당의 대처가 집권하던 1990년 설립되어 보수당의 메이저정부, 노동당의 블레어 1기 정부를 거치면서도 존속하였고, 2001년 학습기술협의회로 변화하였다.

직업훈련이란 "특정한 종류의 직무(a particular kinds of work)에 필요한 기술과 지식을 가르치도록 설계된 활동 또는 일련의 과정"(CEDEFOP, glossarium)으로 이해되고 있다. 국제노동기구(ILO)는 "기술적 또는 직업적 기능과 지식을 습득하거나 향상시킬 수 있는 모든 훈련방식을 말하며, 따라서 기업체 현장에서 실시되거나 학교에서 실시되는 것은 크게 문제가 안 된다"고 정의(ILO, 「직업훈련권고」)하고 있다. 이러한 정의에 따르면 직업훈련은 정규학교 교육과정과는 직접적인 관계가 없는 직업에 필요한 교육훈련을 의미하게 된다. 그러나 현재 직업능력의 폭과 깊이가 날로 확대됨에 따라 과거처럼 직업교육(vocational education)[14)]과 직업훈련(vocational training)을 구태여 구분할 필요가 없기 때문에 직업교육과 직업훈련을 합성하여 직업교육훈련(VET: vocational education and

---

연구는 잉글랜드의 정책을 주로 다루게 될 것이나, 통계자료의 경우 영국(United Kingdom: UK), 잉글랜드(England), GB(Great Britain, 북아일랜드를 제외한 지역)로 구분되기도 한다.

14) 직업교육(vocational education)은 일반적으로 정규학교 교육과정으로 이루어지고 있으며, 직업훈련보다는 내용이 보다 일반적이다. 이와 관련하여 유럽연합(EU) 산하의 유럽직업훈련연구소 CEDEFOP는 직업교육(vocational education)을 "교육 가운데 그 목적이 학습자로 하여금 특정 직업 또는 직업군에 취업할 수 있도록 준비시키는 것으로서, 교육내용이 이러한 목적을 달성하도록 계획되거나 설계된 것"으로 직업학교(vocational school)에서 이루어지는 교육과정을 가리킨다고 하면서, 직업교육을 공학 또는 과학(수준)의 직종에 관련된 교육인 기술교육(technical education)과도 구분하는 개념으로 정의하고 있다(CEDEFOP, *glossarium*). 이러한 직업교육의 정의는 학사학위 미만의 학생을 대상으로 하는 직업교육에 대한 전통적인 개념 정의에 해당하는 것이다.

training)이라고 칭하는 것이 보다 일반적이다(Ryan, 1991). 그러나 이 연구에서는 의무교육을 이수한 16세 이상 연령층의 직업에 필요한 교육훈련을 의미한다는 차원에서 직업훈련이라는 용어를 사용할 것이다.

이러한 직업훈련은 양성훈련[15](initial training, 일반적으로 청소년훈련), 계속훈련(continuing training, 일반적으로 기업 내의 직업훈련), 재훈련(re-training, 일반적으로 실업자훈련)으로 구분된다(CEDEFOP, *glossarium*). 이상과 같은 분류에 의하면 영국의 직업훈련은 다음과 같이 구분된다.

양성훈련은 중등교육을 이수한 졸업자나 이와 동등 이상의 학력을 가진 청소년을 대상으로 직업에 필요한 기초적 직무수행능력을 습득시키기 위하여 실시하는 직업훈련인데 영국에서는 의무교육인 중등교육을 이수한 16세에서 18세까지의 청소년에 대한 훈련을 의미한다. 계속훈련은 양성훈련을 받은 자 또는 직업에 필요한 기초적 직무수행능력을 가지고 있는 자에게 더 높은 직무수행능력을 습득시키기 위하여 실시하는 직업훈련으로 주로 기업 내의 종업원에 대한 훈련을 말한다. 재훈련은 실업자훈련으로서 실업자들에게 취업에 필요한 기능을 습득시키는 훈련이다.

직업훈련정책은 바로 이러한 세 종류의 직업훈련을 다루는 정책이다. 그러나 영국에서는 정부가 직업훈련을 실시하지 않고 기업체나 개인의 직업훈련을 제고하고 지원하는 시장중심형 정책의 특징인 각종 유인정책이 많이 사용되기 때문에 이 연구에서는 직업훈련지원정책까지도 포함하여 연구의 대상으로 삼고자 한다.

---

15) initial training은 양성훈련, 초기훈련 등 다양하게 번역되어 사용되고 있는데 양성훈련이라는 용어가 법률용어로 채택되어 있다. 이 연구에서도 양성훈련이라는 용어를 사용하도록 한다.

제3절 연구방법과 구성

1. 연구방법과 자료

기본적으로 이 연구는 한국의 직업훈련정책에 대한 함의를 얻고자 비교정책의 시각에 입각하여 영국의 직업훈련정책을 분석하는 단일 사례연구[16)]이다. 그러므로 정책채택의 배경, 정책결정 구조와 과정, 정책의 실질적인 내용, 정책의 효과를 설명하고 해석하는 것(남궁근, 1998a)을 주요 목적으로 한다. 직업훈련정책을 분석하기 위한 변수 및 분석틀로는 2장에서 구체적으로 설명되는 바와 같이 역사적 제도주의의 접근방식을 차용한다.

자료는 영국에서 발간된 문헌을 주로 참조하였으나 이를 보완하기 위하여 영국의 직업훈련관련 정부부처인 고용부(Department for Employment, 1995년 이전), 교육고용부(Department for Education and Employment: DfEE, 2001년 이전), 교육기술부(Department for Education and Skills: DfES, 2001년 이후), 통계청(Office of National Statistics: ONS) 등 관련기관의 자료, OECD, ILO, EU 등 국제기구의 자료, 전문가와의 면담자료[17)]를 활용하였다.

---

16) Lijphart의 비교연구방법 분류에 의한 사례연구방법은 최소한 하나의 사례에 대한 집중적 분석방법을 말한다. 이 방법은 한정된 자원을 가지고도 사례를 집중적으로 검토할 수 있는 장점이 있다. 특정사회에 대하여 이루어지는 단일사례에 관한 연구는 대상과 관련된 모든 변수들을 검토하고 내적인 상호 관련성을 총체적으로 보여줄 수 있다는 장점을 가지고 있는 것이다. 하지만 이 방법은 인과관계의 구성이 어렵고 따라서 이론으로서 일반화하기 어려운 난점을 가지고 있다.

17) 이 연구의 수행과정에서 두 차례의 영국 현지조사 및 전문가면담을 실시한

2. 연구의 구성

서론에 이어 다음의 2장에서는 첫 번째로 영국과 한국의 직업훈련제도의 기본적 특징을 분석하고 두 번째로는 직업훈련정책의 의의, 세 번째로 직업훈련부문의 주도적 역할과 관련된 일반이론(general theory)으로서 시장실패와 정부실패를 다룬다. 네 번째로는 제도적 관점(institutional approach)에서 영국의 고유한 직업훈련정책을 분석하기 위한 틀로서 역사적 제도주의를 다룬 후 다섯 번째로 이 연구의 분석틀을 제시할 것이다.

3장에서는 직업훈련정책 형성의 요인으로서 먼저 정책 환경인 정치 이데올로기와 산업구조 및 고용구조, 생산체제 등을 분석한다. 다음 정책결정구조로서 영국의 정치행정구조, 직업훈련의 주요 행위자인 노사정 삼자의 구조와 관계에 대하여 다룬다. 이후 과거정책의 제도화된 특징으로서 1990년대 이전의 정책을 다룬다.

4장에서는 구체적인 정책의 내용으로 1990년대의 양성훈련, 계속훈련, 실업자훈련 및 뉴딜, 그리고 기타 직업훈련지원정책을 분석한다.

5장에서는 정책의 집행단계로 행정조직으로서 정부의 역할, 그리고 전달기구인 훈련기업협의회와 주요 운영방식인 성과연계재정지원(output-related funding)에 대하여 분석한다.

6장에서는 정책의 결과를 경제적 차원의 효과와 사회복지적 차원의 효과로 나누어 분석한다.

마지막 장인 7장 결론에서는 이상의 내용을 요약하면서 영국의 직업훈련정책이 한국의 직업훈련정책에 주는 함의를 도출하도록 한다.

바 있다. 첫 번째는 1999년 6월에 2주 동안 이루어졌으며, 두 번째는 2000년 12월부터 2001년 3월까지 4개월간 이루어졌다. 면담대상자는 교육고용부(DfEE)의 정책담당자, 영국기업연맹(CBI)의 직업훈련관계자, 영국노동조합회의(TUC)의 직업훈련관계자, 훈련기업협의회(TEC)의 관계자, 런던대학 교육연구소의 학자 등으로서 직업훈련부문의 이해관계자(stakeholder) 전반과 면담하였다.

제2장 이론적 논의 및 분석틀의 구성

이 장에서는 먼저 다른 국가들과 비교한 영국 직업훈련제도와 한국 직업훈련제도의 기본 특징을 살피고, 직업훈련정책의 목표 및 성과의 기준을 파악하기 위하여 직업훈련정책의 의의를 분석한다. 다음으로는 직업훈련의 주요 행위자와 관련된 이론으로서 시장실패 및 정부실패 이론을 정리하고, 역사적 제도주의를 살펴볼 것이다. 마지막으로 이 연구의 분석틀을 제시하도록 한다.

제1절 영국과 한국 직업훈련제도의 기본적 특징

1. 영국 직업훈련제도의 특징

영국의 직업훈련제도 유형에 대하여 알아보도록 한다. 먼저, 직업훈련에 대한 시장의 규제와 집단적 규제라는 기준으로 직업훈련제도를 분류하는 경우 영국은 시장의 규제형으로 분류된다(폴 라이언, 1996). 직업훈련이 시장의 규제에 놓여 있다는 의미는 직업훈련의 실시여부가 사용자와 노동자들이 개별적으로 내리는 다수의 결정에 달려 있다는 말이나. 집단직 규제란 정부기구와 사용자단체, 노동조합과 종업원평의회(Work Councils)[18]가 주도적 역할을 맡는다는 의미이다. 각국의 직

18) 영국에는 종업원평의회(Work Councils)가 거의 없다. 영국노조는 노조에 속하지 않는 노동자들에게 노동조건에 대한 발언권을 주는 종업원평의회와 같은 기구들을 도입하려는 노력에 대해서는 지속적으로 반대하여 왔다.

업훈련제도를 이와 같은 기준에 따라 분류하면, 독일과 프랑스는 집단적 규제가 적용되는 대표적인 국가이고 영국은 시장의 규제가 적용되고 있는 국가로 분류될 수 있다.

독일은 노사정이 동등한 위치에서 모든 수준에서 공동 규제하는 직종별 자격증과 관련된 도제 훈련(apprenticeship training)을 실시하고 있다(Streeck et al., 1987). 또한, 독일의 대기업에서는 종업원들이 직종별 자격증(Meister, Techniker)을 취득할 수 있도록 직종 지향적 계속훈련을 입직 후에도 지속적으로 실시한다(Marsden and Ryan, 1991; Soskice, 1994).

유럽대륙의 종업원평의회 권한사항인 작업장의 노동조건들은 단체교섭에서 다루어져 왔다. 그러므로 유럽대륙과는 대조적으로 신기술 도입이나 종업원의 기업 내 경영권 보장을 통하여 생산성을 제고하거나 고임금을 보장받는 방법은 고려되지도 않았고, 작업장 내의 변화는 숙련노동자와 미숙련노동자 간 전통적 분업에 대한 침해이므로 더 나은 보수로 보상받아야 할 것으로 간주해 버리게 되었다. 이런 이유로 임금보상이 되지 않거나 기존의 분업양식이나 전통적 기술에 침해가 된다고 할 경우 변화에 반대하는 저항이 쉽게 생겨나게 되었다(한스 슬롬프, 1997). 반면에 독일이나 프랑스의 경우 종업원평의회제도를 통하여 운영되는 공동결정제도가 있어 종업원이 집단해고와 같은 문제에도 직접적으로 관여할 수 있다. 독일에서는 경영자의 결정과정에 노동자의 이익을 충분히 반영할 수 있도록 종업원평의회가 그 권한을 행사하여 일정 부분 규제를 가하기도 한다. 그러나 영국에서는 근로자가 공장수준에서 노동조합이 아닌 종업원평의회를 통해 영향력을 행사할 수 있는 기능은 없는 편이다. 영국에서도 종업원들의 경영참여에 대한 논의는 있었다. 1976년에 노동당은 자신들이 주도적으로 조직한 뷸록위원회(Bullock Committee)에 기업거버넌스 개혁을 맡겼고, 이 위원회는 1976년에 종업원들의 이 사회 참여를 권고하는 보고서를 발간하였다. 그러나 이 권고안은 엄청난 반대에 직면하였다. 우선 금융계와 산업계가 모두 반발하였다. 금융계는 노동자들이 이 사회에 참여하면 금융이익이 제한을 받을 것을 염려하였고, 산업계는 경영자들의 경영 자율성이 침해될까 우려하였다. 그런데 뜻밖에도 노조가 권고안에 반대하였다. 노조지도자들은 노동자 대표들이 이 사회에 즉 경영에 참여하게 된다면 단체협상 시 노조의 발언권이 약해질 것으로 여겼다. 금융계가 반대하고 노조도 반대하자 당시 노동당은 이 권고안대로 입법하는 것을 포기할 수밖에 없었다.

프랑스에서는 도제제도가 여전히 중요한 것으로 여겨지는 일부 부문을 제외하고는 사용자들이 청소년노동자를 고용하는 경우에도 양성훈련을 거의 제공하지 않는다. 대신에 이들에 대한 양성훈련은 일반학교 교육이나 정부의 공공직업훈련에 의존한다. 기업의 계속훈련은 사용자의 책임이지만, 거기에 대해 정부가 직업훈련분담금제도[19] 내에서 보조금을 주고 있으며 종업원평의회에 대한 공동결정권 등을 통해 영향력을 행사하고 있다(Ryan, 1996).

〈표2-1〉 규제유형별 직업훈련제도의 분류

<table>
<tr><th colspan="3">유 형</th><th>대표국가</th><th>내 용</th></tr>
<tr><td colspan="3">시장에 의한 규제</td><td>영 국</td><td>-사용자와 종업원의 개별 결정</td></tr>
<tr><td rowspan="2">집단적 규제</td><td>정부 주도적</td><td>직업교육 중심</td><td>프랑스</td><td>-공공교육훈련제도</td></tr>
<tr><td>노사정 합의적</td><td>직업훈련 중심</td><td>독 일</td><td>-이원화제도(dual system)*
-사용자단체, 교육자, 노조, 종업원평의회, 정부기구 등을 포함하는 공동기구의 네트워크</td></tr>
</table>

주: * 이원화제도란 훈련생들에게 직업학교에서의 교육과 직장에서의 훈련이 동시에 진행되는 것을 말함

자료: 폴 라이언. (1996). 영국, 프랑스, 독일의 코포라티즘과 인력개발. 송종래 편. 「한국과 EU국가들의 노사관계: 구조적 특성과 EU 진출 한국기업의 대응」, 343-382. 서울: 법문사.

다음은 훈련유형별로 분류되는 직업훈련제도를 표로 구성한 것이다.

---

19) 직업훈련분담금은 우리나라를 비롯하여 영국, 프랑스, 싱가포르, 호주 등에서 도입된 적이 있으며, 기업의 직업훈련 활성화를 위하여 기업의 총임금 수준에 따른 직업훈련분담금을 납부하도록 하는 제도이다. 기업이 직업훈련을 실시하게 되면 이미 납부한 분담금을 돌려받을 수 있다.

〈표2-2〉 훈련유형별 직업훈련제도의 분류

구 분	국가명	국가주도	조합주의적 네트워크	지역기업 네트워크	제도적 기업*	자유 시장
양성훈련	프랑스	◎			○	
	독 일		◎			
	이태리	◎		◎		
	일 본		○	○	◎	
	스웨덴	◎	○		○	
	영 국	◎			○	○
계속훈련	프랑스	○			◎	
	독 일				◎	○
	이태리			◎		◎
	일 본			○	◎	
	스웨덴	◎	○		◎	
	영 국				◎	◎
	미 국				◎	◎

주: ◎는 강한 유형을 의미하며, ○는 약한 유형을 의미함.
* 제도적 기업이란 정부가 지원하는 직업훈련의 틀에 참여하는 기업을 말함.
자료: Crouch, Finegold and Sako. (1999). *Are Skills the Answer?*. Oxford: Oxford University Press.

이상의 유형분류에서 살펴보면, 영국은 전체적으로는 국가의 개입이 적은 시장중심형 정책을 추구하고 있음을 알 수 있으며, 구체적으로 보면 청소년에 대한 양성훈련의 경우는 국가주도형이면서도 제도적 기업, 자유시장적 성격이 혼재하고 있고, 기업의 종업원에 대한 계속훈련은 전적으로 제도적 기업과 자유시장적 성격임을 알 수 있다.

이러한 직업훈련제도는 복지국가 및 생산체제 유형과도 연계되어 설명된다. Soskice는 '자본주의의 다양성'에 관한 연구에서 사회민주주의 복지국가(social democratic welfare states), 기독교 민주주의 복지국가(christian democratic welfare states), 자유주의 복지국가(liberal welfare states)로 복지국가를 유형화하고 있다[20]. 여기서 독일, 프랑스, 스웨덴 등 집단규제형 직업훈련제도를 갖고 있는 국가들은 관대한 사민주의와 기독교 민주주의 복지국가이면서 조정된 시장경제 혹은 생산체제와 상호 지지적 관계를 형성하고 이에 배태되어(embedded) 있다고 볼 수 있다(에버린 후버 외, 2002). 또한 직업훈련제도 유형에서 시장중심적 유형으로 분류되는 국가군인 영국과 미국은 복지국가 분류에서는 자유주의 복지국가이면서 무조정 생산체제의 유형에 포함된다.

이상과 같이 직업훈련제도의 유형은 복지국가, 생산체제의 유형과도 밀접한 관계를 가지고 있다. 이는 기본적으로 직업훈련정책이 사회경제정책의 기조와 성격을 같이 한다는 말이다. 대체로 직업훈련에 대한 정부개입이 강한 국가로는 복지국가의 성격이 강한 독일, 프랑스, 스웨덴, 덴마크 등 서유럽 및 북유럽의 다수국가이고, 정부개입이 필요 최소한에 그치고 시장원리를 강조하는 국가로는 미국, 영국 및 캐나다 등 영연방 국가로 분류할 수 있다.

이상에서 언급한 내용을 정리하면 다음과 같다.

---

20) 이와 같은 Soskice의 분류는 Esping-Anderson의 분류인 사회 민주주의적 복지국가, 조합주의적 복지국가, 자유주의적 복지국가와도 맥을 같이 하고 있다. Esping-Anderson에 의하면 자유주의적 복지국가(미국, 캐나다)에서는 소득조사에 의한 공적부조프로그램이 상대적으로 중시되면서 복지수당에 대한 반대급부로 노동의 제공을 흔히 요구한다. 조합주의적 복지국가(오스트리아, 프랑스, 독일)에서는 보험원칙을 강조하는 사회보험제도에 의존하는 비율이 높다. 사회 민주주의적 복지국가는 보편주의 원칙과 사회권을 통한 복지급여의 탈상품화가 가장 잘 이루어져 있으며, 직업훈련과 같은 적극적 노동시장정책의 성격이 강하다.

〈표2-3〉 복지제도, 직업훈련제도, 생산체제의 관계

<table>
<tr><td rowspan="2">복지제도 유형</td><td>사회민주주의 복지국가</td><td>기독교 민주주의 복지국가 (조합주의적 복지국가)</td><td>자유주의 복지국가</td></tr>
<tr><td>복지수당 및 적극적 노동시장정책 중심</td><td>사회보험 중심</td><td>노동제공을 반대급부로 하는 공적부조 중심</td></tr>
<tr><td>직업훈련제도 유형</td><td colspan="2">집단규제형</td><td>시장규제형</td></tr>
<tr><td>생산체제 유형</td><td colspan="2">조정 시장경제</td><td>무조정 시장경제</td></tr>
<tr><td>국 가</td><td>스웨덴, 노르웨이, 덴마크, 핀란드</td><td>오스트리아, 벨기에, 네덜란드, 독일, 프랑스, 이탈리아, 스위스</td><td>호주, 뉴질랜드, 캐나다, 아일랜드, 영국, 미국</td></tr>
</table>

주: 이상은 서구국가의 복지제도와 직업훈련제도를 유형화한 것으로서 직업훈련제도 유형 중 집단규제형은 프랑스식 정부 주도적 방식과 독일식 조합주의 방식으로 나누어지기도 함. 한국의 직업훈련제도 유형은 정부의 개입이 강한 정부 주도적 방식으로 분류되고 있음(김진영, 1999).

자료: 에버린 후버, 존 스테픈스. (2002).; 폴 라이언. (1996).; Crouch et. al. (1999).의 내용을 참조하여 표로 작성함.

2. 한국 직업훈련제도의 특징

1) 역사적 전개

한국의 직업훈련은 국가의 개입이 강한 정부주도의 관료주의적 모델로 분류되고 있다(김진영, 1999; Jeong, 1995). 민간기업의 직업훈련에 대한 규제와 강제, 그리고 공공직업훈련의 정부기관에 의한 직접공급을 중심축으로 직업훈련이 이루어지고 있기 때문이다. 직업훈련의 출발 자체도 정부주도로 이루어졌으며, 정부가 중심이 되어 기업의 직업훈련을 촉진시켜 왔다. 1960년대 초 정부가 경제개발 5개년 사업을 추진하는 과정에서 산업현장의 기능계 인력 부족의 문제점이 대두되기 시작하자 기업의 자체훈련을 통하여 기능공을 양성토록 계획하였다. 이를 뒷받침할 법적 근거로 당시의 노동청이 주관부처가 되어 1967년에 「직업훈련법」이 제정되었다.

이후 1974년 「직업훈련에관한특별조치법」이 제정되면서 일정규모 기업에게는 직업훈련 실시가 의무화되었다. 그러나 기업이 형편상 훈련을 실시하지 못할 경우에는 벌칙조항 외에는 제재조치가 없었으므로 기업의 직업훈련이 본격적으로 시작되지는 않았다. 그러므로 기업의 직업훈련을 활성화하기 위해 「직업훈련법」과 「직업훈련에관한특별조치법」이 통합되어 1976년 「직업훈련기본법」이 제정되었고, 이 법이 1995년 「고용보험법」, 1999년 「근로자직업훈련촉진법」 시행 이전까지 직업훈련의 기준이 되었다. 「직업훈련기본법」은 「직업훈련에관한특별조치법」의 시행 과정에서 문제가 되었던 사업 내 훈련 미실시자에 대한 의무부과 방안으로서 직업훈련분담금 제도를 새로이 도입하였으며 1976년의 「직업훈련촉진기금법」 제정과 더불어 기업 측이 내는 직업훈련분담금[21]은 정부의 직업훈련사업 추진을 위한 기금이 되었다. 이후 변화하는 경제 환경에 맞추어 기존의 기능인력 양성훈련 위주의 공공직업훈련보다는 계속훈련 위주의 민간의 직업훈련을 활성화하고자 1995년 「고용보험법」 시행과 더불어 직업훈련은 고용보험 3대사업[22]의 하

21) 직업훈련분담금은 「직업훈련기본법」상의 의무대상산업들인 광업, 제조업, 전기·가스 및 수도업, 건설업, 운수·창고업 및 통신업, 서비스업의 일정규모 이상(상시근로자 150인 이상)의 사업체가 근로자 임금총액의 100분의 20범위 내에서 노동부장관이 매년 산업별·규모별로 책정·고시하는 훈련비율 이상을 사업 내 직업훈련에 의무적으로 지출하도록 규제하는 것이었으며, 이를 지키지 못할 때에는 의무훈련비율과 실제 훈련비율의 차이에 해당하는 금액을 납부하는 것을 말한다.

22) 우리나라의 고용보험 사업은 실업급여, 고용안정사업, 직업능력개발사업으

나인 직업능력개발사업으로 변모하게 되었다.

따라서 현재 우리나라 기업체의 종업원을 위한 직업훈련은 고용보험법의 직업능력개발사업 보험료가 주 재원이다. 현재 고용보험은 1998년 10월 1일 이후 1인 이상 모든 사업장이 소속(의무가입)하게 되어 있으며 이 중 직업능력개발사업의 보험료는 150인 미만 규모의 기업체는 총근로자 임금분의 0.1%, 150인 이상 1,000인 미만 규모에서 0.5%, 1,000인 이상 규모에서 0.7%를 기업주가 납부[23]하고 있다.

1999년의 「근로자직업훈련촉진법」의 시행은 과거의 기능인력 양성과 같은 공공직업훈련에서 민간기업의 근로자에 대한 직업훈련으로 정부 정책의 중심이 옮겨갔음을 확실히 알려주는 것이었다(자세한 내용에 대해서는 〈표2-4〉 참조). 그러나 이러한 변화의 시도는 IMF위기 이후 1998년부터 본격화된 실업자 직업훈련의 확대과정에서 기업의 계속훈련과 같은 직업훈련이 제대로 기능을 할 수 있을 여지를 남겨놓지 않았으며, 오히려 급격한 공공훈련 영역의 확대를 수반하게 되었다. 외환위기 이후의 실업대책 속에서 공공직업훈련은 이른바 '생산적 복지'의 역할을 수행하면서 사회통합책이자 적극적 노동시장정책으로 다시 중요한 기능을 행사하게 되었다.

로 이루어져 있다. 고용보험은 도입당시부터 북유럽의 적극적 노동시장정책과 같은 기능을 수행하고자 도입된 것이며 따라서 서구의 실업보험제도인 실업급여와 더불어 기존의 직업훈련사업까지 같은 제도 내에 포함하게 되었다.

23) 현재의 직업능력개발사업에 관하여 기업체측에서는 다음과 같은 문제를 제기하고 있다. 직업능력개발사업이 민간기업의 노력을 지원하고 조장함으로써 민간주도의 직업훈련을 활성화하는 것을 기본취지로 한다고 하였으나 실제로는 과거의 직업훈련의무제와는 근본적으로는 다르지 않다고 하고 있다. 즉 기업규모에 따라 임금총액의 얼마를 보험료로 납부하고 있고 법이 정한 기준에 부합하는 훈련을 제공한 기업이 일정금액을 지원받는다는 틀이 같다는 것이다. 따라서 직업능력개발사업의 폐지를 주장하고 있다(심재용, 1997).

〈표2-4〉 한국 직업훈련법령의 변천 및 주요 내용

법 령 별		주 요 내 용
직업훈련법	1967. 1. 16 제정 법률 제1880호	○ 근로기준법·산업교육진흥법등에 의해 분산적으로 실시해오던 직업훈련을 일원화
직업훈련에 관한 특별조치법	1974. 12. 26 제정 법률 제2741호	○ 일정규모 이상 사업주에 대해 매년 일정비율의 인원을 의무적으로 양성토록 하는 사업 내 직업훈련 실시의무제 규정
직업훈련 기본법	1976. 12. 31 제정 법률 제2973호	○ 「직업훈련법」과 「직업훈련에관한특별조치법」을 통·폐합 ○ 직업훈련분담금제를 설정하여 사업주로 하여금 훈련을 실시하거나 분담금을 납부하도록 선택적으로 규정
직업교육훈련 촉진법	1997. 3. 26 제정 법률 제5416호	○ 새로운 경제환경변화에 대비한 직업교육훈련체제를 구축함을 목표로 함
근로자직업 훈련촉진법	1997. 12. 24 제정 법률 제5474호	○ 직업훈련의무제 등 각종 규제의 폐지·완화를 통하여 민간훈련의 제약 요인을 해소하고 영리법인의 훈련 사업에의 참여, 훈련기관 성과에 따른 차등지원 등으로 훈련시장에 경쟁체제를 확립하여 민간주도의 직업능력개발 기반을 조성하는 것으로 목표로 함 ○ 공공훈련을 수요자중심체제로 전환하여 기업·근로자 수요에 따른 다양한 훈련과정을 마련하고 민간훈련에 대한 기술·정보제공 등 지원을 확대하고, 특히 실직자, 중고령자 등 사회 취약계층에 대한 공공훈련의 역할을 강화하고자 함 ○ 재직근로자의 지속적인 능력개발을 위해 향상·전직훈련 등 다양한 과정의 훈련서비스를 제공하고 제조·생산직 위주의 기능훈련을 서비스직 분야로 확대하며 중소기업의 인력개발을 우선적으로 지원
직업훈련 촉진기금법	1976. 12. 31 제정 법률 제2974호	○ 직업훈련기본법에 의한 분담금을 직업훈련의 재원으로 하면서 관리·운용함을 목적으로 제정
직업훈련촉진 기금법폐지법률	1999. 2. 8 제정 법률 제5882호	○ 직업훈련촉진기금법 폐지 ○ 직업훈련촉진기금이 보유하고 있는 자산과 부채는 고용보험법에 의한 고용보험기금에 승계
기능대학법	1977. 7. 23 제정 법률 제3009호	○ 국가기술자격법에서 정하는 기능장을 양성하여 근로자의 기술·기능향상 욕구를 충족시키고 국민경제발전에 기여할 목적으로 제정
기능장려법	1989. 4. 1 제정 법률 제4123호	○ 국민에게 기능습득을 장려하고 기능인이 긍지와 자부심을 가지고 맡은 분야에 정진할 수 있도록 기능인의 경제적·사회적 지위향상에 이바지함을 목적으로 제정

법 령 별		주 요 내 용
국가기술 자격법	1973. 12. 31 제정 법률 제2672호	○ 기술자격에 관한 기준과 명칭을 통일하여 적정한 자격제도를 확립하도록 국가적인 정식제도로 제정
자격기본법	1997. 3. 27 제정 법률 제5314호	○ 자격제도를 국가자격과 민간자격으로 구분하고 자격제도의 관리주체를 다원화하는 등 자격제도에 관한 기본적인 사항을 정함으로써 자격제도의 관리·운영을 체계화·효율화하고자 함
한국직업훈련 관리공단법	1981. 12. 31 제정 법률 제3506호	○ 직업훈련의 실시 및 연구개발과 기술자격검정을 분산적으로 실시하던 것을 일원화하여 수행하도록 설립
고용보험법	1993. 12. 27 제정 법률 제4644호	○ 피보험자 등에게 직업생활의 전 기간을 통하여 자신의 직업능력을 개발·향상시킬 수 있는 기회를 제공하고, 직업능력의 개발·향상을 지원하기 위한 직업능력개발사업을 실시하는 것을 목적으로 제정

2) 현행 과제

이상의 〈표2-4〉의 관련법의 변천과정에서 보이는 바와 같이 한국의 직업훈련은 산업화과정과 그 궤를 같이 하면서 발전해 왔다. 산업화과정에서 꼭 필요하였던 기능 인력을 확보하는 차원에서 국가가 주도적으로 1967년 관련법을 제정하여 직업훈련(주로 양성훈련)을 직접 실시하였고, 또한 기업체의 양성훈련을 강제하기 위하여 직업훈련의무제를 실시하기도 하였다.

과거의 정부주도 한국 직업훈련제도는 과거의 경제 틀에서는 직업훈련의 시장실패를 교정하는 데 있어 어느 정도 긍정적인 효과를 가져왔다고 평가되고 있다. 초기 산업화 단계의 조립가공형 대량생산에 치중하는 전략하에서 당시 초보적이고 일반적인 숙련의 공급이 절대적으로 부족하고 시장실패가 현저하였으므로, 기능인력 양성을 위한 정부주도의 강제와 규제가 어느 정도 성과를 보였기 때문이다. 기능 인력에 대한 수요의 폭발적인 증가에 비해서 학교교육이 충분한 기능 인력을 공급하지 못하는 절대적인 공급부족이 있었고, 민간직업훈련시장 또한 거의 형성되지 못하였으며, 인력의 수요자인 기업 또한 자율적인 직업훈련에 대하여 장기적인 전망과 관심이 결여된 상태에서 외부에서 양성된 기능 인력을 스카우트하는 데에만 치중하였다. 이러한 상황에서 정부가 적극적으로 개입한 결과 공공직업훈련을 주축으로 하여 기능인력의 양성이 대폭적으로 증가하기 시작하였으며 기업 내 직업훈련원과 민간의 훈련기관들이 늘어나면서 직업훈련시장의 기반도 구축될 수 있었다(심재용, 1997).

그러나 이러한 직업훈련은 정부주도형 경제개발전략과 대규모 투자중심의 산업육성과 궤를 같이 하는 것으로서 현재에 와서는 한국의 경제구조가 고부가가치의 다품종 소량생산방식으로 넘어가는 데 있어서 구조적인 장애요소로 작용한다는 점에 문제가 있다. 기존의 직업훈련제도가 민간의 자율적인 훈련을 활성화하고 기업의 종업원에게 다양한 직업훈련의 기회를 제공하는 데 한계를 보인다는 점에서 개편의 필요성이 제기되고 있는 것이다. 정부 중심의 직업훈련제도가 필요 이상으로 공공직업훈련부문을 과대 성장시키거나 변화하는 훈련 수요에 유연하게 대처하지 못하는 등의 정부실패를 보인 바 있었다. 대표적으로 과대 성장한 공공부문으로 지적되고 있는 정부 산하의 공공직업훈련조직인 한국산업인력공단(기능대학, 직업전문학교, 한국기술교육대학교 포함)은 주로 양성훈련을 담당하고 있으며, 이 조직의 운영수입은 다음과 같이 이루어지고 있다. 〈표2-5〉에서 보이는 고용보험기금 중 직업능력개발사업기금은 전액 사업주가 내는 것으로서 같은 고용보험사업인 실업급여가 사업주와 종업원이 공동 부담하는 것에 비하여 직업능력개발사업기금은 사업주가 모두 부담하고 있기 때문에 결국 한국산업인력공단의 약 20%에 달하는 운영자금을 기업주들이 부담하는 것이 되어 이러한 기금 출연에 대하여 기업주들이 반발하는 경향도 있다[24].

〈표2-5〉 한국산업인력공단 수입 내역

단위: 백만 원

구 분	2004년	2005년	증(△)감	
			금 액	비율(%)
계	341,173	378,341	37,168	10.9
일반회계출연금	191,432	206,864	15,432	8.1
고용보험기금출연금	87,373	91,687	4,314	4.9
자체수입금	62,368	79,790	17,422	27.9

자료: 한국산업인력공단. (2005). 업무보고자료.

또한 민간부문의 기업 내 훈련에서도 기업필요에 의한 훈련보다는 기금납부면제를 위하여 또는 비용환급을 목적으로 하는 소모적 훈련을 실시하게 되는 낭비가 발생하고 있다(김진영, 1999). 이러한 문제점에 대한 해결을 위하여 직업훈련제도를 개편하려는 움직임들이 생겨났고 아울러 영국과 같은 시장중심형 제도에 대한 관심도 증가하고 있다.

이상과 같이 기존의 정부 중심의 직업훈련에서 발생하는 정부의 실패도 문제로 제기되지만 여전히 기업들의 직업훈련에 대한 의지가 제고되지 않는 것 또한 문제이다. 경제가 비교적 안정되었던 1998년까지만 하더라도 기업의 교육훈련 투자의 충분성에 대한 국제경영개발원(IMD)의 설문조사에서 세계 9위 수준을 유지할 정도로 높은 교육 훈련 의지를 지녔던 기업들의 수준이 2000년 기준 세계 29위로 크게 하락하였다. 2005년의 경우 선진국인 일본(10위), 독일(9위), 미국(14위) 등에 비해 우리나라 기업의 교육훈련 의지가 크게 뒤떨어지고 있으며, 더욱 큰 문제는 아시아권에서도 싱가포르(12위), 대만(16위)에 비해서 기업의 교육훈련 의지가 뒤떨어지는 것으로 나타나고 있다는 데 크게 문제가 있다.

24) 이러한 문제의 내용 및 개선방안에 대해서는 영국의 훈련기업협의회의 운영과 연관하여 결론 부분에서 다루도록 한다.

〈표2-6〉 기업의 종업원 교육훈련 의지에 대한 국제 비교

연 도	한 국	미 국	일 본	독 일	대 만	싱가포르	중 국	말레이시아
1998	9위	14위	2위	7위	12위	6위	29위	17위
1999	29위	14위	4위	8위	11위	3위	23위	18위
2000	29위	12위	6위	9위	31위	2위	19위	26위
2005	25위	14위	10위	9위	16위	12위	46위	26위

자료: IMD, *The World Competitiveness Yearbook*. 각 년도.

그러나 기업의 교육훈련비 지출은 경기변동에 민감하기 때문에 외환위기 이후 기업의 교육훈련비가 크게 감소하였음을 볼 수 있다(〈표2-7〉). 〈표2-7〉에 의하면 경기가 위축되기 시작한 1997년 이후 교육훈련비의 비중이 과거 어느 시기보다도 축소되는 양상을 보이다가 경기가 다시 상승세로 돌아선 1999년 들어서는 그 비중이 다시 커지는 양상을 나타내고 있다. 이는 외환 위기로 인해 기업 경영이 어려워지자, 미래에 대한 투자라고 할 수 있는 교육훈련에 대한 투자가 전반적으로 잘 이루어지지 않고 있다는 사실을 반영하는 것이다. 따라서 이상에서 살펴볼 수 있는 정부의 실패와 시장의 실패를 모두 해결하여야 하는 것이 현행 제도의 과제이다.

〈표2-7〉 한국기업의 노동비용 중 교육훈련비용이 차지하는 비중의 추이

단위: %

연도	1987	1988	1989	1990	1991	1992	1993	1994	1995	1996	1997	1998	1999	2000	2001	2002	2003
비중	0.9	1.0	1.1	1.2	1.6	1.6	1.8	1.7	1.5	2.1	1.9	1.2	1.4	1.4	1.5	1.7	1.5

자료: 노동부. 『기업체노동비용조사보고서』. 각 년노.

제2절 직업훈련정책의 의의

직업훈련은 개인의 노동능력을 향상시킴으로써 취업가능성 및 고용안정성을 제고하고, 또한 국가의 발전에 기여할 수 있는 인적자원을 제공하여 기업과 국가의 경쟁력을 높이는 역할[25]을 수행한다. 이러한 의미는 직업훈련이 경제적 의의와 더불어 사회복지적 의의를 동시에 지니고 있다는 의미가 되고 있다.

1. 경제적 의의

경제학의 고전이론에 의하면, 생산함수를 구성하는 대표적 생산요소는 노동, 자본, 토지였다. 이후 기술발전의 영향력이 중요해 지면서 기술이 생산함수의 주요 요소로 등장하였고, 인적자본(human capital)에 대한 관심이 제고되면서 노동력의 질, 즉 지식·숙련이라는 요소가 생산함수[26]를 구성하는 또 하나의 생산요소로 추가되었다.

---

25) 사회정책으로서 직업훈련정책을 강조해 온 국제노동기구(ILO)는 교육과 훈련에 대한 투자는 다음과 같은 점에서 중요하다고 강조하고 있다. 첫째, 정치적인 자유주의와 민주주의의 확산을 통하여 한 개인이 사회적 권리와 책임을 가진 시민으로 성장할 수 있도록 교육과 훈련의 역할이 강조되어야 한다. 둘째, 급속한 기술변화는 교육의 인지적 내용을 더욱 강화하고 숙련훈련 및 근로자 계속훈련이 강화되어야 함을 요구하고 있다. 셋째, 세계 경제가 계속 통합되어 가는 과정에서 교육과 숙련개발은 국가 경제의 경쟁력과 생산성을 높이는 데 필수적인 요소가 된다. 넷째, 취업애로계층을 일자리로 유인하기 위한 대책으로서 교육과 훈련의 역할이 강조된다. 다섯째, 숙련의 불일치를 해소함에 의해 노동시장의 효율성을 높이는 것이 경제의 고용창출능력을 확대하는 것으로 간주된다(ILO, 1999).

26) 이론적으로 지식과 숙련이 생산함수를 구성하는 하나의 생산요소로 체계

최근의 경제 환경 변화의 특징은 지식기반사회로의 이행이 확산되고 있다는 점이다. 지식기반사회는 과거의 산업사회와는 달리 지식이 개인, 조직 및 국가 경쟁력의 기본이 되는 사회이다. 이는 물적 개념의 자본이나 노동 대신 개인의 창조성 · 창의력에 기초한 지식이 부가가치 생산의 주요 요소가 됨을 의미한다.

특히 지식이 지닌 독특한 속성으로 인해 지식의 중요성은 더욱 배가 된다. 우선 지식이 주요한 생산요소가 되면, 근대경제학의 기본 전제인 자원의 희소성 원칙이 소멸된다. 다시 말해 창출할 수 있는 지식의 양에는 제한이 없는 것이다. 이는 지식과 정보의 축적 및 활용도가 높을수록, 더 많은 지식과 정보를 획득할 수 있음은 물론이고, 새로운 지식과 정보의 창출도 용이하기 때문이다.

또 지식이 중요한 생산요소가 되면 수확체감의 법칙 대신 수확체증의 법칙이 나타난다. 자본이나 노동과 같은 전통적 생산요소가 중심이 되는 산업사회에서는 생산 요소를 투입하다보면 어느 순간 투입 요소의 단위당 산출량이 감소하는 수확체감의 법칙이 나타났다. 그러나 지식과 정보가 중요하고도 거의 유일한 경제자원으로 대두되는 디지털 경제에서는 생산요소의 추가 투입 없이도 생산량을 기하급수적으로 늘리는 것이 가능해졌다. 일단 완성된 소프트웨어는 별다른 추가 비용

적으로 언급되기 시작한 것은 인적자본론(human capital theory)이 등장한 1950년대 말과 1960년대 초부터였다. 인적자본론은 교육에 대한 지출을 투자의 형태로 파악한 Schultz의 연구(T. W. Schultz. (1961). Investment in Human Capital. American Economic *Review*. 51.)와 교육에 대한 투자와 산출 간의 관계를 분석한 Becker(G. Becker. (1962). Investment in Human Capital: A Theoretical Analysis. *Journal of Political Economy*. 70; G. Becker. (1975). *Human Capital*. Chicago: University of Chicago Press.)에 의해 체계화되었다. 또한 일본에서도 1970-80년대 일본경제의 성공요인으로 노동자의 지적숙련(intellectual skill)을 체계적으로 형성할 수 있도록 하는 일본 고유의 숙련형성시스템을 강조하는 이른바 고이케(小池和男)학파가 등장하였다(류장수, 2002).

없이 얼마든지 복제할 수 있게 되었다는 것이 바로 그 단적인 예이다.

이렇게 중요한 생산함수인 노동력의 질과 지식을 제고하는 직업훈련은 국가의 경제성장에 필요한 인력을 양성하고 유지하는 경제적 목적을 지니고 있다. 세계 단일시장의 도래와 경쟁의 격화에서 고임금경제로 살아남기 위해서는 질 위주의 경쟁력을 추구해야 하는데 이를 가능하게 하는 것이 바로 인적자원의 기술습득이다. 이미 많은 학자[27]들이 21세기의 글로벌 경제구조에서 기업/산업경쟁력의 중요한 원천이 인적자원의 개발에 있다고 주장하고 있다. 과거에는 부존자원이나 대량생산과 같은 대규모의 투자를 통해서 부가 창출되었지만, 앞으로는 기술개발과 지식의 발전, 그리고 고급기술인력의 양성과 활용을 통한 혁신을 통해 부가 창출되기 때문이다. 이러한 점에서 현재 선진국에서 직업훈련정책은 가장 중요한 공공정책이 되고 있다. 1990년대 각국은 국가 간 무한경쟁에서의 우위확보, 지속적인 생존과 번영을 위한 국가경쟁력 강화에 정책적 우선순위를 두고, 그 전략의 일환으로 직업훈련정책을 강력히 추진하여 왔다. 이러한 현상에 대해서 캐나다의 언론인이며 사회평론가인 Jamie Swift는 1995년에 '훈련복음(training gospel)'이라는 이름을 붙인 바 있다. 이러한 '훈련복음'의 확산은 훈련을 통하여 가치가 극대화되고 경제성장을 이루게 되면 개인의 임금도 올라가면서 생활수준도 나아질 것이라는 논리에서 비롯하였다. 즉, 기업의 성장과 번영은 곧 개인과 공동체의 복지(wellbeing)로 전환될 수 있다는 사고가 깔려 있다(Jackson and Jordan, 2000).

최근의 국제노동기구(ILO)보고서도 진정한 의미의 경쟁력 강화는

---

27) 김만기 외. (2001); S. Cohen and J. Zysman. (1987). *Manufacturing Matters: The Myth of the Post-Industrial Economy*. New York: Basic Books; E. Porter. (1990). *The Competitive Advantage of Nations*. New York: The Free Press; Lester Thurow. (1992). *Head to Head: The Coming Economic Battle Among Japan, Europe, and America*. New York: William Morrow & Co.

임금의 감소가 아닌 노동의 질과 생산성을 동시에 증가시키는 '고속도로(high road)'의 전략을 취해야 한다고 주장하고 있다(ILO, 1996/97). 고속도로 전략은 생산기술의 발전에 의한 포스트포디즘에 적합한 전략이라고 평가되는 데 반하여, '저속도로(low road)'의 개념은 전통적인 포디즘적 대량생산체제에서 값싼 노동력을 기반으로 경쟁력을 확보하는 것을 의미한다(정무권, 1998). 과거의 물적 자본에 대한 대규모의 투자와 노동자의 탈숙련화 현상을 동반한 대량생산체제(포디즘)는 경쟁력에 있어서 위기를 맞고 있다. 선진국가 간의 경쟁을 보면 기존의 대량생산방식을 채택하고 있는 기업은 경쟁력이 떨어지고 있고, '유연한 생산방식'을 채택하고 있는 기업이 강한 경쟁력을 보이고 있다(Reich, 1983). 이러한 상황은 인적자원에 대한 새로운 시각과 새로운 노사관계의 정립을 요구하고 있으며, 노동자 숙련의 중요성을 더욱 증대시키고 있다. 직업훈련의 유형 중 기업의 직업훈련이 주가 되는 계속훈련이 가장 중요하게 부각되는 것이 바로 이러한 이유 때문이다.

2. 사회복지적 의의

노동력이 상품화되는 자본주의 사회에서 개인 또는 사회의 불안전에 가장 중요한 영향을 주는 것은 실업이며, 따라서 개인의 고용가능성을 제고하기 위한 직업훈련정책은 최우선적인 사회복지정책이라고 할 수 있다. 이러한 직업훈련정책을 사회복지차원에서 중시하게 되는 또 하나의 이유는 협의의 복지정책과도 긴밀한 연관을 갖기 때문이었다. 국가복지 프로그램들은 소득원을 갖는 취업자의 조세로부터 재원이 조달되기 때문에 완전고용은 복지국가를 유지하는 경제적 기반이었다. 또한 완전고용은 모두를 복지국가의 재원조달자인 동시에 그 수혜자가

되게 함으로써 복지급여를 시혜가 아닌 정당한 권리－시민권의 하나－[28])로 인식하게 하고, 그럼으로써 결국 복지국가에 대한 여러 계급의 지지를 유지할 수 있게 한다는 점에서 중요한 의미가 있다. 고용정책이 협의의 복지정책에는 포함되지 않음에도 불구하고 여러 연구들[29])이 완전고용을 위한 노동시장정책[30])을 복지국가의 핵심적 정책으로 설정하고 중시하는 것은 바로 이와 같은 이유 때문이다(김영순, 1996).

일반적으로 직업훈련의 차이는 각 개인의 생산성 및 소득격차를 가져오는 요인이 되고 있다(송희준, 1990; Finegold, 1996)[31]). 시장에 의해서는 기업과 개인의 자금조달능력의 차이로 직업훈련에 접근할 수 있는 기회가 달라지기 때문에 직업훈련의 공급을 시장에만 맡겼을 때는 시간이 흐름에 따라 경제적으로 여유가 있는 노동자는 직업훈련을

---

28) Marshall에 의하면 시민권은 사회의 성원에게 주어지는 하나의 지위이며, 이것은 자유권, 정치권, 사회권으로 발전해 나가게 된다. 복지는 시민권 중 최상위의 권리인 사회권에 대한 요구이며, 이러한 권리로서의 복지는 경제적 효율로만은 해석될 수 없는 속성을 지니게 된다.

29) Gosta Esping-Andersen. (1990). *The Three Worlds of Welfare Capitalism.* Cambridge: Polity Press; R. Mishra. (1990), *The Welfare State in Capitalist Society.* Toronto: University of Toronto Press.

30) 노동시장정책은 소극적인 것과 적극적인 것으로 구분할 수 있다. 적극적 노동시장정책은 실업으로 인한 소득상실을 소극적으로 보상하는 정책들인 실업보험이나 실업부조와는 달리 적극적으로 실업을 방지하고자 하는 정책을 의미하며, 크게 직업훈련, 고용보조(employment subsidy)와 구직서비스(employment service)로 구분할 수 있다.

31) 송희준의 연구(1990)는 한국사회에서도 교육기간과 직장의 근속기간으로 추정되는 특수훈련이 소득향상효과가 있음을 보여준 바 있다. 인적자본이론을 주도했던 Becker는 직업훈련의 결과에서 얻는 결과가 특정조직에 귀착되는가의 여부 즉, 직업훈련기술의 조직 간 전이가능성(transferability)에 따라 일반훈련(general training)과 특수훈련(specific training)으로 나누어진다고 하였다. 물론 이렇게 정확하게 구분이 가능한가에 대해서도 논쟁이 존재한다. 예를 들어 Thurow(1975)는 특수훈련에서 획득한 모든 기술은 회사 간 이전이 가능하다고 보는 반면, Behrman 등(1980)은 어느 직장경험에서 얻은 기술이 다른 직장에 완전히 이전되지 않는 고유한 것일 수 있다는 증거가 있다고 주장한다(송희준, 1990; 송희준, 1992).

받아 노동시장에서 더 높은 임금을 받고, 경제력이 약한 노동자는 반대로 되어 결국 부익부 빈익빈 현상이 더욱 심화될 수 있다. 경험적 분석에 의한 각종 통계는 고학력·고소득 계층이 저학력·저소득 계층보다 학습에 더 많이 참여하고 직업훈련도 많이 받고 있다는 사실을 보여주고 있다.

최근의 'OECD 회원국의 성인근로자에 대한 훈련조사(1999)'에 의하면, 모든 나라에서 다음과 같은 공통점이 발견된 바 있다. 첫째, 남자와 여자의 향상훈련에 대한 참여율은 꽤 비슷하게 나타난다. 그러나 40세 이상 여성에 대한 훈련참여 수준은 유의미하게 낮아지고 있는데, 이는 기업주가 여성의 고용지속에 대해 가지는 낮은 기대 수준 때문이며, 상대적으로 비정규직 여성들은 직업훈련 기회가 희소하기 때문이다. 둘째, 고학력자의 경우 훈련 참여율이 더 높은 것으로 조사되어 직업훈련은 이전의 교육 수준의 격차에서 기인하는 숙련의 차이를 더욱 강화하는 경향이 보이고 있다.

즉, 이러한 결과는 외부의 개입 없이 시장에만 맡겨 둘 경우 직업훈련에서도 부익부 빈익빈의 현상은 더욱 심화될 수밖에 없음을 반증하는 것이다. 또한, 지난 1980년대 이래 지속되어 온 숙련노동자에 대한 수요의 증가와 미숙련노동자에 대한 수요의 감소는 숙련도별 또는 학력별 임금격차를 확대시킨 가장 중요한 요인으로 지적되고 있다.

노동자에 대한 훈련 투자가 상대적으로 낮은 미국과 영국에서 임금격차가 가장 크게 확대된 반면에, 노동자훈련에 대한 투자가 높은 독일과 일본에서는 임금격차가 거의 확대되지 않았다는 사실이 시사하듯이, 증가하는 임금격차를 축소시킬 수 있는 효과적인 방법으로 직업훈련의 필요성이 강조되고 있다. 따라서 대부분의 나라에서는 임금격차를 완화하는 방법으로 전통적인 복지정책인 소득재분배 정책보다는 숙련향상을 위한 훈련투자 증대정책을 보편적인 정책방향으로 설정하고 있다(심재용, 1997).

특히 실업자훈련은 실업기간 중에 마모되기 쉬운 인적자원을 보전·개발하면서 동시에 실업자에 대한 소득보전과 실업으로 인한 개인적·사회적 충격을 완화하는 역할을 수행한다[32]. 대부분의 국가들은 실업기간 동안 직업훈련을 받는 실업자에게는 그동안의 생활안정을 지원하기 위하여 실업수당과 비슷한 수준의 훈련수당을 지급하고 있다. 이는 실업자 훈련이 전통적인 사회복지에서 나아가 이른바 적극적 복지로서 역할을 한다는 의미이며, 이러한 역할을 통하여 실업이 초래할 수 있는 개인적·사회적 충격을 완화하고 있다.

선진국의 실증분석 결과에서 보면 실업자 훈련의 경우 새로운 기술을 습득하는 경우가 많아 교육훈련기간이 길거나 또는 일반 훈련(general training)을 많이 실시하기 때문에 저숙련 함정(low-skill equilibrium)[33]이나 낙인효과(stigma effect)[34]를 초래하는 문제가 있으며, 훈련을 받은 후 재고용되기까지 시간이 많이 걸리기도 하고, 또한 임금이나 소득보전의 효과도 불분명한 경우가 많았다. 그럼에도 불구하고 주요 선진국

---

32) 실업자훈련의 직접적 목적은 직업훈련을 통해 실업자들의 고용능력을 제고하여 재취업에 성공시키는 것이다. 그러나 경험적으로 볼 때 실업자훈련에 대한 투자가 반드시 거시적으로 실업률을 변화시키는 데 영향을 미치지는 않는다는 증거도 있다. 이는 노동력의 수요와 공급 불일치에서 비롯하는 구조적 실업의 경우 직업훈련을 통한 재취업 효과가 크게 나타나나 실업이 구조적인 것이 아니라 노동력의 수요부족에 따른 것이라면 의미가 없을 수 있기 때문이다. 따라서 실제로 훈련을 통해 효과를 얻으려면 OECD가 주장하듯 훈련만으로는 실업을 감소시킬 수 없으며, 훈련과 구직서비스가 결합되어 있을 때만이 효과가 있을 수 있다. 또한 실업자훈련수료자의 취업률이 낮다고 하여 반드시 훈련의 성과가 없었다고 단정 지을 수는 없다. 실업수당지원에 대한 의존도 감소, 범죄율 감소와 같은 비경제적 성과도 있기 때문이다.

33) 저숙련 함정이란 직업능력이 높지 않은 실업자들에 대한 정부지원 교육훈련의 내용이 높은 수준이 되지 못하기 때문에 낮은 수준의 교육훈련이 지속적으로 실시되는 상태를 말한다.

34) 낙인효과란 실업자훈련을 이수하는 사람의 경우 능력이 부족하거나 자격이 부족하여 교육훈련을 거친 것으로 인식되는 상태를 말한다.

들이 실업대책으로 직업훈련에 가장 큰 비중을 두는 것은 사회복지차원에서 직업훈련이 의미가 있기 때문이다. 즉, 정확히 계측하기는 어렵지만 단순히 비용효과나 경제적 측면 이외의 실업자에 대한 직업훈련 투자를 통한 사회적 효용이 사회적 비용보다 크다는 자각이 있었다(Keep and Mayhew, 1995).

그러나 최근에 들어와 '훈련주의'로 명명될 만큼 OECD를 주축으로 하는 선진국에서 근로복지[35]적 직업훈련이 강조되는 배경에는 다분히 기존의 공여적 복지를 감소시키려는 신자유주의적 사고가 바탕에 깔려 있다. 이들 선진국의 직업훈련정책은 외견상으로는 '일원화된(unitarist)' 접근을 통하여 상호의 이익 증진을 가정하고 각종 사회집단, 기업, 노동자, 개인들 간의 상호 조정을 중요시하고 있으나 실제 직업훈련의 결과는 일방적(unilateral)이라는 연구결과도 있다. 즉, 직업훈련으로 발생하는 이점이 개인이나 노동자의 노동시장 내의 교섭력을 향상시키는 등 이들에게 좋은 결과를 주는 것이 아니라 민간자본(private capital)으로만 이익이 이전되기 때문이다. 한때 직업훈련을 통한 숙련향상이 노동시장

35) 근로복지(workfare)란 우리나라에서 생산적 복지로 불리는 것처럼 사회보장혜택에 대한 대가로 사람들로 하여금 노동의 제공을 요구하는 프로그램이나 계획(programmes or schemes which require people to work in return for social assistance benefits)으로 정의된다. 이 정의는 세 가지 요소를 내포하고 있다. 강제적(compulsory)이고, 근로활동과 주된 연관성(primarily about work)이 있고, 최하위 공적 소득보조 수단(lowest tier of public income maintenance)이라는 점이다(Lodemel and Trickey, 2000). Nathan(1993)은 정책목표에 비교분석의 근거를 두고 미국에서 볼 수 있는 두 가지 형태의 근로복지 정책을 비교한 바 있다. 그는 '노동력의 시장(재)진입의 활성화를 목표로 하는 정책들(strategies which facilitate entry into the labour force)'을 '새로운 근로복지(new-style workfare)'라고 부른다. 반면에 1970년대와 1980년대의 미국 정책을 지칭하는 '근로복지'는 제약적이고 응징적인 성향을 갖는다. 즉 과거의 근로복지는 혜택에 상응하는 노동제공의 차원에 지나지 않는 반면, 신근로복지는 복지정책수혜자가 정규직에 고용될 수 있도록 고안된 많은 직업훈련 프로그램들을 포함하는 것이다(Lodemel and Dahl, 2000).

에서 개인의 교섭력을 제고하였던 곳에서조차 지난 10년 사이에 사용자들의 인력충원을 손쉽게 하기 위한 수단이 되어 버렸다고 한다(Jackson and Jordan, 2000).

이러한 이유 때문에 직업훈련에 대한 강조가 본래적 사회복지의 의미를 도리어 저해하고 있다는 주장도 있다. 그러나 사회 민주주의적 복지국가로 분류되는 스웨덴 등 북유럽 국가의 경우 여성을 포함한 국민들의 노동시장 참여를 적극적으로 촉진시키기 위하여 직업훈련을 주축으로 한 적극적 노동시장정책을 구사하면서 취약계층의 복지를 강화하였다는 점에 주목할 필요가 있다(스웨덴은 OECD국가 중 실업자 1인당 직업훈련에 대한 지출이 가장 높다). 또한 본래 직업훈련을 포함한 교육 일반은 기존의 제도를 재생산하는 수단임과 동시에 개인들의 능력을 배양하면서 기존의 제도를 분해하고 변화시킬 수 있는 수단도 될 수 있다는 점이 인식되어야 한다(Keep and Rainbird, 2000). 이러한 적극적 노동시장정책과 앞서 설명한 근로복지는 유사한 점도 많으나 엄밀히 말하면 다음과 같이 구분할 수 있다.

〈표2-8〉 적극적 노동시장정책과 근로복지의 구분

구　분	적극적 노동시장정책	근로복지
복지수혜자격 부여와의 관계	자발적 혹은 의무적, 실업혜택수혜자대상	복지수혜자격 획득을 위한 의무적 강제규정
규제의 대상	수요자 및 공급자 측면	공급자 측면
주요 대상 집단	노동시장 접근능력이 있는 실업자	노동시장과 거리가 있는 실업자, 실업정책의 수혜자
주요 사업	직업훈련	근로기회부여
정부부처	노동시장정책 관계당국	사회복지정책 관계당국

자료: Lodemel and Dahl. (2000). Public works programmes in Korea: a comparison to Active Labour Market Policies and Workfare in Europe and the US. 「한국의 경제위기와 노동시장 개혁에 관한 국제회의 자료집」. Available: http://www.kli.re.kr.

이렇게 직업훈련은 경제적 측면에서 그리고 사회복지적 측면에서 의의를 가지고 있다. 그러나 이러한 직업훈련의 역할이 서로 상충할 가능성은 항상 존재한다. 따라서 직업훈련의 궁극적 정책목표가 경제성장이라면 의욕이 낮고 불우한 사람들에게 직업훈련의 초점을 맞추는 것보다는 의욕이 있는 중간수준의 숙련기능을 갖춘 노동자들을 더 높은 수준으로 훈련시키는 것이 보다 효율적이라는 지적도 있다. 그러나 이 연구는 직업훈련정책이 좀 더 사회의 정의(justice)에 반응(responsive)하고 경제발전에도 기여하여야 한다는 전제하에 논의를 전개하고자 한다. 직업훈련정책이 사회복지차원에서도 의미가 있으려면 단순한 교육훈련의 동등한 기회를 제공하는 '기회의 평등'과 더불어 교육훈련을 통한 '결과의 평등'에도 주목하는 것이 올바른 정책목표일 것이다.

제3절 직업훈련 부문의 시장과 정부의 실패

1. 시장과 정부의 실패

직업훈련제도의 유형 분류에서 볼 수 있듯이 직업훈련제도는 크게 시장주도 제도와 정부주도 제도로 나눌 수 있었다. 그런데 다른 정책분야와 마찬가지로 직업훈련정책에서도 시장과 정부 중 어느 제도가 나은지에 대한 논의도 첨예하게 대립되고 있다. 이 절에서는 시장중심적 제도로 분류되고 있는 영국의 직업훈련정책에 대한 이해를 위하여 직업훈련제도 내에서 시장과 정부의 역할에 대한 이론을 검토하도록 한다.

앞서 살펴 본 바와 같이 직업훈련의 이론적 기반은 '인적자본이론'이다. 이 이론에 따르면 기술은 개인이 소유하는 일종의 자본이고 이러한 기술을 소유하고 있는 개인은 기술을 활용하여 다른 상품과 마찬가지로 노동서비스를 시장에서 사고팔며, 수요와 공급에 따라서 노동서비스에 대한 가격이 결정된다고 한다. 개인은 기술로 가능한 노동서비스에 대한 수요가 있는 한 그리고 그러한 기술을 습득하는 비용이 기술을 습득함으로써 생기는 이득을 초과하지 않는 한 기술을 습득하고자 한다. 즉 보이지 않는 손에 의해서 균형이 이루어진다는 것이다. 이러한 노동시장은 단일노동시장으로서 여기서 시장은 항상 '균형'을 가져온다(김진영, 1999).

단일노동시장이론에서는 학력과 경력 등에 있어서 동일한 인적자본 속성을 가진 자는 어떠한 업체에 고용되는 가에 관계없이 동일한 임금을 받는다고 상정된다. 동일한 일에 동등한 임금의 원칙이 적용된다는 것이다. 왜냐하면 노동시장이 하나일 경우에, 높은 임금을 주는 기업이 있다면 노동의 공급이 늘어나서 그 기업의 임금이 낮아지게 된다는 것이다. 설령 기업의 이윤이 아무리 높더라도 '기회임금(opportunity wage)' 즉, 노동자가 다른 기업에서 받을 수 있는 임금 이상을 줄 이유는 없는 것이다. 이러한 시장 패러다임이 적용되는 세계에서는 기술습득과정에서의 사용자의 역할은 상당히 미미하다고 볼 수 있다. 어느 한 사용자가 직업훈련에 투자함으로써 생기는 이득을 독점할 수 없기 때문이다(김진영, 1999).

그러나 숙련형성에 있어서의 시장실패는 두 가지 이유에 의해 불가피하다. 여기에는 개인과 기업의 차원 두 가지가 있다. 먼저 개인은 청소년 시기에 기본적인 기술습득을 해야만 하는데 청소년의 시기에 기술습득을 하는 것은 매우 어려운 일이다. 왜냐하면 청소년 시기는 즉각적인 만족추구의 행위에만 대단히 관심이 많기 때문에 그러한 만족추구를 자제하기 위해서는 미래에 무엇이 가치 있고, 무엇이 필요할 것인지에 대한 어느 정도의 자아가 확립이 되어 있어야 한다. 따라서 단지 개인적인 합리적 투자의 개념으로는 청소년시기의 기술습득을 동기화 시킬 수 없다(Streeck, 1989).

두 번째 시장실패의 가능성은 노동의 이동성으로부터 발생한다. 이러한 노동자의 이동가능성은 다른 기업이 훈련을 시킨 노동자를 기업들이 '가로채기(poaching)' 하는 문제를 가져온다. 이러한 자유로운 노동의 이동으로 말미암아 대부분의 기업은 직업훈련에 소극적이게 된다. 노동자들이 한 기업으로부터 다른 기업으로의 이동의 권리를 갖고 있는 한, 기업은 직업훈련에 대한 투자가 낭비될 수 있다는 우려를 가질 수밖에 없다(Streeck, 1989; Booth and Snower, 1996). 이러한 이유로 기업은 다음과 같이 행동하기 쉽다. 우선 투자수익의 내부화를 가져오기 위해서 기업은 다른 기업에서도 적용될 수 있는 일반 기술(general skill)보다는 자신들의 사업장에서만 제한적으로 사용될 수 있는 기업특수기술(specific skill)을 훈련시키기 쉽다. 또한 자신의 '합리적인' 이익과 현재의 상업적인 목적에 따라서 직업훈련을 제공하는 기업은 장기적인 미래를 생각하기보다는 훈련비용을 감축하고자 하는 유혹을 쉽게 받는다. 이러한 문제점이 바로 직업훈련에서의 시장실패이며 정부가 개입하게 되는 근거이다. 직업훈련을 자유 시장 기구에 맡길 경우 한 국가가 필요로 하는 최적의 양과 질의 인력이 양성되지 못하는 상황 및 균등한 소득분배를 실현하지 못하는 상황이 발생하기 때문이다(김진영, 1999).

그러나 직업훈련은 "어깨 너머로 배운다"거나 "눈치로 배운다"는 말에서 알 수 있듯이 물적 자본(physical capital)과 달리 노동자 간의 상호작용을 통해서 퍼져 나가는 특성이 있다. 그러므로 어떤 노동자가 직업훈련을 많이 받음으로써 생산성이 커지면 커질수록, 주위의 다른 노동자도 보다 효율적으로 일을 하는 것에 대해 상대방으로부터 공식적으로 또는 비공식적으로 보다 많이 배울 수 있게 되기 때문에 보다 생산적이게 된다. 나아가 직업훈련은 훈련투자를 결정하는 당사자(노동자와 사용자)뿐만 아니라 주변 사람들의 지적 능력, 노동의욕, 시민의식, 작업효율

(생산성) 등도 향상시키는 주변효과(neighborhood effect)를 발휘한다. 특히 어떠한 직업훈련이 한 산업이나 여러 산업의 기업들의 생산성을 향상시킬 수 있는 일반 훈련일 경우 이러한 훈련을 통한 인력의 양성은 사회 전체의 숙련수준의 향상을 가져옴으로써 커다란 긍정적 외부효과를 낳게 된다.

이와 같이 직업훈련시장에는 외부경제(긍정적 외부효과)가 발생한다[36]. 즉 기업이 직업훈련에 대한 투자를 할 때 그 훈련투자의 사회적 편익이 기업에게 실제로 돌아오는 사적 편익보다 크다. 따라서 이러한 외부경제현상이 있는 직업훈련의 공급이 시장기능에 맡겨지는 경우에는 단순히 사적 편익만을 고려하여 훈련공급이 이루어지므로 사회적 최적 공급량보다 적게 공급되는 현상이 발생하게 되는데, 외부경제가 크면 클수록 사회적 적정공급량과 실제 공급량 간의 차이도 커지게 된다. 특히 단기적 이윤에 집착하는 자본주의 국가의 기업들은 위에서 언급한 여러 형태의 긍정적 외부효과를 무시하고 숙련향상을 위한 직업훈련에 소요되는 비용을 단지 기업차원에서의 노동비용으로 인식함으로써 사회적으로 이상적인 수준보다 적은 양의 훈련이 공급될 수 있다.

또한 한 기업이 많은 비용을 들여서 인력을 훈련시키더라도 훈련받은 인력이 이직할 경우에 그 기업은 훈련에 투자한 만큼 회수하지 못하므로 기업이 인력을 훈련시킬 유인은 크지 않다. 비용을 들여 훈련을 직접 실시하는 것보다 다른 기업에서 비용을 들여 훈련한 노동자를 약간의 임금을 더 지불하고 '스카우트' 하는 무임승차를 하는 것이 더 유리할 경우에 대부분의 기업들은 훈련을 기피하게 될 것이다.

---

36) 여기에도 논자들 사이에 합의하지 못하는 그리고 이론적으로 매우 중요한 논쟁점들은 물론 존재한다. 첫째, 직업훈련의 직접적인 비용-편익분석의 시각에서 사회적 비용과 사회적 편익을 어떻게 포착할 것인가 하는 문제와 둘째, 직업훈련의 간접적인 비용-편익을 구성하는 직업훈련의 외부효과가 존재하는가, 또 외부효과가 존재한다면 그 내용이 무엇인가, 나아가서 그것을 어떻게 측정할 것인가 하는 외부효과문제가 흔히 제기되고 있다.

기능이 기업 특수적인 것과 일반적인 것으로 완벽하게 구분이 가능하다면 기업 특수적인 기능은 타 기업에서는 쓸모가 없기 때문에 훈련과 관련된 무임승차행위는 없겠지만, 기능이 오로지 기업 특수적인 경우는 극히 드물고 또한 현실세계에서는 일반적 기능과 기업 특수적 기능을 분리하는 것이 사실상 불가능하다. 이러한 사실 때문에 사용자들은 죄수의 딜레마 함정[37)]에 처해 있다고 볼 수 있다. 이 상황에서 한 기업의 노동자들이 훈련을 받게 되면 다른 기업에서 그 노동자들을 스카우트(poached)할 수 있다고 생각하게 된다. 그러므로 합리적인 사용자들은 이전가능(transferable)한 기능에는 투자하지 않는다. 실제 훈련성과는 다른 기업, 특히 동종 타 기업에게는 유용한 이전가능성을 갖고 있기 때문에 무임승차 문제가 현실의 훈련시장에서 존재하게 되는 것이다. 따라서 기업이 노동자를 노예와 같이 완전히 소유하지 않는 한 직업훈련에서 시장실패는 발생하게 된다.

---

37) 〈그림〉 죄수의 딜레마에 의한 가로채기(poaching)

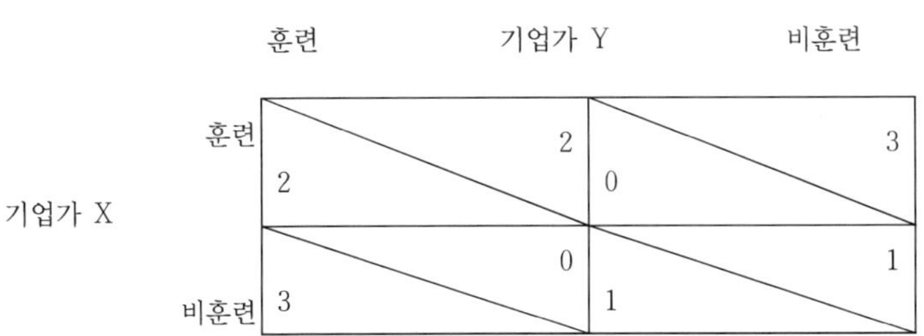

주: 각 네모의 하단의 숫자가 기업가 x, 상단의 숫자가 기업가 y를 의미.
규칙
1) 훈련이 기업의 비용인 경우
2) 기술이 이전 가능한 경우
3) 훈련받는 노동자들이 높은 임금을 제공하는 기업을 선택할 경우

자료: Finegold. (1992). *The Low-Skill Equilibrium: an Institutional Analysis of Britain's Education and Training Failure*. Unpublished Doctoral Dissertation in Politics. Oxford: Oxford University.

이상과 같은 시장실패는 정부의 개입을 요구한다고 볼 수 있다. 문제는 이러한 시장실패에 대처하기 위하여 정부가 개입하는 경우 여러 가지 정부실패의 가능성이 존재한다는 것이다. 따라서 시장실패가 있다고 해서 정부개입이 정당화된다고 주장하는 것은 지나치게 단순한 견해이다. 정부실패의 비용과 시장실패의 비용을 고려하여 정부개입을 정당화하여야 한다는 것이 대체적인 의견이다(Wolf, 1988).

2. 이론적 함의

이상에서 논의한 바와 같이 직업훈련시장에서 적정한 양의 훈련이 공급되지 않는 시장실패가 발생할 때 정부가 개입할 여지가 발생한다. 훈련의 공급을 공공부문 또는 정부의 통제하에 있는 준공공부문이 담당하거나 훈련기관이나 훈련수요자에게 지원금을 지급함으로써 훈련을 시장기능에 맡김으로써 발생하던 지나친 소득격차 확대를 방지할 수 있고 사회적으로 적정한 양의 훈련을 공급할 수 있게 된다.

반면에 정부도 시장과 마찬가지로 완전한 존재가 아니기 때문에 정부개입은 또 다른 비효율성을 초래할 수 있어 정부가 개입해도 한 국가가 필요로 하는 최적의 양과 질의 숙련이 제공이 되지 않는 상태가 발생할 수 있다. 정부의 비효율성이 커지면 정부 실패가 애당초 정부개입을 정당화한 시장실패보다 오히려 더 클 가능성도 존재한다. 따라서 시장의 실패가 존재한다고 해서 정부개입의 정당성이 자동적으로 인정될 수 있는 것은 아니다. 바꾸어 말하면 시장의 실패는 정부개입의 필요조건은 될지언정 충분조건은 될 수 없다고 할 수 있다[38].

38) 따라서 분석자체가 어려울 수 있으나 장기적인 시각에서 정부개입의 비용과 편익을 정확히 분석하여 정부실패가 치유할 시장실패보다 크지 않은 범위 내에서 정부가 개입하는 것만이 정당화될 수 있을 것이다.

이상과 같은 정부와 시장의 이원적 구분에 따른 시장실패와 정부실패의 개념은 국가 간 비교연구에서 특히 잘못된 결론에 도달하는 오류를 방지하는 역할을 할 수 있다. 국가 간의 비교연구는 종종 훈련에 대한 정부총지출 또는 프로그램에 따른 정부지출규모를 비교함으로써 훈련관련 정부지출이 적은 국가가 문제가 있는 것으로 보고 있다. 하지만 시장실패와 정부실패라는 분석틀은 정부지출 규모가 많은 국가가 오히려 직업훈련에 너무 많은 자원을 낭비한다고 결론을 내릴 수 있다는 사실을 일깨워 준다(김진영, 1999).

그러나 시장과 정부실패와 같은 이원적 구분은 여러 가지 장점에도 불구하고 각 국가별 시장의 역사적 성격을 무시하고 시장을 균질적인 것으로 보고 있다는 데 문제가 있다. 서로 다른 국가들이 직업훈련이라는 재화를 공급하는 데 있어 시장실패, 정부실패의 문제를 어떻게 극복하는지 보기 위해서는 위의 정부와 시장의 이분법은 너무 단순하다. 왜냐하면 정부와 시장은 어느 국가나 동질적인 실체가 아니라 역사적 성격에 따라 그 형태가 다양하며, 이에 따라서 시장실패, 정부실패가 나타나는 형태도 다양하기 때문이다.

영국과 비슷하게 직업훈련부문에서 시장의 역할을 강조하는 독일이나 일본은 두 나라 모두 시장의 역할을 인정하면서도 앞서 살펴보았던 직업훈련부문의 시장실패를 극복하고 인적자본의 축적, 숙련형성에 관한 한 성공적[39]인 것으로 알려져 있다. 그렇다면 왜 정부가 아닌 시장을 똑같이 강조하는 국가들 안에서도 어떤 국가는 직업훈련에 관한 한 성공적인 성과를 보이고 잘 갖추어진 제도가 있는 것으로 인정이 되고 어떤 국가는 '저숙련 균형(low-skill equilibrium)'과 같은 좋지 않은 성

39) 독일은 국가, 기업, 노동조합이 함께 참여하여 시장실패와 정부실패의 위험성을 완화하는 사례로, 일본은 시장실패와 정부실패를 기업을 중심으로 한 내부노동시장의 형성을 통해서 극복하는 국가로 평가되고 있다(김진영, 1999; 폴 라이언, 1996).

과를 보이며 직업훈련제도에 문제가 있는 것으로 인정되는지 의문이 생긴다. 따라서 다음은 이러한 각국별 정책을 비교해주는 틀로서, 그리고 영국의 독특한 경로를 분석하는 틀로서 역사적 제도주의의 접근방식을 살펴보려고 한다.

제4절 역사적 제도주의

1. 이론적 특성

역사적 제도주의는 신제도주의의 한 부류이다. 신제도주의는 사회현상을 설명하고 이해하는 데 있어서 제도가 중요하다는 입장으로 합리적 선택 제도주의, 역사적 제도주의, 사회학적 제도주의로 분류되고 있다. 이 중 역사적 제도주의는 제도를 중시한다는 점에서는 구제도주의와 비슷하나 구제도주의와는 달리 제도의 개념을 동태적으로 파악하고, 제도적 틀을 독립변수로 보아 정책현상의 차이를 밝히고자 하는 인과관계를 검증하는 분석적 접근을 채택하고 있다(남궁근, 1998a).

〈표2-9〉 신제도주의의 분류 및 논점

분 류	제도존속의 원리	제도-행위 관계	제도변화의 주체	의도-결과 간 관계
합리적 선택 제도주의	주로 효율성	제도는 불확실성, 거래비용 감소시킴	개인 또는 조직	다소 불일치, 경로 의존적
역사적 제도주의	역사적 의존성	제도는 행위에 정당성 부여함	적응지체의 누적	불확실, 역사 의존적
사회학적 제도주의	사회내 배태성	행위는 제도에 종속됨	주로 조직	다소 불일치

자료: 김성철. (1999). 복합체계론과 신제도주의의 방법론적 연계: 제도의 속성 및 변화에 관한 논의를 중심으로. 「한국정치학회보」, 33(3): 179-197.

1) 제도와 역사

(1) 제도의 개념

Ikenberry와 Hall이 제도에 대한 대표적 개념정의를 하고 있다. Ikenberry[40]는 제도의 개념을 세 가지 수준에서 정의하고 있다. 협의의 정의는 정부제도로서 갈등을 중재하는 행정적·법적·규제적 규정을 의미한다. 좀 더 포괄적인 정의는 국가 내부에서의 권력의 집중과 분산을 의미한다. 이 수준에서의 제도에 대한 정의는 국가를 구성하는 다양한 조직들의 능력과 자원에 초점을 맞춘다. 즉, 행정부와 의회의 관계, 관료제의 집권화와 응집성 정도, 관료제가 활용할 수 있는 자원과 정책 도구의 범위 등을 의미한다. 가장 포괄적인 수준에서의 정의는 국가와 사회의 관계를 정의하는 규범을 의미한다. 이 수준에서의

40) G. J. Ikenberry. (1988). Conclusion: An Institutional Approach to American Foreign Economic Policy. In G. J. Ikenberry, David A. Lake, and Michael Mastanduno(eds.), *The State and American Foreign Economic* Policy. Itaka: Cornell University Press.

제도에 대한 정의는 규칙과 절차 혹은 국가조직구조의 특성에 초점을 맞추는 것이 아니라 국가와 사회의 관계를 정의하는 규범적 경계에 초점을 맞춘다. 이러한 규범은 경제와 사회에 대한 국가 개입의 수준과 정도 그리고 형태를 어느 수준까지 정당하다고 인정할 것인가 하는 신념 체계와 관련되어 있다.

Hall[41]은 제도를 '정치와 경제 각 부문에서 개인들 간의 관계를 구조화시키는 공식적 규칙, 순응절차, 표준화된 관행'이라고 정의하고 있는데, 이는 제도에 관한 가장 포괄적인 정의라고 할 수 있다. 이후 Hall[42]은 좀 더 세분화된 제도의 개념을 비교 정치경제적 시각에서의 정책연구와 관련하여 다음과 같은 세 가지 차원에서 제시하고 있다.

가장 포괄적인 차원의 제도는 민주주의, 자본주의와 관련된 기본적인 조직구조이다. 중범위적인 제도는 국가와 사회의 기본 조직구조와 관련된 틀로서 사회집단 간의 세력 관계와 정책의 형성과 집행에 영향을 미치는 조직적 특성이다. 이 차원의 제도는 국가 간 상이성을 보이며, 따라서 국가 간 정책의 상이성을 설명하는 변수로서의 역할을 담당한다. 가장 협의의 제도는 공공조직의 표준화된 관행, 규정, 일상적 절차 등을 의미한다. 이러한 미시적 수준의 제도는 공식적일 수도 있고 비공식적일 수도 있다.

이러한 제도는 정책결정과정에서는 행위자의 선호와 목표를 형성하며, 또한 행위자들 간의 권력배분을 통해서 정책결정의 산물을 형성하는 데 일조한다. 그러나 제도가 사회세력의 직접적인 반영은 아니기 때

---

41) P. A. Hall. (1986). *Governing the Economy: The Politics of State Intervention in Britain and France*. Cambridge: Polity Press.

42) P. A. Hall. (1992). The movement from Keynesianism to Monetarism: Institutional Analysis and British Economic Policy in the 1970s. In Sven Steinmo, Kathleen Thelen and Frank Longstreth(eds.), *Structuring Politics: Historical Institutionalism in Comparative Analysis*. Cambridge: Cambridge University Press.

문에 구조적 특성도 지닌다. 제도는 특정집단의 선호를 전달하는 것이 아니라 그 선호들을 결합하고 궁극적으로는 변경하기까지 한다. 즉, 그러한 선호들은 자신들을 에워싸고 있는 보다 광범위한 제도적 환경에 의해서 제약받고 심지어 형성되기까지 한다. 개인들이 자기이익을 계산하려고 시도하지만 결과는 다양한 집단들, 이익, 사상, 그리고 제도적 구조 사이의 상호작용의 산물이 될 수 있다. 이러한 제도의 개념하에서 사회경제적 이익이나 새로운 사상을 둘러 싼 갈등을 제도가 중재하는 방식 사이의 상호작용에 초점을 맞추는 것이 바로 역사적 제도주의다.

(2) 경로의존성(path-dependency)

역사적 제도주의에서는 제도의 중요성과 함께 제도가 형성된 역사적 맥락을 강조한다. 과거의 정책을 추적하여 경로에 미치는 제약을 분석하는 것이다. 이러한 현상은 경로의존성(path-dependency)이라는 용어로 표현된다. 경로의존성의 개념에 따르면, 현재의 제도 및 구조가 정치행위자들로 하여금 이미 확립된 정책경로에 따르도록 하기 때문에, 대규모 변화가 일어날 가능성이 희박하다는 것이다. 그러므로 이들은 상당기간 제도의 안정성을 유지한다고 가정하고 있다.

그러나 이들이 대규모 변화가 전혀 불가능하다고 주장하는 것은 아니다. 이들은 변화를 설명하기 위해서 '중단된 균형(punctuated equilibrium)[43]' 이라는 모형을 사용한다. 이 모형에 따르면 제도는 상당기간 안정성을 유지하다가 외부환경의 변화와 같은 비교적 급격한 제도의 변화를 가져오는 위기에 의하여 주기적으로 중단되며, 그 이후 다시 제도의 균형상태가 유지된다고 한다.

이러한 경로의존성으로 말미암아 기존의 제도에 의해 발생하게 되는

43) S. Krasner. (1984). Approaches to the State: Alternative Conceptions and Historical Dynamics. *Comparative Politics*. 16.

의도하지 않았던 결과와 제도의 비효율성도 발생할 수 있다(Hall and Taylor, 1996). 환경이 변화하였으나 제도가 변화하지 않게 되는 괴리, 그리고 역사의 비효율성·우연성(contingency)도 있게 되는 것이다(Ethington and McDonagh, 1995).

2) 역사적 제도주의와 정책연구

이상 언급한 역사적 제도주의 접근의 정책 연구적 특성은 다음과 같이 정리할 수 있다.

첫째, 지배체제의 특성에 의해 형성된 국가의 성격이 정책의 특성을 결정한다기보다는 국가를 구성하는 각 사회조직들 간에 형성된 문제해결의 특이성이라는 제도적 특성에 의해 정책이 이루어진다는 것이다. 따라서 국가라고 하는 거시적 특성보다는 제도적 특성이라는 중범위 이론적 설명방식을 취하고 있다고 할 수 있다.

둘째, 정책설명의 보편성을 강조하기보다는 각국의 역사적 특수성에 기인한 개별적 정책구조의 특성에 의한 설명을 강조한다. 즉 강한 국가, 약한 국가와 같은 단순화된 논리나 세계체제론적 관점 또는 마르크시즘적 접근, 행태론적 접근과 같은 보편성(universalism)을 전제로 한 설명방식을 거부한다.

셋째, 혁명적인 변화에 의해 한 사회의 정책구조가 획기적으로 변화되기 전에는 정책의 연속적 성격이 쉽게 변화하지 않는 것으로 이해한다.

넷째, 조직의 구조적 특성뿐만 아니라 규범, 가치, 문제해결방식도 제도의 특성으로 포함한다. 정부와 기업 간의 관계에서도 조직 간의 연결구조뿐만 아니라 규범, 가치, 문제해결 방식과 같은 비정형화된 특성들도 포함된다. 하지만 이러한 역동적인 관계의 특성이 문화결정론의 함정에 빠지는 것을 막기 위해서 제도를 구성하는 사회조직 간의 구체적인 관계를 분석의 대상으로 삼는다(하연섭, 1999a).

2. 정책연구의 사례

역사적 제도주의의 이러한 논의는 1970년대 이후 각국의 경제정책 및 산업정책을 설명하는 과정에서 주요한 이론적 접근으로 채택되어 왔다. 국가, 자본, 노동 간에 형성된 각국 나름대로의 제도적 특질에 의해 정책의 성격이 다르게 나타난다고 주장한다.

역사적 제도주의의 입장에서 각국의 경제정책을 비교한 대표적인 분석으로는 Katzenstein[44]의 선진 산업국의 경제정책에 대한 비교연구를 들 수 있다. 그는 미국, 일본, 독일, 프랑스, 영국, 이태리 등의 경제정책의 특성을 각국의 제도적 특성을 중심으로 설명하고 있으며, 작은 유럽 국가들의 경제정책들이 각국의 독자적인 정책결정의 구조적 특질과 조건들로부터 기인한다고 본다. 따라서 한 나라의 사회 및 역사적 조건에 의해 형성된 제도적 요인들이 산업구조 조정과 같은 경제정책에 대한 구체적인 전략의 특성들을 설명해 줄 수 있다고 주장한다.

Hall의 영국과 프랑스의 2차대전 이후 경제정책의 차이에 대한 분석은 역사적 제도주의의 관점을 좀 더 명확히 보여주고 있다(Hall, 1986). 두 나라가 동일한 경제위기에 봉착하게 되었을 때 왜 상이한 정책대응을 하는가 하는 문제를 정치지도자의 정책의지나 국가의 정책 이데올로기에서 찾는 것이 아니라, 두 나라 정책체계의 구조적 특성의 차이에서 찾는다. 구체적으로 노동의 조직화, 국가, 자본, 정치체제, 그리고 국제경제에서 국가의 위치라는 다섯 가지 요인이 2차대전 이후 어떻게 경제정책에 영향을 미쳤는지를 보여 주고 있다. 그는 프랑스의 지시기획과 영국의 케인스 주의적 집근은 이러한 다섯 가지 요인이 제공하는

44) P. J. Katzenstein. (1978). *Between Power and Plenty: Foreign Economic Policies of Advanced Industrial States*. Madison: University of Wisconsin Press.; P. J. Katzenstein. ed. (1985). *Small States in World Markets: Industrial Policy in Europe*. Ithaca: Cornell University Press.

구조적 및 제도적 맥락에서만 발전될 수 있었다고 지적하고 있다.

Hall의 분석에 의하면 이러한 변수들하에서 각국의 정책결정이 이루어지고 있다고 한다. 프랑스의 경우 고도로 집권화된 행정체제와 금융조직이 잘 갖추어져 있고, 엘리트 관료들로 이루어진 행정기구 내에서 경제성장중심의 정책 이념이 형성되어 있고, 대통령을 중심으로 한 안정된 정치체제를 갖추고 있기 때문에 경제정책의 운영도 정부의 적극적이고 능동적인 시장개입 활동으로 나타나게 된다는 것이다. 반면에 영국의 경우는 역사적으로 행정체제가 그리 집권화되어 있지 못하고, 대신에 금융시장이 잘 발달된 정책체제를 갖고 있다. 아울러 노동당과 보수당 사이에 정권의 변동이 자주 나타나고 식민지를 많이 소유한 제국주의의 유산을 통해 국제금융을 발달시킨 구조적 특성을 갖고 있다. 따라서 산업의 성장보다는 금융시장을 보호하고 국제시장에서의 파운드화의 가치를 유지하기 위하여 환율을 인하하기보다는 재정지출의 확대와 축소의 반복적 정책대응을 통해 경제문제를 해결하게 된다는 것이다(남궁근, 1998a).

이후 Hall(1992)은 다시 영국에서 케인즈 주의로부터 통화주의로의 전환에 관한 분석을 통하여 제도적 접근을 심화시켰다. Hall은 국가정책을 설명하는 변수들을 앞의 제도의 개념에서도 살펴 본 바와 같이 세 가지 수준에서 분석하였다. 가장 높은 수준에서는 입헌민주주의와 결합된 시장경제제도, 중간수준은 각국 정치경제의 조직화의 고유한 특징들로서 이에는 노동조합, 기업과 기업협회의 구조, 국가 내에서 은행 간 관계와 국가의 국제적 위상, 정당체제, 중앙정부와 지방정부 수준에서 행정기구의 구조화 방법 등이 포함된다. 하위수준은 공공기관과 민간기관의 표준운영절차들이다. 상위수준으로 올라갈수록 이러한 구조적 특징은 변경하기가 어려워진다.

Hall이 여기서 제기한 문제는 어떻게 10년 만에 통화정책으로 급격한 변화를 이룩하였는가 하는 점이었다. 중간수준적 분석에서 Hall은 무엇보다도 영국과 같은 집권화된 책임정당제도에서 하나의 정당이 일단 정권을 획득하면 극적인 변화를 단행할 수 있었고, 집중적 구조의 영국 언론이 보수당 집권 이전에 통화주의를 널리 전파하였다는 점을 제시하고 있다. 하위수준에서는 정부기관 및 금융기관의 표준운영절차에서 사소한 변화가 대규모의 예기치 않은 변화를 가져올 수 있다는 점을 지적하고 있다(남궁근, 1998a).

프랑스, 스위스, 스웨덴의 보건정책을 비교 연구한 Immergut[45]는 제도적 구조나 제도적 변화가 정책형성에 얼마나 중요한가를 보여 주고 있다. 그녀에 따르면 한 국가의 선거제도와 헌정구조는 제도적 게임규칙을 제공한다. 제도는 정치적 대안을 규정하고, 관련된 행위자를 변화시킨다. 제도는 말하자면 정치적 행위자들의 행동에 '전략적 맥락(strategic context)'을 구성한다고 보았다.

Immergut는 특히 비토 포인트(veto point)라는 용어를 사용하여 제도적 배열이 정책형성에 미친 영향력을 분석하였다. 비토 포인트는 제도적 취약성의 영역으로 반대세력이 정책혁신을 방해할 수 있는 정책과정의 지점들을 말한다. 국가별 비교를 통한 그녀의 분석에 따르면 비토 포인트가 각국의 제도적 배열의 차이로 말미암아 상이하며, 따라서 나라별로 상이한 보건정책이 나타났다. 비토 포인트는 구체적으로 말하자면 의회, 유권자 등이다. 특정정책을 거부할 수 있는 비토 기회는 상황에 따라 상이하다. 따라서 효과적인 정책결정의 지점도 상황에 따라 행정부, 의회, 유권자 가운데 어느 하나가 될 수 있다. Immergut의 비토 포인트에 대한 설명에서 확인되듯이 현대 국가에서 헌법상의 규칙이나 선거결과에 따라서 행정부가 새로운 정책을 도입할 수 있는 능력은 달라질 수 있다.

---

45) Ellen M. Immergut. (1992). The Rules of the Game: The Logic of Health Policy-making in France, Switzerland, and Sweden. In Steinmo, Thelen and Longstreth(eds.). *Structuring Politics-Historical Institutionalism in Comparative Analysis*. Cambridge: Cambridge University Press.

이와 같이 제도는 상당히 넓은 개념으로 정의되는데, 이는 다음의 표에서 보이는 것처럼 개별 연구주제에 맞추어 조작적으로 구체화되고 있다. 다음의 표는 역사적 제도주의가 적용된 기존의 정책분석에 나타난 변수들을 정리한 것이다.

〈표2-10〉 역사적 제도주의 연구에서 사용된 정책변수

학 자	독립변수	종속변수
P. J. Katzenstein(1978)	-산업화의 시기 -국제정치 -사회구조	유럽소국의 경제정책 (1930-40년대)
P. Hall(1986)	-노동의 조직화 -국가 -자본 -정치체제 -국제사회의 위치	프랑스, 영국의 경제정책
P. Hall(1992)	-시장경제제도 -정치경제조직화의 특징으로 노조의 구조, 기업 및 기업협회의 구조, 은행 간 관계, 국가의 국제적 위상, 정당체계, 행정기구의 구조화방법 -공공기관과 민간기관의 표준운영절차	영국의 통화정책
김시윤(1997)	-정책사고(신자유주의) -국가 관료제의 집권성 -국가-기업 간 관계	한국의 통신산업정책
김진영(1999)	-이데올로기 전통 -도제훈련 -현장훈련 -조직구조 -작업조직	독일, 일본, 영국의 직업훈련정책
김선명(2000)	-정부의 지급보증, 선별적 신용할당, 주거래은행을 통한 여신관리제도라는 자원배분 메커니즘	한국 금융제도

3. 이론적 함의

이상과 같이 각국이 당면한 유사한 정책문제에도 불구하고 국가 간 정책의 차이가 존재하는 이유를 발견하고자 하는 것이 바로 역사적 제도주의의 문제의식이다. 정책을 설명하기 위해서는 정책과정이 이루어지는 제도적 맥락에 초점을 맞추어야 하며, 제도적 맥락을 설명하기 위해서는 역사에 또한 초점을 맞추어야 한다는 것이다.

이렇게 공공정책의 형성과 그 국가 간 차이를 설명하는 데 있어서 역사적 제도주의의 핵심적인 변수는 바로 제도(institution)와 역사(history)이다. 다시 말하면 이들의 입장은 제도가 차이를 가져오고(institutions matters), 역사가 차이를 가져온다(history matters)로 요약된다(남궁은, 1998a).

다차원적인 제도와 같은 다양한 변수의 결합이 중시되기 때문에, 사회현상을 설명하기 위한 모형을 몇 개의 독립변수로 분할하고 이들 독립변수들 각각의 영향력을 측정하는 것도 별 의미를 갖지 못하게 된다. 이러한 이유로 역사적 제도주의 시각을 통해 사회현상을 설명하는 경우 통계적 접근방법을 사용하는 예를 찾기 어렵다. 또한 요인들이 결합되는 역사적 우연성과 맥락을 중시하기 때문에 자연히 역사적 접근과 비교분석방법을 활용하게 된다. 그리고 인과관계의 설명에서 '맥락'의 중요성을 강조하기 때문에 일반화의 가능성도 낮아지게 된다. 따라서 역사적 제도주의에서는 보편주의적 인과관계 모형(universal causal model)의 가능성을 거의 인정 하지 않으며, 특정한 역사적 현상을 해석하는 데 수안섬을 두세 된다.

이러한 역사적 제도주의는 앞서 살펴보았던 적극적 정부 개입에 의한 정책이 나은 것인가 혹은 정부 개입의 최소화에 기반을 둔 시장기제의 자유로운 작동에 의한 정책이 나은 것인가 하는 시장실패 및 정부실패 방식의 이분법적인 논리로부터 탈피하고 있다. 정부와 시장이 결합되는 구체적인 제도적 모습(institutional arrangement)이 국가정책의 형성과 집행 및 그 결과에 어떤 영향을 미치는가에 주목하기 때문이다(하연섭, 1999a).

제5절 연구의 분석틀

1. 분석틀 및 연구질문

이상으로 영국과 한국 직업훈련제도의 기본 특징, 직업훈련정책의 의의, 직업훈련부문의 일반이론으로서 시장실패 및 정부실패, 국가별 맥락과 역사를 강조하여 각국 정책의 경로를 파악하게 해주는 역사적 제도주의에 대하여 살펴보았다.

여러 학자들에 의하면 영국의 직업훈련제도는 정부의 개입보다는 시장에 의해 움직이는 제도로 유형화되고 있다. 그런데 앞서 살펴본 시장실패와 정부실패의 논의에 따르면 시장이 중심이 되어 운용되고 있는 직업훈련제도인 영국, 독일, 일본 모두의 정책은 시장실패의 결과를 보여줄 것으로 예상할 수 있었다. 하지만 실제로는 그렇지 않다. 영국과 마찬가지로 똑같이 시장을 강조하는 독일이나 일본은 시장실패를 극복해 오고 있는 것으로 평가되고 있다. 독일은 국가, 기업, 노동조합이 함께 참여하여 시장실패와 정부실패의 위험성을 완화하는 사례로, 일본은 시장실패와 정부실패를 기업을 중심으로 한 내부노동시장의 형성을 통해서 극복하는 국가로 평가되고 있다(김진영, 1999; 폴 라이언, 1996). 따라서 직업훈련부문에서 시장과 정부 어느 쪽의 결과가 더 나은가와 같은 이분법적 분석은 크게 의미가 없는 것으로 보인다.

그러므로 영국의 직업훈련정책의 내용과 그 정책의 성과를 제대로 분석하기 위해서는 보편적 이론의 틀을 따르기보다는 영국의 고유한 제도와 역사의 틀에서 분석해야 타당할 것으로 판단된다. 그래야만 다른 국가와 비슷하게 시장중심형의 정책을 이용하였으나 정책 결과는 달리 나올 수밖에 없는 데 대한 해답을 얻을 수 있을 것이다. 특히 영국의 직업훈련은 정부보다는 민간을 중심으로 하는 시장의 역할이 컸기 때문에 단순히 정부의 실패인지 또는 시장의 실패인지 하는 보편론적인 분석보다는 정부 이외의 다양한 행위자 간 관계에 대한 분석을 포함하는 제도적 분석이 영국의 직업훈련정책을 이해하는 데도 더 유용할 것으로 판단된다.

이러한 점에서 역사적제도주의의 분석틀을 차용하고자 한다. 기존연구에서도 제도(institution)는 이미 다음과 같은 점에서 한 국가의 교육훈련의 수준과 방법에 영향을 미친다고 파악되고 있다(Layard, Mayhew and Owen, 1994). 첫째, 교육훈련 제도가 직업훈련에 관한 행위자의 선택을 결정한다. 둘째, 제도가 각 행위자의 역할, 책임과 권한을 결정한다. 셋째, 제도가 행위자들 간 교육훈련비용을 분배하고, 교육훈련에 대한 의욕을 제고하거나 억제한다. 넷째, 제도가 교육훈련공급을 계획하거나 변화시키는 국가의 능력을 만들고 있기 때문이다.

기존 연구에서 직업훈련제도의 행위자는 대체적으로 다음과 같이 설정되고 있다. 가장 중요한 행위자는 개인(노동자)이다. 개인은 자신의 숙련형성을 위하여 교육훈련을 받게 된다. 두 번째 행위자는 사용자이다. 사용자들은 개인에게 교육훈련을 제공한다. 세 번째 행위자는 정부로서 교육훈련제도를 조정한다. 마지막으로 노동조합이 있는데 노동조합의 직업훈련 참여 수준은 국가별로 상이한 편이지만 현재 대부분의 나라에서 노동조합이 주도하는 단체교섭에서도 교육훈련은 점차 단체교섭의 주요 의제로 상정되는 중이다. 직업훈련 부문의 선진국에서는 정부보다는 정부와 시장을 중개하는 조직들(사용자조직이나 노동자조직)이 교육훈련제도에서 중요한 역할을 수행하고 있다.

이런 점에서 제도와 행위자에 대한 분석은 정부실패와 시장실패라는 이분법을 극복하도록 도와줄 것이다. 현실적으로도 교육훈련이 공공재의 성격을 가지고 있기 때문에 어떠한 나라에서도 완벽한 '자유시장(free market)'이란 존재하지 않으며, 민간부문의 결정은 대부분 정부의 규제나 다른 제도적 구조 내에서 이루어지고 있다.

선진산업국가의 숙련형성전략에 관하여 비교하고 있는 한 연구는 직업훈련의 주요 행위자들 간의 관계를 중심으로 각 나라별 숙련의 결과를 분석하고 있는데 나라별로 특수한 제도의 차이와 제도가 행위자에게 제시하는 인센티브에 따라 숙련의 결과가 달라진다고 한다(Finegold, 1991). 이 연구는 국가별 비교분석을 토대로 '고숙련균형(high-skill equilibrium)'의 결과를 보여줄 수 있는 제도적 틀을 다음의 그림과 같이 제시하고 있다. 직업훈련의 주요 행위자 간에 다음과 같은 조건들을 갖출 때 '고숙련균형'이 달성될 수 있다는 의미이다. 이 연구에서도 제도에 대한 연구와 더불어 대표적인 직업훈련 이해관계자인 노사정 행위자들 간 관계와 구조에 초점을 맞추어 '고숙련균형'으로 변화할 수 있는 방안을 탐색하고자 한다.

〈그림2-1〉 고숙련균형의 조건

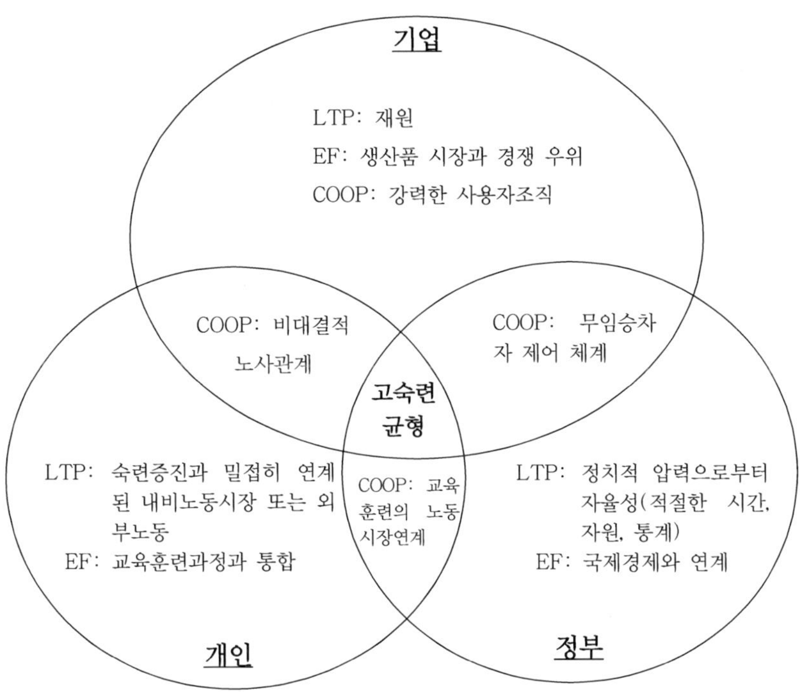

주:
LTP(장기적 관점: Long Term Perspective)
Export Focus(수출 주도: EF)
COOP(경쟁적 환경에 친숙: Cooperation within a Competitive Environment)

자료: Finegold, D. (1991). Preconditions for a High-Skill Equilibrium. In P. Ryan(ed.). *International Comparisons of Vocational Education and Training for Intermediate Skills*, 93-116. London: The Falmer Press.

이렇게 역사와 제도의 틀은 한 국가의 정책을 이해하는 데 유용한 틀이 될 수 있을 것으로 판단이 되나 지금까지 연구되어 온 역사적 제도주의는 국가별 정책의 상이성을 설명하는 데 관심을 가졌기 때문에 국가정책의 결정요인 분석에 초점을 맞춘 반면, 정책결과의 분석에는 상대적으로 소홀하였다는 지적을 받고 있다(남궁근, 1998a). 특히, 한

국가에서 특징적으로 나타나는 정책 패턴이 분배적인 측면에서는 어떤 결과를 낳고 있는지를 분석하는 데는 거의 주의를 기울이지 않았다고 할 수 있다. Hall의 지적대로 자본주의 국가에서 나타나는 권력관계의 불균형에 주목하는 이론이 국가정책의 분배적 효과 분석을 등한시한 모순이 있다.

따라서 이 연구는 역사적 제도주의의 관점에서 영국 직업훈련정책을 설명하고 아울러 역사적 제도주의가 소홀히 하여 온 부분을 보완하는 차원에서 정책의 성과가 경제적 차원에서 그리고 사회복지적 차원(분배적 차원)에서 어떠하였는지에 대해서도 분석하고자 한다.

다음의 그림은 이 연구의 분석틀이다. 먼저 역사적 제도주의에서 제시하는 제도적 맥락과 역사의 개념을 적용하여 '직업훈련정책을 둘러싼 정책 환경, 행위자들의 정책결정구조, 과거정책의 제도화된 특징들의 결합'으로 직업훈련제도를 정의하고, 영국의 직업훈련정책이 이러한 제도의 틀에서 정책으로 형성되어 집행[46]되고 있음을 그려내고자 한다. 구체적으로는 직업훈련정책의 형성에 미치는 요인과 정책의 내용, 정책집행, 정책결과의 단계로 정책단계를 구분하였다.

영국의 직업훈련정책을 형성(shape)하는 독립변수로는 역사적 제도주의가 강조하는 변수와 직업훈련정책과 관련이 있는 변수를 점검한 결과 정책 환경, 정책결정구조, 과거정책의 제도화된 특징을 분석하고자 한다. 다음으로 정책내용으로는 영국 직업훈련정책의 구체적인 내용을 분석한다. 정책집행단계에서는 정부와 훈련기업협의회, 주요 운영방식을 분석할 것이다. 정책결과단계에서는 직업훈련정책의 의의인 경제적, 사회복지적 차원에서 정책성과 및 한계를 분석할 것이다.

46) 어느 한 시점에서는 이 연구의 분석과 같이 정책이 제도의 종속변수가 되지만, 시간이 흘러 정책은 다시 제도의 독립변수가 될 수도 있다.

〈그림2-2〉 연구의 분석틀

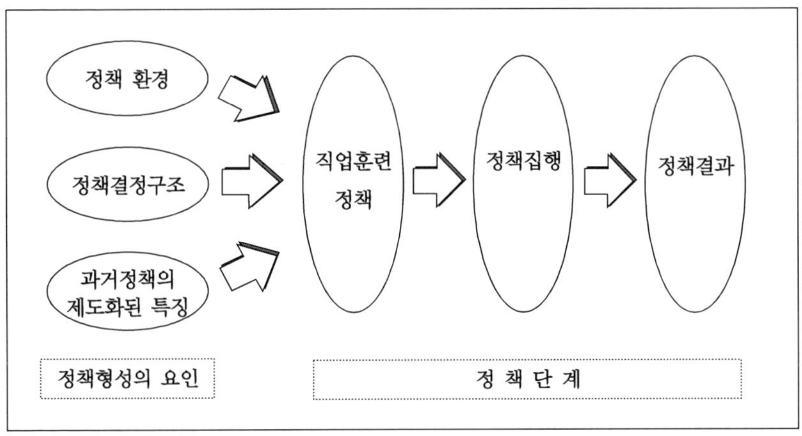

이상의 분석틀을 통하여 이 연구가 분석하고자 하는 연구내용은 다음과 같다.

첫째, 영국의 직업훈련정책의 형성에 어떠한 요인들이 영향을 미쳤는가? 이 질문군은 구체적으로 다음과 같은 질문들로 나뉜다.

정책 환경은 직업훈련정책에 어떠한 영향을 미쳤는가? 구체적으로 정치이데올로기는 어떠한 영향을 미쳤는가? 산업·고용구조, 생산체제는 어떠한 영향을 미쳤는가?

정책결정구조는 직업훈련정책에 어떠한 영향을 미쳤는가? 구체적으로 영국의 고유한 정치행정구조와 노사정구조는 어떠한 영향을 미쳤는가?

과거정책의 제도화된 특징은 현재의 정책에 어떠한 영향을 미쳤는가?

둘째, 영국의 직업훈련정책의 구체적 내용은 무엇인가?

셋째, 직업훈련정책을 추진하고 집행하는 정부부처 및 주요기관의 운영방식은 어떠하였는가?

넷째, 정책의 성과는 어떠한가? 이 질문군은 구체적으로 직업훈련의 의의와 영국 직업훈련정책의 목표인 경쟁력 향상과 사회적 통합의 제고를 기준으로 경제적 성과는 어떠한가, 사회복지적 성과는 어떠한 가로 나누어 분석될 것이다.

다섯째, 영국의 직업훈련정책의 분석을 통하여 한국의 직업훈련정책에 어떠한 시사점을 얻을 수 있는가?

2. 변수 및 지표에 대한 설명

이상의 분석틀에서 제시되는 변수와 지표에 대한 설명은 다음과 같다.

1) 정책형성의 요인

정책형성의 요인은 앞서 정의한 직업훈련제도의 개념이 되므로 정책환경, 정책결정구조, 과거정책의 제도화된 특징이라는 개별 변수의 결합으로 보았다.

(1) 정책 환경

정책 환경은 정치경제적 환경을 의미하는데, 구체적으로 정치이데올로기와 노동시장 변수로서 산업 및 고용구조, 생산체제 변수를 도출하였다. 정치이데올로기는 정치엘리트의 지지를 얻으며 서서히 제도화되고 일단 제도화된 이후에는 정책이나 제도 선택에 영향력을 발휘한다. 정치이데올로기는 대부분의 나라에서 정책 전반의 기조로 작용하고 있지만 영국의 대처리즘과 제3의 길에서 보이는 정책사고는 1990년대의 시장중심형 정책을 만들어내는 데 특히 큰 역할을 한 것으로 평가되고 있다. 1990년대의 집권당이 보수당과 노동당이었으므로 두 정당의 정책관과 더불어 핵심 이데올로기였던 대처리즘과 제3의 길을 분석한다.

산업 및 고용구조, 생산체제와 같은 노동시장 변수는 대부분의 나라에서 직업훈련의 활성화 여부를 결정짓는 주요한 변수이다(Finegold, 1992; Crouch et al., 1999; 폴 라이언, 1996). 산업구조 측면에서 볼 경우 서비스업보다는 제조업 위주의 산업구조에서 직업훈련이 발달하는 것이 일반적이며, 정규직 고용의 수준과 고용기간의 수준도 직업훈련의 활성화를 가늠하도록 한다. 생산체제 측면에서 볼 때 수출주도형이면서 유연한 생산방식을 추구하는 경우 직업훈련이 활성화될 개연성이 높은 편이다.

(2) 정책결정구조

정책이나 제도의 변화는 이익단체나 정치단체 등 주요한 행위자에 의해 좌우된다. 제도의 변화나 지속에는 권력관계가 내재되어 있다. 제도를 유지하고자 하는 행위자들의 이익과 제도를 변화시키고자 하는 행위자 간의 관계에 대한 논의가 없이 제도를 논할 수 없다. 이러한 정책결정구조의 하위 변수로는 일반적 정책결정구조인 정치행정구조와 직업훈련과 특별히 관계가 깊은 노사정구조를 도출하였다.

영국은 의원내각제 국가로서 정치적 권위가 집중되어 있으며 집권화된 정책공동체(policy community)적 정치행정체제에서 행정부의 제안은 정책관련 이해관계자의 큰 저항 없이 통과될 수 있는 특징을 지니고 있다.

노사정 삼자는 직업훈련정책을 만들어내는 핵심 행위자이며, 이들 삼자 간의 구조에 따라 직업훈련의 활성화가 결정된다고 한다(Finegold, 1992; Crouch et al., 1999; Ryan, 1996; 폴 라이언, 1996). 일반적으로 노사정 간에 힘의 균형이 이루어질 경우 직업훈련이 활성화될 개연성이 높다고 한다(Finegold, 1992). 따라서 노사정 간의 힘의 구조를 알아내기 위하여 노동조합, 사용자조직, 단체교섭을 살펴 볼 것이고 노사정 간의 직업훈련에 대한 입장을 분석한다.

(3) 과거정책의 제도화된 특징

과거정책의 제도화된 특징 변수는 역사적 맥락을 강조하는 역사적 제도주의 접근방법의 주요한 변수이다. 여기에서는 정책의 역사적 전개를 분석하면서 과거정책의 특징을 포착하여 블레어정부정책과 연관성을 도출하고자 설정하였다. 구체적으로 정책내용 및 관련 기구를 살펴보았다.

2) 정책내용

훈련유형별 정책으로서 청소년훈련이 중심인 양성훈련과 기업 내 훈련이 중심인 향상훈련 그리고 실업자훈련을 분석한다. 이와 더불어 근로복지의 일환으로 실시되고 있으면서도 직업훈련이 주 내용이 되고 있는 뉴딜(New Deal) 프로그램에 대해서도 분석한다. 영국 정부는 1990년대에 직업훈련 활성화를 위하여 개인과 기업에 대한 간접적인 지원방식을 많이 도입하고 있다. 따라서 이러한 내용도 직업훈련정책에 포함하기로 한다.

3) 정책 집행

영국의 정책 전달체계는 중앙정부와 지역사무소, 그리고 민간기관인 집행기관의 역할이 분리되어 있는 것이 특징이다. 그러므로 중앙정부, 정부의 지역사무소, 집행기관인 훈련기업협의회를 분석대상으로 삼는다. 직업훈련정책은 이러한 기구들 간의 계약을 통하여 전달되고 있는데 계약과 관련되면서 주요한 운영방식인 성과[47]연계재정지원방식(output-related funding)을 분석대상으로 한다.

4) 정책 결과

앞서 직업훈련정책의 의의에서 파악한 바와 같이 직업훈련정책의 목표는 일반적으로 경제적인 차원과 사회복지적인 차원으로 구분할 수 있다. 또한 영국정부가 실제 명시적으로 밝히고 있는 직업훈련정책의 목표도 기업의 경쟁력[48] 제고와 사회적 통합의 제고이다[49]. 그러므로

---

47) 'output'은 우리말로 정확히 번역하였을 때 '산출'이라는 용어로 사용되어야 하나 '성과 연계적 재정지원'이라는 용어가 많이 사용되고 있음에 비추어 여기서도 그대로 사용하기로 한다.

48) 경쟁력의 개념은 크게 세 가지로 분류될 수 있다. 첫째, 고품질의 상품을 생산하고 판매하여 다른 기업이나 산업, 나아가 타국과의 경쟁에서 이길 수 있는 능력이다. 이 입장은 기업/산업의 경쟁력을 곧 국가경쟁력으로 간주하고 있다. 스위스의 국제경영개발원(IMD), 세계경제포럼(WEF), Porter, Yoffi 등이 이러한 입장을 지니고 있다. 둘째, Krugman류의 입장으로서 국제시장에서의 경쟁력이 아니라 국민들의 생활수준의 향상이 가장 널리 받아들여지는 경제정책의 핵심적 목표이며, 따라서 한 경제시스템을 평가할 수 있는 가장 중요한 범주라는 것이 그의 입장이다. 마지막으로는 기본적으로 국가경쟁력에 있어 기업/산업경쟁력이 핵심적이라고 보면서도 이를 국민들의 실질적인 생활의 질과 관련시켜, 보다 포괄적 견지에서 국가경쟁력을 이해하는 입장을 들 수 있다. Pfaller 등이 대표적인데 OECD나 보수당 집권기의 영국정부도 이런 관점에 서 있다는 것은 흥미롭다. 영국의 통상산업부(Department of Trade and Industry)가 매년 발행하고 있는 경쟁력(Competiveness: Helping Business) 백서(White Paper)는 경쟁력의 개념을 OECD의 규정을 차용하면서 "한 나라가 자유롭고 공정한 시장조건에서, 장기적으로 국민들의 실질소득을 유지, 확대하면서도 동시에 국제시장에서의 경쟁을 만족시킬 수 있는 상품과 서비스를 생산해 낼 수 있는 능력"으로 정의하고 있다.

49) 교육고용부는 교육훈련정책의 목표를 모든 사람에게 자신의 잠재력을 실현할 수 있는 동등한 기회를 제공하는 통합사회, 성공적인 기업, 공평하면

정책의 결과는 정책의 결과가 그 정책목표를 얼마나 달성했는지를 파악해야 할 것이다. 따라서 정책의 결과에 대한 분석도 경제적인 차원과 사회복지적인 차원을 모두 다루고자 한다.

한편 정책결과는 학자들 간에 다양하게 정의되고 있다. 효과 또는 성과(policy/program effects or impacts)로 결과를 정의한 경우(김명수, 2000) 정책이나 사업계획의 실시결과로 얻어진 산출이 국민생활에 미친 모든 영향을 측정하고 있다. 이러한 효과/성과는 정책이 야기한 영향의 범위에 따라 직접효과/성과와 간접효과/성과로 구분되고 있다. 여기서 직접효과란 정책대상상황이나 집단에 미친 영향을 말하며, 간접효과란 정책대상상황이나 집단 이외의 상황이나 집단에 미친 영향을 말한다.

다음 정책결과를 정책 산출과 정책영향으로 크게 나누는 방법(김형렬, 2000)이 있다. 정책 산출이 체계의 단기적인 결과라고 한다면 정책영향은 다른 체계에 영향을 줄 것이 예상되는 정책의 부산물이 된다.

다음으로는 정책 산출(policy outputs), 정책성과(policy outcomes), 정책영향(policy impacts)으로 구분하는 경우(노화준, 1995)가 있다. 정책 산출은 정책의 집행으로 나타나는 일차적인 결과이다. 즉 영세민복지프로그램에 의하여 수혜를 받는 인원이나 범죄예방 프로그램에 의하여 적발되거나 검거된 범법자의 수 등이 정책 산출이다. 정책성과란 정책대상자들에게 일어난 변화이다. 예를 들어 영세민복지 프로그램의

서도 효율적인 노동시장을 가진 국제적으로 경쟁력 있는 경제로 설정한 바 있다(DfEE, 1999c). 이에 따른 구체적 교육훈련 목표는 3가지였다. 첫째는 의무교육을 이수하는 연령인 16세의 청소년들이 적절한 기능 및 기술, 태도, 인성을 갖추도록 하는 것이다. 이는 초중등교육의 내실화를 말한다. 둘째는 모든 국민에게 평생학습의 장을 제공하는 것이다. 이는 접근이 용이한 학습체계를 구축하고 종업원에 대한 투자를 확대하도록 고용주를 고무하는 것을 말한다. 셋째는 일자리가 없는 사람이 일자리를 가질 수 있도록 도와주는 것이었다. 특히 노동시장에서 불리한 조건에 있는 사람이 안정적인 일자리를 얻도록 도와주는 것을 말한다(DfEE, 1999c).

집행으로 영세민들의 영양상태가 좋아졌거나 프로그램 대상자들의 자활의욕이 높아진 것은 영세민복지 프로그램의 성과라고 할 수 있고, 범죄예방 프로그램으로 연간 각종 범죄발생건수가 감소한 것은 범죄예방 프로그램의 성과라 할 수 있다. 정책영향은 정책의 집행으로 사회에 나타난 변화이다. 예로서는 영세민복지 프로그램으로 사회적 복지수준이 향상되거나 생활만족도가 높아졌다든지, 범죄예방 프로그램으로 질서의식이 회복되고 치안상태가 그 이전보다 좋아져 야간에도 마음 놓고 외출할 수 있게 된 것 등은 정책의 영향이다.

이 연구에서는 학자들이 정의한 개념에서 산출과 성과의 개념을 합하여 정책대상들에게 영향을 주는 결과를 직접적 효과로 분류하고, 정책의 직접적 또는 의도한 효과는 아니었지만, 정책이 매개가 되어 발생한 결과를 간접적 영향으로 분류하여 분석하기로 한다.

경제적 차원에서 직접적인 효과는 정책대상인 훈련생 개인들에 대한 효과로서 직업훈련 이수 후 취업률과 자격증취득률, 임금, 고용기간을 살펴본다. 이들 지표 중 취업률과 자격증취득률은 영국 정부가 성과연계적 재정지원에서 성과로 간주하고 있는 지표이다. 간접적 영향은 국가 전체에 미치는 영향으로 직업훈련의 결과라고 바로 대치하기에는 그 인과성을 규명하기는 어려우나 직업훈련의 최종 목표가 국가 전체의 숙련향상과 경제의 발전이라고 보아서 숙련수준인 자격증 수준, 생산성, GDP 성장률, 제조업의 국제시장점유율을 분석한다.

사회복지적 차원에서 직접적인 효과는 정책대상인 취약계층의 직업훈련 참여의 내용을 분석한다. 간접적인 영향으로는 이 역시 직업훈련의 결과로 대치하기에는 다소 거리가 있으나 직업훈련정책이 복지정책의 하나라는 전제하에 실업률, 장기실업률의 변화, 그리고 소득에 대한 영향으로서 임금, 지니계수, 소득분포를 분석대상으로 한다.

〈표2-11〉 정책결과의 지표

구 분	직접적 효과	간접적 영향
경제적 결과	취업률 자격증취득률 임 금 고용기간	자격증 수준 생산성 GDP성장률 제조업 국제시장점유율
사회복지적 결과	취약계층 참여내용	실업률 장기실업률 임 금 지니계수 소득분포

다음의 〈표2-12〉는 이상에서 설명한 변수들에 대한 요약이다.

〈표2-12〉 변수의 요약

변 수		
직업훈련정책 형성요인	정책 환경	정치이데올로기
		산업・고용구조, 생산체제
	정책결정구조	정치행정구조
		노사정구조
	과거정책의 제도화된 특징	시장중심
직업훈련정책	훈련유형별 정책	
	관련정책	
정책집행	정 부	
	훈련기업협의회	
정책결과	경제적 결과	직접적 효과
		간접적 영향
	사회복지적 결과	직접적 효과
		간접적 영향

제3장 직업훈련정책 형성의 요인

이 장에서는 영국의 직업훈련정책 형성의 요인으로 정책 환경과 정책결정구조, 기존 정책의 제도화된 특징을 분석한다. 정책형성의 요인으로 정책 환경과 정책결정구조는 일반적으로 많이 언급되고 있다. 여기에서는 이에 덧붙여서 제도주의적 분석틀에 따라 경로의존성의 개념을 도입하여 기존 정책의 제도화된 특징도 분석하기로 한다.

제1절 정책 환경

1. 정치이데올로기

이 부분에서는 대처리즘과 '제3의 길'을 직업훈련정책과 관련시켜 살펴 볼 것이다. 1990년대에는 대처가 집권하지는 않았으나 대처리즘은 대처의 뒤를 이은 보수당의 메이저정부에도 정책의 기조로 지속적으로 영향력을 발휘했기 때문에 대처리즘에 대한 분석은 필요하다.

1) 구보수당과 구노동당의 정책관

20세기 이후 보수당과 노동당은 보수와 진보라는 비교적 명확한 이념차이[50]를 당현으로 하면서 다음의 표에서 보이듯이 서로 교차하면서

50) 구보수당과 구노동당은 대처와 블레어 등장 이전의 보수당과 노동당을 의

집권하였다.

〈표3-1〉 정당별 집권기간(1940년-현재)

정당	집권기간	수상	재임기간
연립	1940. 5-1945. 7(5년 2월)	처칠(Churchill)	1940. 5-1945. 7(5년 2월)
노동	1945. 7-1951. 10(6년 3월)	애틀리(Attlee)	1945. 7-1951. 10(6년 3월)
보수	1951. 10-1964. 10(12년 11월)	처칠(Churchill)	1951. 10-1955. 4(3년 6월)
		에덴(Eden)	1955. 4-1957. 9(2년 5월)
		맥밀런(Macmillan)	1957. 10-1963. 10(6년)
		더글라스-홈 (Douglas-Home)	1963. 10-1964. 10(1년)
노동	1964. 10-1970. 6(5년 8월)	윌슨(Wilson)	1964. 10-1970. 6(5년 8월)
보수	1970. 6-1974. 3(3년 9월)	히스(Heath)	1970. 6-1974. 3(3년 9월)
노동	1974. 3-1979. 5(5년 2월)	윌슨(Wilson)	1974. 3-1976. 4(2년 1월)
		캘러헌(Callaghan)	1976. 4-1979. 5(3년 1월)
보수	1979. 5-1997. 5(18년)	대처(Thacher)1,2,3기	1979. 5-1990. 11(11년 6월)
		메이저(Major)1,2기	1990. 11-1997. 5(6년 6월)
노동	1997. 5-현재	블레어(Blair)1,2기	1997. 5-현재

보수당은 자유 시장경제를 강조하면서 복지국가의 축소, 유연한 노동시장의 강조와 같은 정책을 추구하고 있었다. 반면에 노동당은 사회주의 경제, 복지국가를 지향하였다. 그러나 보수당과 노동당은 이렇게 이념상으로는 차이가 있었으나 실제적으로는 1940년대 이후 복지국가 명제로 수렴되는 이념적 동질기(consensus period)[51]를 유지시켜 나갔다. 국가주도 경제 관리와 집단적인 복지공급이 시장을 안정시킬 뿐만

미한다. 대처와 블레어의 등장 이후 두 정당의 정책이 많이 변화하였기 때문에 신보수당과 신노동당이라는 개념을 사용하도록 한다.

51) 제2차세계대전 이후 1979년에 이르기까지 영국사회는 기본적으로 전후합의(post-war consensus), 즉 완전고용과 복지국가, 그리고 노사관계에 있어서의 집단적 자율주의가 정치와 경제정책의 기본적 이상으로 설정되어 있었다.

아니라 평등과 사회정의의 확대를 가져오고, 개인과 계급의 이익을 초월한 시민의식의 성장을 초래한다는 공감대가 형성되었던 것이다.

하지만 복지국가를 유지시켜 왔던 경제적 호황은 1960년대 말 이후 서서히 퇴조하기 시작하였다. 통화 불안정, 다국적 생산, 세계무역의 개방화 추세로 인한 개발도상국과의 경쟁 등은 영국 경제와 정책결정의 근본적이고 구조적인 결함을 노정 시켰다. 1970년대에 영국은 복지국가의 위기에 직면하여 히스와 캘러헌 수상의 주도하에 새로운 대안을 적극적으로 모색하기도 하였다. 먼저 보수당의 히스는 온정적 복지노선과의 결별을 선언하고 재정지출을 삭감하고 노조를 통제하려 하였다. 다음으로 노동당의 캘러헌은 다원주의적인 영국사회에 조합주의(corporatism)[52]를 이식시키려고 하였다. 그러나 노동과 자본을 대표하는 정점조직(peak organization)의 부재로 대표되는 영국의 제도적 취약성은 히스와 캘러헌의 의지를 실패로 귀결시켰다.

2) 대처리즘

보수당은 1979년 대처의 집권 이후 신보수주의・신자유주의를 수용하였고 이는 대처리즘으로 불리고 있다. 온정주의와 자유시장주의가 혼재하고 있던 보수당에서 대처리즘은 이러한 균형을 변화시키는 것이었다. 대처의 사회경제정책의 핵심은 케인즈식 총수요관리 정책의 포기와 공공지출 삭감, 조세감축, 통화량 조절[53], 사유화, 탈규제, 투자유인확보를 통한 공급 측 경제학 강조, 관료와 노조권한의 감축 등 경제

---

52) 영국의 조합주의적 실험은 직업훈련부문에도 실시된 바 있다. 이에 대한 자세한 내용은 다음의 4장을 참고할 것.

53) 저 인플레와 저 실업 그리고 지속적 성장은 통화 공급을 통제하고 공공지출의 억제를 통한 균형예산을 실현함으로써 성취될 수 있다는 것이 통화주의의 기본가정이다.

와 사회복지로부터 국가의 전면적 후퇴를 주요내용으로 하였다(고세훈, 1999).

보수당은 1975년 대처를 당수로 선출하면서 전후 수정보수주의 전통에서 탈피하여 자유시장경제의 회복과 국가개입의 축소, 복지삭감, 법과 질서의 유지를 강조하는 정당으로 변모하였다. 1979년 영국국민의 선택에 따른 대처정부의 등장은 복지국가에 대한 국민적 합의가 무너지기 시작하였음을 의미한다[54].

이러한 상황에서 집권한 보수당정부가 복지국가의 위기에 대응하여 채택한 이데올로기적 기조는 영국 복지정책에서 역사적 전환점의 하나로 평가된다. 대처리즘의 요체는 '자유경제와 강한 국가'의 구축이며 전후질서의 기초인 케인즈적 요소와 비버리지적 요소로부터 벗어나는 것이다.

이러한 신보수주의 복지정책의 기조는 세 가지로 요약될 수 있다. 첫째, 자조와 개인책임 원칙으로, 복지에 대한 국가책임 원칙에서 후퇴하여 시장과 개인에의 의존을 강조한다. 둘째, 보편주의 원칙에서 후퇴한 선별주의 원칙으로, 엄격한 자산조사를 통하여 국가복지를 필요로 하는 사람들에게만 제공하는 것이다. 셋째, 전 국민 최저생활유지 원칙에서 후퇴한 열등처우(less eligibility)원칙이다. 1834년 개정 빈민법에서 확립된 이 원칙은 빈곤계층에 주어지는 국가복지의 급여수준이 최저임금 노동자들보다 높지 않아야 한다는 것이다(남궁근, 1998a).

고용정책의 경우에도 대처리즘의 관점에서 볼 때 케인즈 주의적 복지국가의 인위적 완전고용정책은 임금상승을 유발하고 인플레를 초래하며 노동시장의 경직성을 초래하는 성장의 적이었다. 이에 따라 대처정부는 각종 고용 및 임금 보호조치에 대한 규제를 대폭 완화하면서 노동시장의 유연화에 나섰다. 이러한 조치들은 1980년대 초의 최악의

54) 영국민의 대처 선택의 의미와 복지국가의 위기에 대해서는 다음의 책을 참조할 것. 김영순. (1996). 「복지국가의 위기와 재편」. 서울: 서울대 출판부.

경기침체, 장기적인 제조업 쇠퇴, 고용의 증대가 수반되지 않는 성장(jobless growth) 경향과 맞물려 실업과 불완전고용을 크게 증대시켰다. 그러나 이렇게 정부의 정책 자체가 고용위기의 중요한 원인 중의 하나였음에도 불구하고 대처 정부는 실업을 감소시킬 적극적 노동시장 정책에는 거의 관심을 기울이지 않았다. 따라서 영국은 다음의 〈표 3-2〉에서 보이듯이 당시 유럽국가들 중 적극적 노동시장정책 지출이 가장 낮은 나라가 되었다.

〈표3-2〉 실업자 1인당 적극적 노동시장정책 지출 국제비교(1986년-1992년)

단위: 1992년 US 달러

국가	구분	영 국	프랑스	독 일	스웨덴	평 균*
적극적노동시장정책전체	평 균	2263.22	3119.40	7382.16	26056.64	6551.81
	최솟값	1572.34 (1985)*	1946.12 (1985)	2873.00 (1985)	19142.83 (1985)	1244.67
	최댓값	2851.16 (1989)	4634.12 (1992)	17932.33 (1992)	33487.65 (1990)	33487.65
직업훈련	평 균	492.13	1206.83	2517.73	8035.82	1985.40
	최솟값	145.14 (1985)	760.04 (1985)	717.46 (1985)	4532.91 (1985)	59.49
	최댓값	965.70 (1990)	1676.36 (1992)	6827.99 (1992)	11004.55 (1991)	11004.55
고용보조	평 균	378.93	347.74	1786.30	3156.26	1300.55
	최솟값	80.55 (1991)	166.18 (1987)	604.22 (1985)	2644.68 (1990)	55.04
	최댓값	775.11 (1987)	807.93 (1992)	5385.27 (1992)	3873.18 (1985)	5385.27
구직서비스	평 균	606.16	479.32	1376.33	3018.94	991.55
	최솟값	349.28 (1985)	377.15 (1987)	754.69 (1985)	1563.77 (1992)	275.07
	최댓값	838.70 (1990)	625.05 (1991)	2500.05 (1992)	4474.29 (1989)	4474.29
실업급여	평 균	3538.24	7638.78	9351.59	13256.51	9344.67
	최솟값	2679.03 (1989)	6694.74 (1987)	5093.72 (1985)	7919.06 (1985)	2679.03
	최댓값	4563.48 (1992)	9035.07 (1991)	20724.65 (1992)	18000.45 (1991)	20724.65

주: * 이 자료는 1986년부터 1992년까지 8개국의 사례를 분석하고 있으며, 따라서 평균은 이 표에 제시되지 않은 호주, 벨기에, 캐나다, 덴마크를 포함한 8개 국가의 평균이다.

** ( )는 해당연도를 의미한다.

자료: OECD. (1999). Social Expenditure Data. 김영범. (2001). 적극적 노동시장정책의 실업감소 효과에 관한 연구. 「한국사회복지의 쟁점 세미나 발표집」, 3-27. 이화여자대학교 사회대 BK21 뉴거버넌스 교육연구단에서 재인용.

시장의 경제논리를 앞세운 대처의 정책은 영국병의 치유자라는 찬사와 더불어 최근의 객관적 경제지표의 호전을 가능하게 하였기 때문에 장기적인 관점에서 성공적인 정책이었다는 평가를 얻고 있는 것처럼 소기의 성과를 거둔 것으로 알려지고 있다. 그러나 대처리즘은 경제 활성화라는 공적에도 불구하고 불평등의 확대와 고용불안이라는 시장경제의 부작용을 심화시키는 결과를 초래했음을 부인하기 어렵다. 대처리즘이 공동체의 해체라는 비극적 결과를 초래한 주요 원인은 시장주의의 맹신에 있었다. 이 점에서 과거 영국병의 원인이 정부실패였다면 대처리즘의 후유증은 빈부격차의 심화라는 시장실패를 의미한다(김호진, 2000).

결국 이러한 대처리즘의 공과에 대한 당내외의 논란은 대처의 사임과 메이저 정부의 출범으로 이어지게 된다. 대처의 후광을 등에 업고 1990년 출범한 메이저 정부는 1992년 총선에서 승리하는 등 7년간이나 집권하였지만 신 우파 정부의 정체성을 재확립시키는 일에는 실패한 것으로 평가된다. 이 점은 1994년 7월 24일 새로운 노동당 당수로 취임한 블레어가 1987년 이후 닐 키녹과 존 스미스하에서 계속된 노동당의 현대화 작업을 가속화시키면서 신좌파(New Left)의 상승세를 계속 이어 왔다는 사실을 통해 잘 알 수 있다.

3) 제3의 길

1994년 노동당의 당수가 된 블레어는 새로운 집권전략으로 좌와 우를 초월하는 제3의 길(the third way)을 표방하게 된다. 당시 영국의 상황을 감안할 때 노동당이 집권할 수 있는 유일한 방법은 영국 남부에서 많은 의석을 차지하는 것이었다. 그렇게 하기 위해서는 1979년 이래 줄곧 보수당의 지지 세력이 되고 있는 화이트칼라와 숙련 노동자들로 이루어진 영국의 신중산층(new Middle England)의 표를 확보해야 하였다.

중산층과 손잡기 위한 블레어의 노력은 공적 소유를 규정한 노동당 당헌 제4조의 개정으로 나타나게 된다. 유권자들에게 노동당이 진정으로 변했다는 상징적 조치가 필요했기 때문이다. 제4조의 개정은 과거와의 공식적인 결별이자 신노동당(New Labour)의 출범을 의미하였다. 1995년 4월 개최된 당 총회에서 승인된 신 당헌 제4조55)에서, 노동당은 국유화와 경제기획이 시장을 대신한다는 이념을 포기했다.

이상에서 설명한 대처리즘의 신보수당과 블레어 이전의 구노동당, 블레어 이후의 신노동당의 이념과 정책은 다음의 〈표3-3〉처럼 비교하여 정리할 수 있다. 먼저 접근방법에서 보면 구노동당은 평등유지자(leveller)로서 부의 분배에 관심을 갖는 것으로 평가된다. 신보수당은 탈규제자로서 공공서비스를 축소하고 시장을 자유롭게 해 줌으로써 사회정의를 성취하려고 한다. 이에 반하여 신노동당은 투자자로서 지역사회의 윤리와 시장경제의 다이나믹스를 결합하려고 한다. 또한 기회를 재분배함으로써 사회보장을 성취하려고 한다. 성과 면에서도 신노동당은 단순히 평등 자체를 추구하는 것이 아니고 다양한 소외계층들을 정책의 성과 속에 포함되도록 하는 것을 궁극적인 성과목표로 삼는다. 시민권적 측면에서도 시민들에게 권리만 강조하는 것이 아니며 책임만을 강조하는 것도 아니다. 신노동당은 시민들에게 권리와 책임의식을 강조한다. 복지를 담당할 경제주체 면에서는 구노동당의 국가위주가 아니고 신보수당의 민간부문도 아니다. 공공·민간 협력 및 파트너십을 강조한다. 통치방식도 명령과 통제 또는 단순한 경쟁원리가 아니라 협력 및 파트너십을 강조한다. 정부의 지출 면에서는 일방적으로

---

55) 개인의 가능성 개발을 위한 공동의 노력, 시장의 기업가적 정신, 그리고 경쟁의 촉진, 권력과 부의 기회에 대한 공유, 사회정의는 불안정하고 가난한 자들에 대한 도움 그리고 기회의 평등과 관련하여 정의되어야 한다는 것이 주요 개정 내용임.

지출을 높인다든지 낮추는 것이 아니라 실용적인 측면을 강조하여 높일 수도 있고 낮출 수도 있는 융통성을 강조한다. 복지편익 측면에서는 구노동당처럼 무조건적인 편익증진이 아니라 오히려 축소하는 방향을 취하는 것으로 이해된다. 경제적 측면에서 볼 때 신보수당은 자유시장 추구하고 민영화를 강조하며, 구노동당은 사회주의경제를 추구하면서 국유화를 강조하는 것으로 나타나고 있다. 신노동당은 이를 절충한 형태의 국영-민간기업의 협조를 지향하는 것으로 분류할 수 있다. 복지 측면에서도 신보수당과 구노동당이 각각 복지국가의 축소와 확대를 주장하여 반대 입장을 보이고 있는 데 비하여 신노동당은 직업훈련을 중심으로 하는 적극적 복지를 강조하는 것으로 나타나고 있다. 노동 측면에서는 신보수당이 최저임금제를 반대하며 노조인정조건을 강화하면서 노동조합을 약화시키려고 하였던 데 비하여 신노동당은 보수당의 노사관계법의 기조는 유지하면서도 노조의 인정조건은 비교적 약화시키려고 하고 있으며 최저임금제를 찬성한다.

〈표3-3〉 신보수당, 구노동당, 신노동당의 이념과 정책비교

구 분	신보수당	구노동당	신노동당
접근방법 (approach)	탈규제자(deregulator)	균형자(leveller)	투자자(investor)
성과 (outcome)	불평등(inequality)	평등(equality)	통합(inclusion)
시민권 (citizenship)	의무	권리	권리 및 의무
복지담당주체	민간	국가	공공/민간: 시민사회
통치방식	경쟁	명령 및 통제	협력/파트너십
정부지출	낮음(low)	높음(high)	실용성(pragmatic)
복지편익	낮음	높음	낮음?
책무성	시장/하향식	중앙, 국가/상향식	절충
정 치	우파, 중간계급, 기업, 개인의 자유와 시민사회 강조	좌파, 계급, 노조기반, 복지 강조	좌파?/탈이데올로기(post-ideological), 중간계급 지향, 공동체 강조
경 제	자유 시장경제, 민영화, 기업의 조세감면	사회주의경제, 국유화 강조, 조세인상	국영-민간기업의 협조, 소기업 중시
평 등	기회의 평등, 능력주의	결과의 평등, 평등주의	기회의 평등, 사회적 흡수
복 지	복지국가 축소, 복지사회 지향	복지국가 강조, 조세(누진세)를 통한 부의 재분배	적극적 복지, 교육·의료복지, 포커스
실 업	유연노동시장의 일방적 강조	완전고용, 노동조합 보호	유연노동시장과 적극노동시장정책 배합
교 육	사립학교 증대, 공립학교 간 경쟁과 선택적 지원	공립학교 지원, 교육비 전액 국고부담	직업훈련 지원, 대학 수업료 일부 사부담
법과 질서	범죄결과 중벌, 법과 질서 강조	범죄원인(실업, 불평등)예방 강조	법과 질서 강조, 범죄의 원인과 결과 동시 해결
헌 법	전통적 헌법과 제도 유지	세습적 상원 폐지	세습적 상원 폐지
민 족	일 민족 토리주의	일 민족 사회주의	스코틀랜드와 웨일즈 의회 분리
지방자치	중앙 집중화, 런던시청 폐지	중앙 집중화	분권화, 런던시청 부활
국 방	군사력 중시, 핵무기 유지	핵무기의 일방적 철거	핵무기 유지, 유럽군대 창설
외 교	신냉전주의, 강한 민족주의	국제주의, 개발도상국 지원	윤리적 외교, 신외교
유럽연합	유럽연합에 소극적	유럽공동체 탈퇴	유럽연합 가입연기 국민투표 실시예정
소수민족	이민, 난민 제한, 국민교육커리큘럼	인종관계법 제안	인종관계법 제정
동성애	동성애 결혼 반대, 동의연령 21세	동의연령 18세	동의연령 16세, 동성애자 차별금지

자료: Powell. (1999). *New labour, new welfare state?: the 'third way' in British social policy*. Bristol: The Polity Press at the University of Bristol.: 김윤태. (1999). 「제3의 길: 토니 블레어와 영국의 선택」. 서울: 새로운 사람들에서 재구성.

블레어를 중심으로 하는 신노동당의 거시적 정치경제체계를 구성하는 원리는 '이해관계자들(stakeholders)의 경제'이다. 이해관계의 핵심은 한 사회나 국가에 대해 각종 이해관계를 갖고 있는 구성원들을 체제내로 포용하는 것이다. 예컨대, 경제의 구조적 변화나 개인적 능력의 부족으로 인해 시장에서 도태된 노동자들도 그 사회의 이해관계를 보유하고 있는 구성원이므로 이들에게 교육과 훈련을 제공하여 변화하는 고용시장에 적응할 수 있도록 국가와 사회가 도와야 한다는 것이다. 이러한 이념하에서 교육훈련이 최선의 경제정책으로 인정받게 된다(Powell, 1999). 회원이 된 개인들에게 권리와 의무를 부과하여 개인의 이익과 더불어 공공이익을 자각토록 하는 것도 핵심적 내용이다(이연호, 2001).

이러한 신노동당의 이해관계자경제는 과거 구노동당의 입장보다는 보다 개인주의적 형태[56]이며 보수당정부가 추구했던 우파적 이해관계자경제의 모방이라고 할 수 있다. 이해관계자경제에서 복지의 개념도 부의 균등한 분배보다는 기회의 균등을 강조하고 사회적 통합(social inclusion)을 촉진하는 것에 초점이 맞추어져 있다. 여기서 국가는 일자리를 잃었을 때 단순히 생계비를 제공하는 것이 아니라 사람들을 일의 세계로 이끌어 들이는 적극적 기능을 해야 한다는 것이다(Powell, 1999). 따라서 신노동당은 '노동을 위한 복지(welfare-to-work)'와 같은 적극적 복지를 중요시 여기고 직업훈련을 강조하게 되는 것이다.

이런 점에서 신노동당의 복지정책 기조는 노동당이 전통적으로 주장

---

56) 개인이 한 사회의 이해관계를 소유하려면 기술습득을 위한 적절한 교육과 훈련을 받아야 한다는 점을 강조하고 있으며, 이것이 영국경제의 제도적 개혁보다도 더 높은 우선순위를 갖고 있다고 주장하기 때문이다. 원래 구좌파가 주장하던 제도적인 이해관계보유자경제는 경제제도 전반의 구조개혁에 초점을 맞추는 것이었다. 즉, 기업의 소유권 및 경영권 개혁, 노사관계, 교육과 훈련, 복지, 거시경제정책, 그리고 제도적 개혁을 포함하는 대대적인 개혁이었다(Hutton, 1997).

하였던 복지국가론 및 보편주의 원칙에서 탈피하여 개인에게 일할 수 있는 능력을 갖도록 하고, 일할 기회를 주는 '노동을 위한 복지'로 수정되었다. 신노동당 정부의 장관인 프랭크 필드가 1998년 의회에서 밝힌 복지제도 개혁 녹서(green paper for welfare reform: new contract for welfare)는 전후 복지국가의 근간을 형성하던 '시민의 사회적 권리와 국가의 책임'을 대체하여 시민들이 이제 자신의 연금과 사회적 보호를 위하여 더 많은 부담을 해야 하고 정부는 사회적으로 가장 욕구가 큰 집단에게만 보호를 실시할 것이라고 밝히고 있다. 구체적으로 녹서는 정부가 '보건과 교육서비스는 강화하되, 사회보장 급여의 역할을 축소하는 방향으로 정책을 형성'하여야 한다고 권고하고 있다. 즉, 근로할 수 있는 사람에게는 근로를(work for those who can), 근로할 수 없는 사람에게는 생계를 보장(security for those who cannot)하자는 것[57]이다(문진영 외, 1999). 그러므로 현재까지의 신노동당 복지정책의 기조가 보편 주의적 복지모형으로 회귀한 것이라기보다는 1980년대 보수당 정부의 정책을 계승한 것으로 보는 평가(남궁근, 1998a)도 나오게 되는 것이다.

---

57) 4장에서 후술할 것이나 영국의 대표적인 근로복지 프로그램은 뉴딜이다. 뉴딜과 같은 근로복지에는 다양한 근로활동 선택의 범주가 존재하는데, 이는 일반노동시장의 노동자 선별과정과도 유사하다. 즉 뉴딜의 지원자들 중에서 노동시장에서 고용자들에 의해 고용될 가능성이 농후한 자들은 '정선'될 수 있고 실제 노동시장에서와 별다를 바 없는 직업 활동의 기회를 얻게 된다. 근로복지 프로그램은 근로할 능력이 있는 자로서 심각한 취업상의 장애를 가진 자들도 수혜대상집단으로 상정하고 있기 때문에 지원자들의 근로활동이 의무적이라는 사실과 관련해서 상당한 문제가 있다. 근로복지 프로그램들은 강제성, 근로활동 중심적, 그리고 취업상의 장애를 겪고 있는 자들을 정책대상집단으로 하기 때문이다. 앞으로 근로복지 사업의 범위가 계속 확장된다면 취업에 많은 애로를 겪고 있는 사람들이나 애초에 근로능력이 없던 것으로 간주되던 자들로 수혜대상이 확산될 수도 있다고 보인다. 이미 대상그룹을 '근로가능'한 자들로 재조정하고 근로능력기준을 강화시킴에 따라 이전에 소극적 정책의 수혜자의 범주에 속하였던 사람들이 현재 근로복지의 틀에 포함되고 있다(Lodemel and Dahl, 2000).

그러나 이러한 블레어정부의 정책들이 반드시 우경화되었다고 단순히 해석할 수도 없다[58]. 복지정책에서도 복지예산의 축소라기보다는 재배치가 실시되고 있다는 견해도 있다. 블레어의 정책 의도는 중산층의 가장 큰 관심대상인 NHS[59]와 교육에 많은 투자를 하는 것이었다.

---

58) 다음의 정책으로 볼 때 반드시 우경화라고는 단정 짓기 곤란한 경우도 있다. 경제정책 차원에서 볼 때 연기금수입에 대하여 과세를 하는 등 사업주체들이 이익을 산출하고 사용할 수 있는 권리들이 제한되는 경향도 있다. 조세정책 차원에서 볼 때 블레어 정부하에서의 세금부담률(GDP에서 세금과 사회보장부담금이 차지하는 비율)이 이번 세기를 통틀어 최고(1980년의 북해산 석유에 대한 세수를 제외하면)에 달한다는 사실은 블레어의 조세정책이 기존의 노동당 정부의 정책과 크게 차별화 되지 않는다는 것을 간접적으로 말해준다고 생각된다. 따라서 보수당에서는 블레어 정부가 납세자들이 인지하지 못하는 형태로 세금인상을 계속하고 있다고 비판하고 있다. 공공지출과 관련해서는 집권 초기에는 블레어 정부는 공약대로 공공지출 축소를 철저히 이행했다. 그러나 이러한 긴축재정은 집권 후반기에 오면서 서서히 풀리고 공공서비스인 의료, 교육, 교통, 치안에 대한 투자로 오히려 늘어나는 양상을 보이기 시작하였다. 이렇게 변화하게 된 요인은 중산층들이 공공서비스에 대해서 느끼는 불만이 점차 고조되고 있다는 것을 인식했기 때문이다.

59) NHS(National Health Service)는 1946년부터 시행되고 있는 영국의 고유한 보건 의료제도로서 국가에서 운영하는 사회화된 보건보호체계로 보건서비스를 전달하는 시점에 있어서는 무료이다. 특성을 정리하면 다음과 같다. 첫째, 주된 재원조달방식으로서 조세방식(전체 예산의 약 81%)을 택하고 있으며 국가보험에 의한 보험료방식은 부차적인 재원조달방식에 불과하다(전체 예산의 약 15% 정도). 둘째, 통원치료의 핵심적 역할은 일반의들이 맡으며 이들의 보수는 NHS제도의 테두리 내에서 인두제 방식에 따라 계산되어 지급된다. 즉, 인두제 방식에 의해 보수를 받는 일반의를 중심으로 한 가정의 제도와 이들에 의한 환자의뢰를 받는 공립병원들이 주축이 되고 기타 지역사회 케어가 부수적인 서비스를 제공하는 비교적 간단한 구조였다. 1989년 개혁 이후 급여와 서비스의 공급자들(의사, 병원 및 진료기관)과 급여와 서비스 구매자들(보건의료예산의 집행자들인 지방보건당국 등)을 분리시켜 공급자와 구매자 간에 계약과 급여와 서비스 공급자들 간의 경쟁방식을 통하여 보건의료 비용의 절감과 급여와 서비스의 질적 수준의 유지를 꾀한 바 있다. 자세한 내용에 대해서는 이영찬. (2000).과 김홍식. (1999)을 참고할 것.

우선적으로 한부모(single parents)에 대한 복지혜택을 삭감하고 그 다음에는 장애인에 대한 복지혜택을 삭감할 것이라는 계획을 발표한 바 있다[60]. 그러나 노동당 내의 심각한 반발이 있었고 이후 블레어의 복지개혁은 상당부분 완화되었다(유현석, 2001).

하지만 복지국가의 재편으로 인해 복지혜택에 더 이상 의존할 수 없게 된 극빈자들이나 공공지출 동결로 인해 피해를 입은 연금수혜자들, 그리고 반노조입법의 계속적인 유지로 인해 노조들은 피해를 보고 있다. 이러한 문제 때문에 블레어는 이들 개혁의 피해자들에 대한 선별적 혜택의 부여전략이라고 볼 수 있는 목표수당(targeted benefits)이라고 불리는 정책들을 시행해 왔다. 즉, 복지국가의 재편으로 인해 복지혜택을 빼앗긴 극빈자들에 대한 여러 가지 시혜정책들이 이루어졌고, 연금수혜자들의 불만을 무마하기 위한 넉넉한 연금인상안도 발표되었다. 이미 무력해진 노조에게도 노조의 설립은 인정하는 법안, 그리고 작업장에서의 노동자의 권리를 보장하는 여러 가지 법안들을 재계의 반대에도 불구하고 도입[61]하게 되었다.

---

60) 이러한 계획은 당시의 국민여론이 보건과 교육 분야에 대한 정부의 개입은 지지하지만 여타 분야에 대한 개입에는 적극적이지 않았기 때문이었다.

〈표〉 여론과 복지국가

복지국가 개입에 매우 호의적인 여론의 비율	1985년	1990년
-환자들에 대한 진료의 제공	98	98
-노인들에 대한 문화적인 생활의 보장	97	97
-기업들의 성장에 필요한 원조의 제공	92	91
-저소득 가정 학생들에 대한 장학금 지원	-	90
-자원이 충분치 못한 인구계층에 대한 문화적 주거 공간의 제공	-	90
-물가조절	91	87
-빈자/부자들 간의 소득격차의 감소	88	77
-실업자들에 대한 문화적 생활수준의 보장	69	71
-원하는 사람들에게 하나의 일자리 보장	68	60

자료: Peter Taylor Gooby. (1991). Attachment to the Welfare State. In R. Jowell(ed.). *British Social Attitudes*. the 18th report. 나병균. (1997)에서 재인용.

그러나 전반적으로 블레어의 개혁은 중산층 유권자에 의존하는 방향으로 정책의 방향을 잡아가고 있다. 다시 말해 전통적 노동당 지지자들을 위한 정책이 아닌 보수당의 중도적 유권자들이 선호하는 정책들을 추진하는 것이 블레어 사회·경제 개혁의 핵심이다. 이러한 개혁들은 커다란 변화 없이 일관되게 추진되고 있다.

이러한 추세 때문에 대처-메이저 정부와 블레어 정부의 정책 사이에는 상당한 연속성이 발견되며, 국가성의 변화는 이런 연속선상에서 완만하고 긴 과정을 거쳐 이루어지고 있다고 생각된다(장훈 외, 2000). 신노동당은 세계화와 정보화로 대표되는 구조전환의 시대를 맞이하여 좌(사회민주주의)와 우(신자유주의)를 초월한다는 '제3의 길'이라는 명제를 내놓았다. 블레어리즘은 과도한 시장주의에 대한 반작용을 지지기반으로 한다. 하지만 블레어는 시장에 대한 전면적 부인보다는 시장주의의 성과를 인정하면서도 사회민주주의로의 회귀를 거절하였다. 이러한 이유로 블레어리즘이 포스트 대처리즘으로 지칭되고 있다(이연호, 2001).

결국 영국의 블레어정부가 구축하고자 했던 '이해관계자경제'는 신자유주의 국가에 사민 주의적 요소를 다소 가미한 성격의 체제에 불과하다는 비판에는 설득력이 있다. 상기하였듯이 신자유주의적 국가와 차별성이 전혀 존재하지 않는 것은 아니나 근본적으로 보수당의 대처정부이래 유지되어 왔던 신자유주의적 국가의 속성을 극복하지 못하고 있다. 이러한 관점에서 본다면 블레어정부가 제시하는 개인주의적 이해관계자경제가 신자유주의적 국가의 한계를 극복하기 위한 근본적인 처방이 되기에는 한계가 있다(이연호, 2001).

이상의 논의에서 보면 블레어정부의 정치이데올로기가 보여주는 '근로복지'의 강조는 보수당 정부가 직업훈련에 대해 가치를 두지 않았던

61) 블레어정부가 들어서면서 EU 사회헌장에 가입하게 됨에 따라 최저임금제, 각종 노동자 권리를 보장하는 내용들이 재도입되었다.

것과 달리 직업훈련을 과거 어느 시기보다 주요한 정책으로 만들었다. 그러나 실제 복지차원에서 직업훈련이 긍정적 역할을 수행하였는지에 대한 해답을 얻기는 어려운 것 같다.

2. 산업과 고용구조 및 생산체제

1) 산업구조와 고용구조

영국의 산업구조는 지난 40여 년간 많은 변화를 경험하였다. 다음의 표에서 알 수 있듯이 전통적으로 강세를 보였던 제조업 부문이 1950년 총고용대비 점유율 41%에서 1999년 19%로 급격히 감소한 반면 서비스부문은 급성장하는 현상을 보이고 있다(〈표3-4〉).

농업부문은 19세기 후반부에는 고용 면에서 전체 산업인구의 20-30%를 차지하였으나 1950년대 이후부터 10% 이하로 떨어졌다. 1999년 현재 농업인구비율은 총산업인구의 1% 미만을 기록하고 있다. 그러나 영국은 국토규모에 비해서 상대적으로 풍부한 평지와 구릉지에다 고도의 영농기술과 생산성을 바탕으로 소수의 농업인구로도 국내수요의 충족은 물론 유럽에 많은 농축산물을 수출하고 있다. 현재 영국은 유럽 내에서 프랑스, 스페인과 함께 주요 농·축산물 생산국이다.

2차 산업 부문은 영국의 기간산업으로서 전통적으로 세계시장에서 강세를 보여 온 부문이지만 근년에 들어서 고용과 소득 면에서 쇠퇴하는 경향을 뚜렷이 보이고 있다. 예를 들어 총산업인구에서 2차 산업 인구가 차지하는 비중이 1976년의 경우 46%이던 것이 1988년에는 36.4%, 그리고 1998년에는 28.8%로 떨어졌다. 이 기간 중에 영국에서는 조선, 자동차, 석탄, 제철 등 기간산업도 크게 위축되었다. 최근 영국은 자동차산업을 독일, 미국 등 다른 나라에 판매함으로써 사실상 순수 영국산 자동차도 생산하지 못하고 있다.

〈표3-4〉 총고용에서 차지하는 산업별 고용비율의 변화(1950년-1999년)

단위: %

<table>
<tr><th>구 분</th><th>1950년</th><th>1960년</th><th>1971년</th><th>1980년</th><th>1990년</th><th>1994년</th><th>1997년</th><th>1998년</th><th>1999년</th></tr>
<tr><td>농·임·수산업</td><td>3.9</td><td>2.7</td><td>3.1</td><td>2.6</td><td>2.1</td><td>2.2</td><td>1</td><td>1</td><td>1</td></tr>
<tr><td>석탄 및 채광업</td><td>4.1</td><td>3.4</td><td>1.7</td><td>1.4</td><td>0.7</td><td>0.4</td><td>0.05</td><td>0.05</td><td>0.05</td></tr>
<tr><td>제조업</td><td>41.0</td><td>39.4</td><td>33.6</td><td>28.0</td><td>20.3</td><td>18.6</td><td>21</td><td>20</td><td>19</td></tr>
<tr><td>에너지 및 수도</td><td>1.7</td><td>1.7</td><td>1.5</td><td>1.4</td><td>1.0</td><td>0.9</td><td>0.9</td><td>0.9</td><td>0.9</td></tr>
<tr><td>수송 및 통신</td><td>8.5</td><td>7.4</td><td>6.6</td><td>6.2</td><td>5.9</td><td>5.6</td><td>6</td><td>7</td><td>7</td></tr>
<tr><td>건 설</td><td>6.4</td><td>6.5</td><td>6.4</td><td>6.5</td><td>7.0</td><td>5.8</td><td>5</td><td>5</td><td>5</td></tr>
<tr><td>도·소매업</td><td>10.3</td><td>12.6</td><td>14.6</td><td>15.4</td><td>15.9</td><td>16.3</td><td rowspan="2">20</td><td rowspan="2">20</td><td rowspan="2">20</td></tr>
<tr><td>호텔·식당업</td><td>2.2</td><td>2.6</td><td>3.3</td><td>4.3</td><td>5.3</td><td>5.6</td></tr>
<tr><td>금융·부동산</td><td>2.1</td><td>2.4</td><td>2.3</td><td>2.8</td><td>3.7</td><td>3.6</td><td rowspan="2">14</td><td rowspan="2">14</td><td rowspan="2">15</td></tr>
<tr><td>기업서비스</td><td>3.3</td><td>4.0</td><td>5.0</td><td>6.0</td><td>10.2</td><td>11.6</td></tr>
<tr><td>행정·국방서비스</td><td>6.8</td><td>5.7</td><td>7.2</td><td>7.2</td><td>6.5</td><td>6.5</td><td rowspan="2">32</td><td rowspan="2">32</td><td rowspan="2">32</td></tr>
<tr><td>교육·보건·사회복지</td><td>7.7</td><td>9.3</td><td>11.7</td><td>14.1</td><td>16.4</td><td>18.2</td></tr>
<tr><td>기 타</td><td>2.0</td><td>2.4</td><td>3.0</td><td>4.1</td><td>4.9</td><td>5.0</td><td>0.05</td><td>0.05</td><td>0.05</td></tr>
</table>

자료: British Labour Statistics. *Historical Abstract. Regional Economic Prospects.*; M. J. Artis. (1996). *The U. K. Economy.* 이동호. (1998); OECD. (2000). *Labour Force Statistics* 1979-1999에서 계산.

다음의 〈표3-5〉는 국내총생산에서 차지하는 비중 중 제조업의 비중이 줄어들면서 서비스업의 비중은 늘어나고 있음을 보여주고 있다. 영국은 전반적으로 서비스산업 부문인 금융·보험·법률·연구개발·지적산업 등 첨단·고부가가치 부문을 보유하고 있지만 과거 영국의 전성기에 국가의 기간산업으로 자리 잡았던 제조업 부문이 상실되어 가는 문제점을 안고 있는 것이다. 역사적으로 볼 때, 제조업 부문에서 튼튼한 기반을 갖추지 못한 국가가 장기적으로 경제 강국의 위치에 설 수 없었던 사실을 인식할 때 현재 영국의 산업구조는 어두운 면을 가지고 있다(임성일 · 최영출, 2001). 또한 제조업 부문이 약화되어 간다는 의미는 전통적으로 제조업이 강한 국가가 직업훈련도 활성화되었다는 사실에 비추면 숙련향상을 위한 직업훈련 또한 약화될 수밖에 없는 구조임을 알 수 있다. 종업원들의 숙련수준이 높은 나라로 분류되고 있는 독일이나 일본은 탄탄한 제조업을 바탕으로 종업원들의 직업훈련이 잘 이루어지고 있는 곳이다.

〈표3-5〉 **경제활동별 국내총생산**(1980년-1998년)

단위: 백만 달러(당해년가격)

연 도	국내총생산	농림어업	광공업		서비스업
				제조업	
1980	537,383	2	43	27	55
1995	1,105,822	2	32	21	66
1998	1,357,197	2	31	21	67

자료: 통계청. (2000). 「국제통계연감」. 대전: 통계청.

시장자유화에 따른 경쟁압력의 강화와 경기변동 주기의 반복을 거치면서 영국의 경제구조는 변화를 거듭하여 경제의 탈산업화가 급속하게 진행되었다. 아울러 정부의 구조조정 노력에 의하여 공공부문의 축소가 빠르게 이어졌다. 이러한 변화는 당연히 고용구조에도 변화를 가져와서 민간부문과 서비스산업 고용증가를 낳았다.

하지만 고용의 산업적 특성변화보다도 더욱 중요한 것은 고용관계의 질적 변화라고 할 수 있다. 경쟁력 강화를 위하여 노동의 유연성[62]이

62) 영국의 노동시장 유연성제고란 대량해고를 가능케 하여 기업이 감당해야

강조되면서 시간제 노동[63)]이 증가하고 다양한 형태의 비정규 고용이 확대되었다. 물론 이러한 고용형태의 산업적 구성과 고용관계의 질적 변화는 부분적으로 정부와 경영 측의 의도적인 노력의 결과이면서 노조의 약화와 같은 사회적 힘의 작용에 의한 변화의 결과이기도 하다.

〈표3-6〉 **고용의 형태**(1996년-2000년)

단위: 천 명

구 분	1996년	1997년	1998년	1999년	2000년
피고용	22,711	23,285	23,694	24,100	24,516
자영업	3,336	3,357	3,266	3,230	3,151
무보수가족종사	122	116	100	100	111
정부지원훈련 및 고용프로그램	249	224	170	163	152
총고용인구	26,417	26,982	27,230	27,592	27,930
전일제 노동	19,880	20,219	20,468	20,750	20,968
시간제 노동	6,538	6,716	6,762	6,843	6,962
부업을 가진 노동	1,289	1,256	1,191	1,315	1,180
임시직	1,675	1,821	1,745	1,706	1,735

자료: Office for National Statistics. (2000a). *Britain 2001: The official yearbook of the United Kingdom*. London: The Stationary Office.

할 부담을 경감시켜 주고 자유로운 창업을 촉진함으로써 고용창출을 유도하는 것을 의미한다. 유연한 노동시장을 유지하되 여기에서 도태된 노동자들에게 적절한 재교육훈련과 복지혜택을 제공하여 일터로 돌아가게 하는 것이지 노동시장에서의 퇴출자체를 봉쇄하는 데 있지 않다.

63) 시간제 노동으로 분류하는 법률상의 명시적 기준은 없으나 통계목적상 주 30시간 이하 고용되어 일하는 자를 시간제로 분류하고 있다. 블레어정부는 1997년 집권 이후 보수당정부가 적용을 거부했던 마스트리히트조약의 사회협정을 비준하였다. 또한 시간제 노동자들에게도 병가, 연금, 휴가, 할인혜택 등의 권리를 정규직노동자와 동등하게 보장하도록 하는 데 합의한 바 있다. 그러나 영국은 이렇게 이미 16시간 기준제에 의한 차별제도가 폐지되었지만 노동조합회의의 조사에 따르면 유급휴가, 병가, 직장연금 등에 있어서는 60% 이상의 시간제 노동자가 혜택을 누리지 못하는 것으로 나타나고 있다(강욱모, 1998).

이상의 〈표3-6〉에서 볼 수 있듯이 2000년 기준 총고용에서 시간제 노동이 차지하는 비중은 1992년 24% 정도(OECD, Jobs Study)에서 늘어나 약 32.8%를 기록하고 있다. 이러한 시간제 노동의 증가는 전일제 노동의 감소의 결과이다. 현재 EU의 총시간제 노동의 3분의 1이 영국에서 일어나고 있다고 한다. 〈표3-7〉은 경쟁국인 독일과 프랑스에 비하여 영국의 시간제 노동의 비율이 압도적으로 높음을 알 수 있다. 더욱 주목을 요하는 것은 시간제 노동 가운데 여성의 비율은 낮아지고 있고, 남성의 비율이 높아지고 있다는 점이다(강욱모, 1998).

〈표3-7〉 시간제 노동 비율의 국제비교(1993년-1999년)

단위: %

구 분	연 도	영 국	프랑스	독 일
전체 취업자 중 시간제 노동구성비	1993	23.4	13.7	15.1
	1995	24.1	15.6	16.3
	1996	22.2	16.0	14.9
	1998	23.0	14.8	16.6
	1999	23.0	14.7	17.1
남성취업자 중 시간제 노동구성비	1993	7.1	4.6	3.2
	1995	7.7	5.0	3.6
	1996	5.6	5.3	3.7
	1998	8.2	5.8	4.6
	1999	8.5	5.8	4.8
여성취업자 중 시간제 노동구성비	1993	44.3	27.8	33.1
	1995	44.3	28.9	33.8
	1996	42.7	29.5	29.9
	1998	41.2	25.0	32.4
	1999	40.6	24.7	33.1
시간제 노동 중 여성구성비	1993	83.6	82.7	88.1
	1995	82.3	82.0	87.4
	1996	86.0	81.7	85.8
	1998	80.4	79.3	84.1
	1999	79.6	79.0	84.1

주: 시간제 노동은 주당 30시간 미만 일하는 자를 말함.
자료: OECD. (2000). *Employment Outlook*. Paris: OECD.

특히 다음의 고용기간의 국제비교에서도 나타나듯이 미국을 제외한 국가에서 영국의 개별기업평균근속기간은 가장 짧은 편이며, 개별기업의 1년 미만 근무비율도 가장 높다.

〈표3-8〉 고용기간의 국제비교(1995-1996년)

국 가	개별기업평균근속기간(년)	개별기업 1년 미만 근무비율(%)
프랑스	10.7	15.0
독 일	9.7	16.1
일 본	11.3	7.6
스웨덴	10.5	14.8
영 국	7.8	19.6
미 국	7.4	26.0

자료: OECD. (1998a). *Employment Outlook*. Paris: OECD.

이러한 고용구조의 변화는 역시 노동시장의 유연성과 관련이 깊으며 일반적으로 시간제 노동의 증가, 비정규노동의 증가, 근속기간의 단기화와 같은 고용의 질 저하, 노동시장의 유연성 제고는 직업훈련을 약화시킨다고 한다. 기업체에서 앞으로 지속적으로 근무할 것이라고 판단되지 않는 종업원에 대한 직업훈련이 활성화될 수는 없기 때문이다. 실제로 영국의 1990년대의 노동시장의 유연성 제고가 직업훈련을 약화시켰다는 연구결과도 나오고 있다(Arulampalam and Booth, 1997)[64]. 이러한 고용구조의 변화는 숙련된 종업원을 필요로 하는 제조업이 급격히 감소하면서 숙련된 종업원이 많이 필요하지 않는 서비스업이 증가하고 있는 산업구조와 맞물려 직업훈련이 약화될 수밖에 없는 구조를 만들고 있다.

---

64) 이 연구는 1991년과 1995년 사이에 수행된 영국가구패널조사(British Household Panel Survey)를 이용하여 고용구조의 질적 저하가 노동자의 직업훈련을 약화시켰음을 보여주고 있다.

2) 생산체제

영국의 초기 경제성장은 민간기업 부문이 주도하였다. 주로 섬유와 신발 등 저부가가치 산업과 공학 등 소수의 고부가가치 산업에 근거한 것이었다. 강한 개인주의 문화의 전통과 자본이 갖는 정치적 힘은 정부의 개입 없이 자본이 발달할 수 있는 틀을 제공하였다. 자본의 막강한 힘은 부의 창출과 노동자에 대한 교육훈련도 시장에 의해서 이루어지도록 하는 면모를 통해서도 드러난다. 정부는 민간부문이 경제의 방향을 이끌어가도록 허용하였다. 저부가가치 상품의 생산양상을 보이는 이들 경제들은 '저숙련 균형(low-skill equilibrium)'이라고 규정되고 있다(Finegold and Soskice, 1988).

이러한 구조하에서 영국의 기업들은 독일에 비하여 가격 경쟁력을 추구하는 상품전략, 테일러리즘이 강조되는 작업조직 등을 유지하였고, 혁신적인 기술의 활용에도 독일보다 뒤지고 있다. 독일의 경우에 기업들은 상품의 가격보다 품질이나 성능을 강조하는 상품전략, 지속적인 기술혁신을 강조하는 기술정책, 테일러리즘보다 근로자들의 자율적인 책임을 강조하는 작업조직을 유지하여 왔다. 이러한 생산전략의 효율적인 추진을 위해서는 노동비용의 단순한 절감보다 기존인력의 재훈련 및 재배치가 중요하게 된다(정주연, 1997).

〈표3-9〉 생산품전략의 분류

구 분	표준화된 가격위주 상품(Standardized price-competitive products)	비표준화된 질위주상품 (quality-competitive products)
소량생산	전문화된 부품생산 (specialized component production)	직능생산 (craft production)
다량생산	대량생산 (mass production)	다양화된 질위주생산 (diversified quality production)

자료: W. Streeck. (1989). Skills and the Limits of Neo-Liberalism: The Enterprise of the Future as a Place of Learning. *Work, Employment and Society*. 3(1).: 김진영. (1999).

특히 과거의 물적 자본에 대한 대규모의 투자와 노동자의 탈숙련화 현상을 동반한 대량생산체제(포디즘)는 경쟁력에 있어서 위기를 맞고 있다. 선진국가 간의 경쟁을 보면 기존의 대량생산방식을 채택하고 있는 기업은 경쟁력이 떨어지고 있고, 유연한 생산방식을 채택하고 있는 기업이 강한 경쟁력을 보이고 있다(Reich, 1983).

Keep과 Mayhew는 영국은 관리자적 실패(managerial failure)로 인하여 숙련의 수요에 있어서 문제가 발생하고 있다고 주장하고 있다. 영국 기업의 조직구조가 단기위주(short-termism)의 사고방식을 촉진시키고 있다는 것이다. 이러한 단기 위주의 조직구조는 영국의 관리자로 하여금 가격경쟁력에 의존하는 저숙련 전략을 선택하게 하고, 이것이 숙련노동에 대한 수요를 제한하게 된다고 한다(Keep and Mayhew, 1995). 이러한 전략은 기업의 생산기술, 조직, 직무구조, 하도급관계는 물론 임금체계, 승신·승급제계, 모집·채용방법 등의 인사관리, 더 나아가서는 경영전략과 노사관계까지도 직업훈련에 폭넓게 영향을 미쳤다.

영국의 기업에 대한 Finegold와 Soskice의 평가도 Keep과 Mayhew의 평가와 일맥상통한다. 영국직업훈련의 문제점은 기업이 저기능을 요구하는 생산기술을 이용하여 상품생산하기 때문에 직업훈련의 질을 높일 수 없다는 것이다. 즉 영국기업들은 연속생산과정(continuous production process)에 의해 생산되는 품목에 집중하고 있다. 이러한 저숙련을 요구하는 상품전략하에서 노동자는 생각하는 것이 기대되지 않고, 오직 소수의 노동자만이 생각하게 되는 테일러리즘에 바탕을 둔 적대적 관계에 있다.

그러므로 영국의 경우 작업에 관한 노동자의 자율성은 적고, 참모부분에서의 지시체제가 확고하다. 구상 및 실행과 관련하여 노동자와 참모 간의 엄격한 노동 분업은 비효율적인 의사소통, 노동분쟁과 불만을 해결하기 위한 보다 많은 시간이 필요하다는 것을 의미한다. 영국의 경우 과거부터 직능조합이 작업요구사항과 작업배치에 관한 상당한 통제권을 갖고 있다. 직능별노조는 엄격한 분리를 주장하여 왔다(Lane, 1989). 이러한 이유로 영국기업에서는 전환배치나 팀작업방식 등을 통하여 개인의 직무와 기능을 확대하지 못하고 훈련이 거의 필요치 않은 단순반복작업과 같은 직무들이 많은데, 이는 영국의 직종별 노동조합이 직무 간의 엄격한 구분을 고집하여 왔을 뿐만 아니라, 사용자 측에서도 기능이 요구되는 보수정비 직무를 하도급 화시키거나 혹은 탈기능화를 위하여 새로운 기술을 도입하였기 때문이다(이주호, 1992).

이러한 영국의 작업조직에 관한 전략의 특징은 기본적으로 영국의 경우 기업공동체라는 관리자적 이데올로기를 촉진시키는 어떠한 법적인 틀과 문화적 틀이 존재하지 아니한다는 것에 연유한다. 그러한 법적인 틀을 도입하려는 시도는 영국의 산업문화의 근간과 배치되어, 영국의 노동자가 이에 동조하지 않을 것이기 때문이다. 이러한 현상은 프랑스처럼 강한 반자본가 문화가 있어서 생기는 것은 아니다. 영국의 오랜 전통인 개인주의적 문화성향이 그 원인이다. 현재의 영국의 노동자와 관리자의 관계구조와 일반적인 태도의 근원은 산업발전의 초기부터 발생한 것으로 보고, 이러한 관계는 개인주의라는 영국의 독특한 철학적 맥락과 노동의 계약이라는 틀 속에서 파악된다.

영국의 개인주의는 집단 내지 국가로부터 개인의 권리와 특권의 보호를 강조한다. 이러한 개인주의적 성향은 영국의 많은 제도와 관행에 반영되었으며, 결국 고용관계에 대해서도 반영되었다. 이러한 개인주의적 성향은 노동자를 단순한 현금관계 이상의 의무를 수반하지 않는 순전히 경제적 관계에서의 계약인으로 보는 계약주의를 만들어 냈다. 결과는 우리 편과 저쪽 편이라는 본질적으로 적대적 관계 속에서의 제로섬 게임을 추구하는 양당사자가 있다는 의식이 강하고, 이러한 상황하에서는 협력과 공동이익이라는 의식이 생길 수가 없다. 따라서 기업공동체라는 개념이 자리 잡기가 매우 힘들었다(Lane, 1989; 김진영, 1999).

이러한 모든 요인들은 훈련의 공급자이면서 수요자인 기업의 직업훈련에 부정적인 영향을 미치며, 전반적인 경쟁전략의 일부로서 인식되는 인력계획의 미비와 훈련을 불경기하에서 절감하여야 할 운영경비로만 취급하는 경영자들의 경영전략과도 연결된다. 기업 내에서도 훈련관련부서의 위신은 능력 있는 경영자들이 가기를 꺼리는 부서로 인식되고 있으며, 중간관리자들도 훈련을 생산성 향상의 수단이라는 적극적인 인식보다는 자신들의 권위에 위협을 줄 수 있는 실체라는 소극적 인식에 머물러 있게 된다(이주호, 1992).

〈표3-10〉 작업조직에 관한 전략의 비교

구 분	독 일	영 국
노동의 분업	-다수의 고도의 숙련노동자 -수평적·수직적 경계의 비공식화 -높은 재량권	-비숙련 노동자(부분적인 장인부문의 고숙련자) -수평적·수직적 경계의 높은 공식화 -낮은 수준의 재량권
통제구조	-이데올로기적 통제	-낮은 작업통제
고용관계	-핵심노동자들의 높은 고용안정성	-완전한 노동자의 대체가능성

자료: Christel Lane. (1989). *Management and Labour in Europe.* Hants: Edward Elgar; 김진영. (1999).

서구 국가 중에서 영국이 1970년대 경제위기를 가장 크게 겪은 이유를 설명하기 위해서 Jessop은 영국 자본주의의 특수성을 '결함을 가진 포디즘(flawed Fordism)'이라고 부른 바 있다. 그 이유는 첫 번째, 영국은 소비재를 국내시장이 아니라 해외시장에 의존하고 있었기 때문에 국내시장에 기초한 케인즈 모델을 만들어 나가는 데 한계를 지녔고, 두 번째, 장인노동의 전통이 강하여 포디즘 생산체제의 기반인 생산물의 표준화에 큰 성과를 거두지 못하였으며, 세 번째, 직업교육훈련체계가 미약하여 1970년 후반 이후 가속화된 산업 고도화에 적극적으로 대처하지도 못했고, 네 번째, 영국의 핵심 산업인 금융자본(City)도 단기 이익에만 치중하여 국내 산업에 투자를 외면[65]함으로써 효율적인 산업

65) 금융-산업 관계에서도 영국은 '금융우위'의 전통을 가지고 있다. 영국의 산업혁명은 소규모 자금으로 시작이 가능한 면직공업으로 출발하였기 때문에 산업혁명 초기부터 금융과 산업은 계속 분리되어 있었다. 그러나 양 부문은 20세기에 들어오면서 통합되기 시작하였다. 미국과 독일의 대기업들과 경쟁하기 위해 영국기업들이 합병을 하면서 막대한 자본이 요구되자 금융계로부터 산업계로 막대한 자금이 유입되었고 이로 인해 산업계에 대한 금융계의 영향력이 확대되었다(hannah, 1983). 이때부터 경제정책들은 대부분 금융계의 이익을 옹호하게 되었는데, 이 추세는 대처정권에서 절정에 이르렀

구조조정을 이루는 데 장애가 되었기 때문이다(Jessop, 1991).

제2절 정책결정구조

1. 정치행정구조

영국의 전통적 정치행정구조는 안정적인 정책공동체(policy community)의 형성을 고무하는 성향을 가지고 있다. 정책공동체는 구성원들이 관심사항을 공유하고 있고, 서로 상대방이 유용하게 활용할 수 있는 자원을 가지고 있다는 이유 때문에 정기적으로 상호 접촉하며 그 과정에서 각기 자기의 정책분야 내에서는 어떤 문제가 중요한 문제인지 그리고 어떤 해결방안들이 바람직하고 실현가능한 것인지에 관한 일련의 공통된 이해와 공동체적 감정을 가지게 된다. 구성원들은 정책문제가 공동체내부에서 해결되어야 한다는 규범에는 동의하지만, 구성원들의 이해관계와 아이디어가 다를 수 있기 때문에 정책문제의 해결방안을 둘러싸고 갈등이 발생할 수도 있다고 본다(남궁근, 1998a).

이렇게 영국의 정치행정구조가 정책공동체의 성격을 보이게 된 이유는 다음과 같이 해석되고 있다. 첫째, 영국의 정책결정 스타일이 자문 또는 협의(consultation)를 중요하게 생각하고, 협의가 이루어질 수 있도록 보장하는 수단으로서 정규적이고 제도적인 토론이 활성화되어 있다. 둘째, 정부로서는 협의[66]를 거친다는 것이 유리하다. 이는 정책결정이

다. 이러한 관계 때문에 기업거버넌스 분야에서는 금융계가 주요 기관투자가들로서 경영자들을 강하게 감독할 수 있었다(하태수, 2001b).

66) 협의과정은 세 가지 단계인 자문획득단계, 입법안 작성단계, 의회와의 관계로 구분된다. 자문획득단계와 입법안 작성단계는 주로 정부 내에서 장관

갈등적이 아닌 합의적인 상황에서 이루어진다는 것을 의미한다. 정책공동체를 확립함으로써 정부는 정책영역을 탈정치화시키게 되고 정책공동체는 정치적인 위험이 적어진다. 셋째, 정책공동체는 정책결정으로 예측가능하게 하고 따라서 정부에게 새로운 문제를 제시하지 않는다. 정책공동체를 통하여 정부기관은 참여할 가능성이 높은 이익집단과 그들이 제시할 가능성이 큰 요구사항, 그리고 잠재적인 해결방안을 알 수 있다. 그것은 과다부담(overload)의 가능성을 줄이고 해결방안을 발견하지 못할 가능성을 줄이게 된다. 넷째, 영국 정부는 부처 중심적으로 운영된다. 정책공동체는 각 부처로 하여금 다른 부처가 정책결정에 관여하는 것을 막는 장벽이 된다. 정책영역을 단편화하고 탈정치화시킴으로써 정부 부처는 정책에 개입할 가능성이 있는 다른 행위자들을 배제하고 따라서 정책과정에 접근하기를 더욱 어렵게 만든다. 정책공동체는 정부부처에 정보와 정치적인 지지를 제공함으로써 장관으로 하여금 부처 간 투쟁에서 유리한 위치를 차지하도록 한다(남궁근, 1998a).

이러한 정책 공동체적 상황에서는 이해관계자의 의견이 수평적으로 제시될 수 있는 직업훈련정책의 수행은 힘들다. 직업훈련부문에 관한한 관련 이해관계자인 노사정이 모두 참여하려면 이해관계자의 힘이 균형 있게 작용하는 훈련이슈네트워크(training issue network)의 기능이 필요할 것이다. 정책공동체에서는 직업훈련정책형성에 노조는 배제된다(Evans, 1992)[67]. 그러나 정책형성과정에서 이미 이해관계자의 의

들의 정책결정과정에 부분적으로 관여하는 것을 말하며, 의회와의 관계는 주로 의원들과 이루어지는 관계이다. 자문획득단계에서는 다양한 소스를 통해서 문제가 제기되면 의제형성을 하고 공식채널과 비공식채널 등 정책네트워크를 활용하여 자문을 구하는 단계로서 이를 거쳐 나오는 것이 바로 공식적인 문서인 녹서(green paper)이다. 이 녹서는 정책형성단계에서 공식적, 비공식적 자문을 얻어서 공무원들에 의해 작성되는 문서이며, 이는 이해관계가 있는 집단들에게 정보제공을 위하여 배포된다. 여기에 대해 이익집단들은 자신들의 의견을 제시할 수 있다.

67) 일부 학자들은 노사정의 조합주의적 틀은 영국에는 맞지 않다고 보기도

견이 충분히 반영되고 노·사·정 간의 관계가 잘 짜인 국가에서는 정책의 변화 없이 직업훈련정책의 수행이 원활한 것으로 평가되고 있다(Hart, 1992)[68].

이러한 정책 공동체적 정치행정구조와 더불어 책임정당제를 추구하는 의원내각제 구조이기 때문에 정권의 변화 시에는 정책에도 변화를 주게 되므로 영국에는 직업훈련정책의 변화도 많았다. 영국과 독일의 1971년부터 1989년까지의 실업정책의 변화를 조사한 한 연구에 의하면 영국은 1979년부터 1989년까지 43개의 정책의 변화가 있었으며, 이 기간 동안에 보수당정부는 25개의 프로그램을 집행하고 22개를 종결시켰

한다. 그 이유로 첫 번째, 영국의 정책은 중앙집권적 틀에서 이루어지고 있기 때문에 정책변화는 무척 잦은 편으로서 조합주의적 해결방식이 오랜 시간을 끄는 것과는 다르다고 한다. 두 번째로 조합주의는 오히려 일부 이해관계자들을 배제하는 경향도 있기 때문이다. 실업자, 비노조 노동자, 중소기업 경영자 등이 그들이다. 세 번째, 보수당정부의 오랜 신자유주의적 개혁을 통해 조합주의적 해결방식은 무너졌다고 보는 것이다. 마지막으로 조합주의는 독일처럼 제조업 중심의 경제체제에는 적합할지 모르나 영국처럼 금융업을 비롯한 3차 산업에 비교우위가 있는 국가에는 맞지 않는 운영방식이었다는 점이다(Soskice, 1997).

68) 하트(Hart)는 노·사·정 관계의 제도적 측면에 초점을 두면서 선진 5개국(일본, 미국, 영국, 독일, 프랑스)을 비교하였다. 그는 1970년대 이후 서구경제의 침체기에 일본과 독일이 다른 국가들에 비하여 산업경쟁력을 유지하였던 주요한 요인이 신기술과 국제경제의 변화에 신속히 적응할 수 있는 국가와 사회(노동, 자본, 국가)의 제도적 특징으로 설명하였다. 산업경쟁력을 유지하기 위해서는 자본의 기술혁신과 국가의 지원이 중요하고, 노동은 생산성을 향상시키는 신기술의 도입을 저항 없이 수용해야 하는데, 중요한 관건은 이에 따른 임금의 상승, 직업훈련 및 고용안정을 보장할 수 있는 국가와 자본의 노력이 필요하다는 것이다. 일본은 노동의 힘은 약했지만 국가와 자본이 긴밀한 협조를 통하여 신기술을 개발, 도입하고 기업이 노동의 복지와 고용안정을 책임진 경우이고, 독일은 상대적으로 노동의 대등한 참여하에 노·사·정이 산업구조조정에 협조하고 국가가 직업훈련, 고용안정 및 복지를 보장한 경우이다. 반면에 미국, 영국, 프랑스는 산업구조조정과 기술개발을 위한 자본과 노동 간의 상호 이해관계 및 국가의 지원을 연결시켜 줄 제도적 수단을 결여하였기 때문에 상대적으로 경쟁력을 유지하기 어려웠다고 분석하였다(정무권, 1994).

다고 한다. 그러나 독일은 같은 기간에 단지 5개의 프로그램만이 새로 시작되었고, 1971년에 시작된 17개의 프로그램은 현재에도 지속적으로 진행되고 있다고 한다.

독일의 경우 변화가 없었기 때문에 상황변화에 유연하지 못하다는 지적을 받기도 하지만 교육훈련에 관한 조직화된 이해관계의 네트워크[69]와 의사개진이 보장된 의무가 가능하기 때문에 지속적인 정책추구에 성공적이었다는 평가를 받고 있다. 반면 영국은 문제를 해결하고자 하는 정부 중심의 의욕적인 프로그램 변화는 많았으나 실제 작동하기는 어려운 상황을 낳았다는 평가를 받고 있다(Crouch and Traxler, 1995).

2. 노사정구조

1) 노동자조직과 사용자조직

(1) 노동자조직

영국의 최초의 노동조합은 숙련공으로 구성된 직능별노조(craft union)[70]이었다. 이후 특정산업에 종사하는 모든 노동자들을 조직대상으로 하

---

69) 독일의 사회적 시장경제는 영국에서 발전한 케인즈 주의적 사민주의와는 다른 이론적 기반을 가지고 있었다. 전후 독일의 자유주의자들은 사회주의적 경제관리방식에 저항하면서 이를 자유방임적 경제운영방식과 절충하되 궁극적으로는 자유주의에 무게를 실어주는 경제이념을 도출하게 되었는데 이것이 질서자유주의(Ordo liberalism)에 입각한 사회적 시장경제이론이었고, 조합주의적 정치경제체제에 기반 하여 있다(김적교, 김상호, 1999).

70) 직능별 노조의 전통으로 인하여 사용자가 개입하지 않는 이들에 의한 도제식 현장훈련이 발달하게 되었다. 이들 직능별 노조는 대량생산체제의 교육훈련에도 적응하기 힘들었고 아울러 도제의 전통이 없어지면서 기업체의 교육훈련의 수준과 양도 낮아지게 되는 결과가 발생하였다. 전통적으로 영국에서는

는 산업별노조(industrial union)[71]가 등장하였고, 일반노조(general unions)[72], 직업별노조(occupational union), 기업별노조(enterprise-based union) 등이 현재 함께 혼재하고 있다. 조직형태로는 일반노조가 중심을 이루고 있으나 여러 유형의 조합이 혼재하면서 노조의 조직대상도 상호 중복됨에 따라 조직 관할권에 대한 분쟁이 많고 노동조합 간에 합병과 통합도 빈번하다.

노동조합의 조직률은 시대적으로 상승과 하향추세를 반복하였다. 조합원 감소의 가장 중요한 첫 번째 원인은 산업구조의 변동에 있다. 영국은 다른 서구나라에 비하여 제조업이 유례없이 쇠퇴하면서 제조업 부문 고용이 크게 감소하였다. 제조업은 전통적으로 남성노동자가 많이 종사하였기 때문에 제조업의 고용감소는 전체 조합원 중에서 남성노동자·육체노동자의 비중을 감소시키면서 전체 조직률을 하락시켰고, 노동조합운동의 활력에도 영향을 주었다. 반면에 상대적으로 증가하는 민간서비스부문에서는 여전히 노동조합 조직률이 낮아 도소매업 11%, 호텔·음식업 8%에 머무르고 있다.

대부분의 산업인력이 작업장 내에서 수행되는 도제제도(apprenticeship)에 의하여 양성되었다. 이 제도하에서 교육은 주로 실습 위주로 이루어졌기 때문에 고도의 이론적인 지식이 요구되거나 이용 가능하지도 않았다. 그러나 19세기 말 이후 과학기술이 빠른 속도로 발전해 감에 따라 도제제도에 입각한 기술교육은 심각한 한계점에 직면하게 되었다. 이론과 실습의 두 요소가 결합된 기술교육이 시대적인 요청이 되었으며, 이는 전통적인 인력양성제도가 정규 기술학교에서 제공되는 교육에 의하여 대체 또는 보완되어져야 함을 의미하는 것이었다. 특히 제1차세계대전을 겪으면서 숙련공과 미숙련공 사이의 임금격차가 좁아지면서 도제제도에 의한 인기가 크게 하락하였다. 전후에 경제적 어려움에 직면한 고용주들이 해당 산업 내에서 운영되는 도제제도에 대한 지원을 제한함으로써 그 규모가 더욱 축소되기에 이르렀다.

71) 영국의 산업별노조는 유사산업별노조(quasi-industrial union)라고 불리는데, 그 이유는 동종산업 내의 모든 계층의 노동자들이 다함께 가입하는 형태가 아니라 기술직, 사무직 노동자, 감독계층의 경영자가 그들 나름대로의 독자적인 조합에 가입하고 있기 때문이다.

72) 노동조합 간의 세력 확장 경쟁으로 조직대상에 특별한 규제를 두지 않으며, 직종과 산업을 구분하지 않고, 각종 산업의 숙련, 미숙련 노동자를 조합원으로 한다.

조직률 하락의 두 번째 원인은 노조 조직화가 어려운 시간제 노동이 증가하였다는 데 있다. 이들 노동자들은 고용기간, 고용주에 대한 종속성, 그리고 잦은 고용이전으로 노동조합운동의 주변에 머물러 왔다. 1995년 고용형태별 노조조직률을 보면 상시고용의 36%가 노조에 가입되어 있는 반면에 시간제 노동은 단지 21%만이 노동조합에 가입해 있다.

세 번째 원인으로는 1970년대 말까지 높은 조직률을 유지하는 데에 큰 몫을 했던 클로즈드숍(closed shop)[73]이 폐지되면서 노동조합에 적극적이지 않았던 상당수의 노동자들이 비조합원으로 전환되었고, 계속되는 정부의 반노동정책, 고용주의 강경경영전략 그리고 노조의 무기력이 제시될 수 있다. 특히, 최근의 노동조합조직률의 하락원인은 무엇보다도 보수당정부가 추구하였던 일련의 노동조합활동 규제조치라고 볼 수 있다.

노동조합 조직률에 영향을 미친 입법조치로는 사용자의 노동조합 강제 인정조항 폐지, 클로즈드숍 제도에 대한 불법화, 노조와 노조간부에 대한 면책특권 폐지 등이 거론된다. 이러한 정책은 유럽연합과 유럽법원(European Court of Justice)이 채택하는 고용보호조치들(1981년 고용보호법, 1983년 동일임금법, 1986년 성차별금지법, 1989년 고용보호법)과 충돌하여 갈등을 빚었으며, 1991년 유럽연합이 채택한 '노동자의 기본권을 위한 사회헌장(Social Chapter)'의 조인까지 거부하였다. 이로써 영국은 유럽연합국가중에서 유일하게 최저임금제가 실시되지 않는 나라가 되면서 유럽의 다른 정부와 노동조합에 의해 강력히 비판받아 왔다. 1997년 집권한 블레어정부는 사회헌장에 조인하면서 사회헌장의

73) 영국 노사관계에서 클로즈드숍이라는 용어는 우리나라에서 사용되는 유니온숍까지 포함한다. 즉 영국에서 클로즈드숍은 '피고용인은 고용되기 이전에 노동조합에 가입해 있어야 한다(pre-entry closed shop)'는 규정과 '피고용인은 고용된 후 반드시 노동조합에 가입해야 한다(post-entry closed shop)'는 규정을 모두 담고 있다. 전자는 초기 직능별노조(craft union)하에서 숙련공을 중심으로 스스로 우애조합을 통해 노동시장을 통제해 온 전통에서 유래한다. 영국에서 클로즈드숍은 1970년대에 가장 확대되어 1978년에 이 적용을 받는 조합원수가 520만 명으로 전체조합원의 절반에 해당되었다.

의무조항인 임금위원회를 다시 복원시켰고 이에 따라 최저임금제는 부활되었다. 그러나 블레어정부는 노동조합 문제에 관한 한 보수당 정책의 기본골격을 따르고 있다.

〈표3-11〉 대처, 메이저 정부 시기 노사관계법의 주요 내용

관련 법	주요 조항
1980년 고용법 (1980 Employment Act)	노조승인관련 분쟁 시 ACAS 중재요청권한 폐지 피케팅과 2차단체행동 제한 클로즈드숍 신규 도입 시 조합원투표 의무화
1982년 고용법 (1982 Employment Act)	모든 기존 클로즈드숍에 대한 재인준투표 의무화 노사교섭사안(trade dispute) 범위를 축소 제한 노조인정 하청계약(union labour only) 금지 단체행동 면책권 축소
1984년 노동조합법 (1984 Trade Union Act)	노조임원 선출 시 5년마다 비밀투표 의무화 단체행동 결정 시 조합원투표 의무화 노조정치자금(political fund) 10년마다 갱신투표 의무화
1988년 고용법 (1988 Employment Act)	'고용 후 클로즈드숍(post-entry closed shop)' 강요 금지 개별조합원의 단체행동참가 거부권 신설 개별조합원의 노조운영 서류 조사권 신설 노조감독관제도 도입
1989년 고용법 (1989 Employment Act)	현장위원 시간공제(time-off) 엄격화 노동법원(industrial tribunal) 절차 엄격화
1990년 고용법 (1990 Employment Act)	비공식파업 참가자 선별해고 가능 모든 2차단체행동 불법화 '고용전 클로즈드숍(pre-entry closed shop)' 전면 불법화
1993년 노동조합개혁과 고용권법 (1993 Trade Union Reform and Employment Rights Act)	파업찬반투표를 모두 우편투표로 의무화 조합비 원천공제제도(check-off) 3년마다 갱신 의무화 단체행동 피해를 입은 시민의 제소권 신설 고용주의 비노조계약(non-union contract) 장려책 허용

자료: 임무송. (1997). 『영국의 노동정책 변천사』. 서울: 한국노동연구원에서 작성.

노조운동의 쇠퇴는 노동자동원의 약화에서도 찾을 수 있다. 1990년 이후에는 파업손실일수가 급격히 감소하였다. 이는 산업별 노사관계가 발달되지 않고 노사관계가 기업별로 탈중앙화 되어 있는 영국식 노사관계제도에서 단체행동의 개연성이 상대적으로 높다는 것을 고려한다면, 영국 노동조합들의 노동자동원의 약화는 서구 국가 중에서도 눈에 띄는 경우이다. 주요 원인은 대처정부의 강력한 파업대응정책이었다. 또한 1980년대 계속된 10%대의 고실업률은 일자리 손실을 우려하는 노동자들의 방어심리를 강화하여 단체행동에 소극적이게 하였다.

〈표3-12〉 노동조합 조직률 추이(1892년-1996년)

단위: 천 명, %

연도	조합원수	조직률
1892	1,576	10.6
1900	2,022	12.7
1920	8,348	45.2
1933	4,392	22.6
1945	7,875	38.6
1950	9,289	44.1
1960	9,835	44.2
1970	11,187	48.5
1977	12,846	53.4
1978	13,112	54.2
1979	13,447	55.4
1980	12,947	52.6
1985	10,716	43.4
1990	9,947	39.9
1993	8,700	35.4
1996	6,900	31.0

자료: 허찬영. (1998). 「영국노사관계 - 어제와 오늘」. 과천: 한국노동교육원.

노사관계 통계에 의하면 1998년 8월 현재 영국의 근로자 3명 중 1명 이하만이 노동조합에 가입되어 있는 것으로 조사되고 있다. 노동조합 가입률은 직종 간 큰 차이를 보이고 있는데 전문직종일수록 높고 단순노무직종일수록 낮은 특징을 보이고 있다. 전체적으로 보면 남자근로자의 31%, 그리고 여자 근로자의 28%만이 노동조합에 가입하고 있다.

영국 내 유일한 노동조합 최상급단체로는 노동조합회의(Trade Union Congress: TUC)가 있으며, 산하에 70개 이상 노조가 가입되어 있다. 노동조합회의는 서유럽 최대의 노조연합체이며, 공사부문의 육체노동자 및 봉급생활자 등 거의 모든 부문의 노동자가 속하여 있다. 그러나 산하 노조들이 그들의 자율성을 확보·유지하기 위하여 중앙집권적 통제를 거부하기 때문에 영향력 면에서는 독일노동조합총연맹등과 같은 연합체에 비하여 취약한 편이다. 약한 중앙노조의 힘, 그리고 중앙노조와 작업장 수준 노조조직과의 약한 연계는 외부환경이 불리할 때 노조의 대응을 어렵게 하고 있다(Ferner and Hyman, 1992).

(2) 사용자조직

대처정부 이후 추진된 각종 조치로 말미암아 사업장내 노사 간의 교섭력은 사용자 측으로 크게 기울기 시작하였다. 이를 바탕으로 단체교섭 수준을 기업별로 분화되도록 유도하여 노조의 교섭력을 약화시킴과 동시에 지역단위 노조간부의 사업장 내 개입을 최소화하였다. 또한 근로조건 결정에 있어서 사업장의 경영상태가 반영되도록 하는 한편으로, 인적자원 활용의 효율화를 기하기 위한 각종 경영정책을 펼쳐나가고 있다.

전국규모의 최상급단체로는 1965년 설립된 영국기업연맹(Confederation of British Industry: CBI)이 있다. 영국기업연맹은 사용자단체의 기능과 사업자단체의 기능을 모두 수행하고 있다. 그러나 개별기업들을 대신하여 노조와 교섭할 수 있는 권한은 없고, 전국적인 수준의 중앙교섭에도 참여하지도 않으며, 특히 소속기업의 임금정책의 조정에 간여하지 않는다. 영국기업연맹은 정부와 유럽연합에 대하여 영국사용자의 이해관계를 대변하는 로비단체이다. 즉 대내외적으로 사용자들의 공동이해관계를 해결하는 압력단체로 변화하는 추세를 보이고 있다. 1990년대 말 현재 약 250여 개의 사용자단체, 사업자단체, 그리고 상업단체가 있으며 그 가운데 약 200여 개의 단체가 영국기업연맹에 가입되어 있다(성제환, 1999).

전반적으로 사용자들의 공식적인 조직화 정도, 즉 사용자단체의 결성수준도 매우 저조하다. 이는 노사관계의 특성, 즉 기업별 단체교섭관행에 기인한다. 또한 많은 협약 준수의무가 주어지는 산업별 사용자단체에 가입하기보다는 전국적인 수준의 영국기업연맹에 직접 가입하고 있다. 전국적 수준의 단체협약을 폐지하는 등 전국적 수준에서 사용자단체의 역할은 감소하고 있다. 이러한 결과는 개별 기업 차원에서 작업장 노사관계의 발전, 인사노무관리 기능의 강화 등으로 더욱 가속화되고 있다.

2) 단체교섭[74)]

유럽지역을 비롯한 선진국들과는 달리 영국의 단체교섭은 법률로 강제되는 것이 아니라 노사 간의 합의에 의해 자발적으로 실시되고 있다. 따라서 만약에 사용자가 노동조합을 인정하지 않으면 당해 사업장에서는 단체교섭이라는 노사 간의 협상제도는 원천적으로 존재할 수 없게 된다. 이러한 이유로 단체교섭의 절차나 교섭사항 등도 노사 간의 합의에 의해 기준이 설정되고 있다. 또한 노조와 사용자가 법적 구속력을 부여한다는 점을 구체적으로 명시하지 않는 한 단체협약은 일반적으로 법적인 구속력이 없다. 즉, 단체교섭을 통하여 결정된 사항에 대한 준수여부는 협약 당사자들의 도덕성에 의존하고 있는 것이다. 따라서 영국의 단체협약은 일종의 신사협정의 성격을 띤다고 할 수 있다.

---

74) 이 부분은 허찬영. (1998)에 의존한 바 크다.

역사적으로 영국의 노사관계에 대한 사고방식은 19세기의 자유방임주의를 기초로 하였기에 노사관계에 대한 정부의 간섭이나 개입은 노사 양측 모두에 의해 강력하게 거부당해 왔다. 따라서 정부의 간섭 없이 노사 간에 자율적으로 단체교섭을 행하는 오랜 전통을 쌓아 왔고, 오늘날까지도 이어지고 있다. 그러나 이러한 자발주의는 구체적인 노사관계제도로 공식화된 것이 아니기 때문에 노사관계환경이 크게 바뀌거나 노사일방이 새로운 전략을 취하게 될 경우 상당히 불안정한 상태로 전락할 개연성이 높다.

이러한 상황은 1980년대 대처정부에 강력한 노사관계 개입정책이 추진되면서 현실화되었다. 보수당정부는 노사관계에 대한 법적 개입의 방향을 노동권을 보호하는 것이 아니라 노동조합의 활동을 제약하고 노동시장을 탈규제화 하여 노동조합의 집단적 권한을 약화시키는 데 두었다. 이때부터 영국 노사관계의 기본골격이 '자유주의적 자발주의'에서 '신보수주의적 법적 규제'로 전환되기 시작하였다. 계속된 노조조직률 하락과 정부 및 사용자들의 반노동조합정책으로 말미암아 단체교섭에 의해 근로조건이 결정되는 노동자들의 비율도 낮아지고 있다.

한편, 영국의 단체교섭구조는 노조조직형태의 다양함에 비례될 만큼 매우 복잡하다. 1차대전 이전까지는 대체로 지역단위교섭이 주류를 이루다가 1차대전 이후에는 산업별 교섭으로 변모하게 되었고, 2차대전 이후에는 산업별교섭에 직장별 교섭형태가 가미되어 전국수준의 협약을 보완하는 형태를 띠었다. 그러던 중 1968년에 도노반보고서(Donovan Report)[75]에서 사업장별 교섭을 권장하면서부터 단일사용자 교섭이 출현하였다. 최근 민간부문에서는 기업이나 공장수준에서 단체교섭이 행해지는

75) 1965년 당시 노동조합에 우호적이었던 윌슨수상이 당시의 노사관계 안정을 도모하기 위하여 왕립위원회를 설치하였으며, 도노반경이 위원장에 임명되었다. 1968년에 나온 보고서는 그러나 노동조합의 입장과는 반대되는 입장이었고, 이로 인하여 노동당과 노동조합회의 관계에 결정적인 악영향을 미친 바 있다.

경우가 점차 늘어나고 있으나 아직도 공공부문에서는 전국적 교섭이 우위를 차지하고 있다.

영국 단체교섭 구조변화의 큰 특징으로는 복수사용자 교섭이 점점 줄어드는 반면, 단일사용자 교섭이 보다 확산되고 있다는 점을 들 수 있다. 유럽의 어느 나라에서도 영국처럼 단일사용자 교섭률이 높은 나라는 없다[76]. 아직도 많은 나라에서는 전국에 걸친 중앙교섭과 산업별 교섭이 지배적인 교섭수준이다.

단체교섭의 대상이 될 수 있는 사항에 대하여는 1992년의 노동조합 및 노사관계법(Trade Union and Labour Relations Act 1992) 제173조에 규정[77]되어 있다. 그러나 영국 내 단체협약내용을 보면 고용조건뿐만 아니라 작업배분이나 작업규칙 등과 같이 광범위한 내용을 담고 있는 경우도 있으나, 법으로 규정된 사항들은 아니다.

노사분규의 발생추이를 보면 점차 노동쟁의 참가일수 손실일수 모두 낮아지고 있음을 알 수 있다. 이는 영국 내 파업을 주도했던 산업들이 쇠퇴해졌을 뿐만 아니라, 보수당정부가 지속적으로 추진해 왔던 입법활동을 비롯한 각종 노동조합 약화정책의 결과라고 할 수 있다.

---

76) 이러한 이유로 영국은 '영국병'이라는 이름을 얻을 정도로 파업이 많을 수밖에 없는 구조를 갖고 있었다.

77) 1. 피고용인의 직책 및 등급에 따른 급여요율
2. 공휴일과 병가 부여에 대한 사항
3. 노동시간
4. 초과 근무시간에 관한 협정
5. 노동조합 활동을 위한 시간의 할애에 관한 사항
6. 사업장 내에서의 노동조합 모임을 위한 사항
7. 징벌과 고충처리 절차
8. 잉여노동자 해고 절차
9. 노동조합과 고용주 사이의 분쟁해결을 위한 절차

〈표3-13〉 노동쟁의의 추이(1989년-1998년)

단위: 건, 천 명, 천 일

연 도	1989	1990	1991	1992	1993	1994	1995	1996	1997	1998
건 수	701	630	369	253	211	205	235	244	216	166
참가인원	727.0	298.2	176.0	148.0	385.0	107.0	174.0	364.3	130.3	92.7
손실일수	4,128	1,903	761	528	649	278	415	1,303	235	282

주: 1일 이하 또는 10인 이하의 조업정지에도 손실일수가 100일 이상이면 포함함.
자료: ILO. (2000). Yearbook of Labour Statistics. Geneva: ILO.

3) 직업훈련에 대한 노사정 입장

이상에서 살펴 본 바에 의하면 영국은 노사정이 공동으로 직업훈련 정책에 참여하는 전통은 없었던 것으로 보인다. 몇 가지 이유를 검토해보면 다음과 같다.

제일 먼저 앞서 언급한 바와 같이 안정적인 정책공동체를 고무하는 영국의 전통적 정치행정구조에 영향을 받았기 때문이다. 다음으로는 지금까지 영국의 정치적 환경이 노동조합의 직업훈련에 대한 참여를 유럽 타국가에 비해 제한해 오고 있던 것으로 보인다. 18년간의 보수당정부집권 이후 직업교육훈련제도의 탈규제와 더불어 시장기능의 활성화가 더욱 강화되었기 때문이다.

정책결정에 대한 노동조합의 영향력을 최소화하기 위하여 사용자들은 기업 내에서 새로운 경영방법 도입, 노조불인정을 통해 조정과정에서 노동조합을 배제하였다. 이로 인하여 단체교섭의 의제로 직업훈련 문제를 넣으려는 노동조합의 시도도 제한되었다. 많은 사용자들이 직업훈련을 자신들만의 권한으로 간주하고 있으며, 공동의사결정의 문제로 보고 있지 않았기 때문이었다. 이러다 보니 직업훈련도 종종 지나치게 좁은 의미로 해석되고, 사용자의 요구에만 초점이 맞추어지게 되었다.

전통적으로는 노동당 집권하의 정부-기업(자본과 노동) 관계에서는 친노동경향이 당연시되었다[78]. 그러나 블레어정부에서도 국유화와 기획을 규정한 노동당의 핵심당헌 제4조의 폐기, 당원 1인1표제 도입을 추진하면서 자본과 노동 간의 균형성을 확보하기 위한 노력이 추구되고 있다. 블레어정부는 기업인들의 뇌리 속에 잠재된 전통적인 적대감을 해소하는 일에 주력하여 왔다. 이를 위한 상징적 조치로 블레어는 신정부 산업관련 정부부처의 장관이나 주요국의 대사에 CEO 출신들을 대거 발탁한 바 있다. 또한 산업계와 정부를 연계하는 각종 중간조직들을 적극적으로 활용하였다(김정렬, 2001). 앞으로도 세계화와 정보화 추세의 강화에 따라 영국경제가 제조업 중심에서 지식기반경제로 급속히 전환되고 있다는 사고의 확산은 신노동당이 채택한 자본과 노동 간의 균형 추세를 지속시킬 것으로 전망된다.

이러한 이유로 유럽의 대륙과는 달리 단체교섭에서도 노조가 있는 전체 작업장의 9/10에서 임금문제와 관련하여 사용자와 교섭을 벌인 것에 비해 단지 2/10만이 직업훈련문제에 관해 교섭이 이루어졌을 정도로 직업훈련부문이 단체교섭에서 중요 이슈로 다루어지지 않는 것으로 나타났다. 이렇게 1990년대에 영국노동조합의 직업훈련에 대한 참

---

78) 영국 노동조합은 정부에 로비활동을 위하여 노동조합회의(TUC)를 결성한 이외에 의회에 직접 자신들의 대표를 보내는 방법을 모색한 결과 1906년 노동조합회의의 Labour Representation Committee를 노동당으로 발전시켰다. 노동당과 노조 간의 밀접한 관계는 창당주체가 노동조합이었다는 역사적 사실과 더불어 노동당재정의 80%가량(1988년 기준 36개 노조가 노동당에 가입하여 정당재정의 80%를 부담하였다.)을 노조에서 제공하고 있다는 사실에 기인한다. 이에 대응하여 사용자단체인 영국기업연맹은 보수당을 정치, 경제적으로 지지하고 있다. 개별노조들은 조합원으로부터 정치자금을 징수하여 노동당에 정치자금을 제공함으로써 노동당에 가입할 수 있다. 개별조합원은 원할 경우 정치자금을 안낼 수도 있으며, 노조는 의회와 지방정부선거에서 개별후보를 지원한다. 이렇듯 노동조합의 경우에도 정치적으로 전적으로 노동당을 지원한 것은 아니었다.

여는 과거보다 많이 약화된 것이 사실이고, 비교국가연구에서도 드러나고 있듯이 다른 유럽국가보다 약한 편이다.

그러나 노동조합의 직업훈련부문에서의 긍정적 역할에 대한 증거는 많이 제공되고 있다. 1991년 Employers Manpower and Skills Practices Survey(EMSPS)와 1993년 9월의 노동력조사(the Labour Force Survey of Autumn) 등은 노동조합이 있는 경우에 훈련이 활성화되고 있다는 것을 증명하고 있다(Hayes, 1999). 이와 같은 사례들은 공공정책연구원(IPPR)이 1996년에 왜 노조가 있는 작업장에서 일하는 노동자들이 노조가 인정되지 않은 작업장의 노동자들보다 훈련받을 가능성이 두 배로 높다고 했는지를 설명하는 데 도움이 된다. 노조가 직업훈련에 관한 결정에 참여하는 경우, 직업훈련을 받는 노동자의 비율이 엄청나게 커졌기 때문이다.

또한, 노조 조직화와 기업의 공식적인 훈련 전략 사이에 긍정적인 상관관계가 있다는 심층적인 근거도 있다. 노조가 조직된 현장에는 기업의 직업훈련센터가 있을 가능성이 17% 더 높았으며, 훈련계획이 세워져 있을 가능성도 11% 더 높았고, 노조가 있는 현장은 육체노동자에게 연간 1.1일 정도 더 훈련을 실시하며, 화이트칼라노동자에게는 1일 더 실시된다고 한다. 즉 노조가 있는 기업에는 노조가 없는 기업보다 훈련 중단자가 더 적고, 훈련 후 임금이 더 높아졌다고 한다. 또한 노조가 직접 참여하는 직업훈련은 낭비가 적어 사용자들은 더 많은 노동자를 훈련시킬 가능성이 높았으며, 이에 따라 기업의 생산성도 향상될 수 있었던 것이다.

이러한 경험적 사실을 바탕으로 최근에 와서 노동조합회의를 비롯한 노동조합 측에서도 직업훈련에 대한 노동조합 측의 참여를 강조[79]하고 있다. 이는 노조조직률 하락이나 보수화 되는 사회분위기에 대응하여

---

79) 영국의 노동조합회의는 교육훈련에 관한 노동조합의 개입을 'bargaining for skill'이라는 구호로 압축해 놓고 있다.

노동조합의 결속력을 제고할 수 있는 방안으로 직업훈련을 여기고 있기 때문이기도 하다. 또한 정부나 기업체에서도 직업훈련이 노사 간의 이른바 협력적 관계를 이끌어갈 수 있는 새로운 이슈라고 판단하여 참여를 제고시키려는 의지를 보이기도 한다.

제3절 과거정책의 제도화된 특징

앞서 2장의 영국의 직업훈련제도의 기본특징에서 살펴 본 바와 같이 영국의 직업훈련정책은 시장중심형이다. 이 장에서는 이러한 시장중심형 직업훈련정책의 역사와 구체적인 내용에 대하여 분석한다.

블레어정부는 집권 이후 직업훈련부문에서 새로운 계획을 많이 발표하였다. 이러한 계획들은 과거부터 지속적으로 제기된 바 있는 문제점의 해결을 위한 것이었다. 이는 직업훈련부문에 관한 한 영국이 탄탄하지 못한 뿌리를 지니고 있다는 반증이다. 따라서 현재의 직업훈련의 내용에 대한 논의도 역사적인 맥락에서 파악하는 것이 바람직하다.

1. 1964년 이전: 자발주의(voluntarism)

1964년까지 영국 정부는 기업의 직업훈련은 오직 기업 내부의 문제라는 자세를 견지해 왔다. 기업의 직업훈련은 중세의 동업조합(guild) 제도에서부터 시작하였으며, 당시 동업조합은 도제훈련(apprenticeship training)을 관리 감독하면서 노동자들의 직업의 입문까지 조정 통제하였다.

영국에서 직업훈련이 약화된 원인 중 하나는 이러한 동업조합을 모태로 하고 있는 직능별 노동조합(craft union)과 사용자의 태도 때문이라는 지적이 많다. 19세기 후반에 사용자들은 수공업적인 도제제도의 경직된 모형을 새로운 산업 부문에도 도입한 후에 계속해서 이용하였다. 그러나 대부분의 도제제도는 다양하게 실시되지 못했다는 데에 문제가 있었다. 즉 도제로 채용될 수 있는 연령도 제한되었고 전수되는 기술의 범위도 좁았다. 도제생 각각의 기술과 지식을 획득하는 개별 속도와는 관계없이 도제기간은 고정되어 있었고, 실제 도제과정을 이수한 도제들의 능력을 검증하는 시험도 없었다. 즉, 도제과정 기간만 경과하면 자격이 있는 것으로 간주되었다. 직능별 노동조합은 숙련노동의 공급과 임금결정에 대한 통제의 수단으로 도제제도에 대한 그들의 지배력을 지속적으로 강화시켜 갔다.

사용자들도 도제제도의 과감한 개혁을 시도하지 않았다. 제2차세계대전 직후 도제제도의 굳어버린 전통을 개선하고자 하는 논의는 있었으나 이른바 완전고용이 실현됨으로써 실업을 해결하기 위한 직업훈련 문제는 중요한 논의의 의제로부터 제외되었다.

물론 이러한 '자발주의'의 시기에도 교육훈련의 취약성에 대한 문제제기는 지속적으로 나타났다. 1851년의 만국박람회 이래로 교육훈련의 중요성과 필요성에 대한 논의가 시작되었다. 그러나 교육훈련 관련 정부의 기존 정책을 급진적으로 개혁하려는 시도들은 좁게는 영국 정치계와 넓게는 사회 내에서 확립된 전통들에 의하여 크게 제약되어 왔다. 근본적으로 자발주의, 개인주의와 같은 사고가 교육훈련 부문의 국가의 적극적 역할을 꺼렸기 때문이다(이내주, 1993a).

이러한 이유로 영국경제의 상대적인 쇠퇴가 이미 1차대전 이전부터 시작되었다고 보이고 있다. 논자들은 영국이 여러 산업분야에서 경쟁국들에 비하여 기술적으로 낙후되어 있으며 그 요인이 신 기계의 도입, 새로운 생산방법과 공정의 채택 등에 미흡하였던 것과 같은 하드

웨어적인 측면에만 국한되어 있지 않고, 소프트웨어적인 측면 즉 기술에 관한 교육훈련의 부족이라고 지적하고 있다(이내주, 1993b).

1950년대 후반과 1960년대 초에 이르러 드디어 직업훈련에 대한 본격적인 문제제기가 시작되기 시작하였다. 이 기간 동안 노동시장으로 들어오는 청소년의 수가 엄청나게 늘어나서 청소년들을 위한 적절한 직업훈련이 필요하게 되었다[80]. 이때 처음으로 정부가 기업에게 직업훈련을 의무화할 것을 요구하기도 하였다. 이런 정부의 요구에 대하여 기업들이 반응을 보이지 않자 1964년의 산업훈련법(Industrial Training Act)은 기업의 직업훈련의무를 명문화하기에 이르렀다.

이상과 같이 1964년까지 지속되어 온 직업훈련에 대한 국가불간섭원칙은 대체로 일반교육부문에도 적용되어서 일반교육은 지방자치단체 및 종교재단, 개인 등 민간부문에 맡겨져 있었다[81]. 처음으로 교육에 대한 국가개입이 시작된 것은 1802년 이후로 일련의 공장법에 의거하여 규제된 연소자의 근로조건에 관계되는 것이었다[82]. 1870년에는 의무초등교육이 도입되었고, 1889년에는 교육위원회(Board of Education)가 설립되었다. 1902년에는 교육책임이 지방자치단체의 소관으로 정해져서 현재와 같은 지방교육청(Local Education Authority: LEA)이 설립되기 시작하였다. 1918년에는 14세까지의 중등교육이 의무화되었다. 1944년에는 의무교육 연령이 15세로 상향조정되었으며, 1972년에는 현

80) 1960년대에 영국에는 15세 기준으로 약 1/3의 남학생, 6.5%의 여학생이 도제로 있었다.

81) 당시에도 민간이 운영하는 교육실태에 관한 우려를 표명하는 보고서는 많았다. 1816-18년의 수도와 외곽지대의 하층민 교육에 관한 의회 위원회들의 보고서, 1834년의 추밀원 교육위원회의 창설에 관한 보고서, 1847년 웨일즈의 교육실태 조사위원단의 보고서, 1861년 잉글랜드의 서민교육 현황 조사를 위해 임명된 위원단의 보고서, 1868년 학교조사위원회로 알려진 왕립위원회의 보고서 등이 있다(CEDEFOP, 1994).

82) 1833년 제정된 한 법의 규정에 의하면 9-14세의 근로자는 주당 6일간 매일 2시간씩 읽기와 쓰기, 수학 등의 교육을 받아야만 하였다(CEDEFOP, 1994).

재와 같이 16세까지로 상향조정되었다.

2. 1964년-1973년: 조합주의(corporatism)

앞서 살펴 본 바와 같이 1964년까지 직업훈련은 전통적으로 자발주의의 관행이 강하여 정부가 개입하지 않았으며, 사용자와 노동조합의 책임으로 간주되어 왔다.

1964년에 산업훈련법이 제정되면서 산업훈련위원회(Industrial Training Boards: ITBs)가 설립되었고, 직업훈련 분담금제도가 도입되었다. 이 제도하에서 사용자에게는 직업훈련 분담금이 부과되었고, 산업별로 산업훈련위원회가 훈련실시를 담당하게 되었다. 이러한 방식은 정부가 직접 예산을 투입하고 운영을 담당하는 것이 아니라 사용자의 직업훈련 투자 확대를 유도하는 간접 개입 방식이었지만 국가가 처음으로 인력양성에 본격적으로 개입하기 시작하였다는 점에서 중요한 의의를 갖는 것이었다(임무송, 1997).

즉, 이 시기가 직업훈련부문의 첫 번째 정부개입의 예라고 할 수 있다. 당시 산업훈련위원회는 중앙훈련협의회(Central Training Council)의 감독하에 기업의 직업훈련에 대한 재정지원을 담당하였으며, 이는 중앙훈련협의회 및 산업훈련위원회 내에 사용자와 노동자 대표가 같이 참여하여 조합주의적 사회적 협력자관계(social partnership)를 이루고 있었기 때문에 가능하였다. 산업훈련위원회는 사용자, 노동조합 및 교육계의 3자로 구성되었으나 분담금 및 교부금 문제에 관한 투표권은 사용자 및 노동조합을 대표하는 위원에게만 부여되었다. 3개의 임의 산업훈련위원회(보험업, 상선업, 지방자치단체)와 함께 법정 산업훈련위원회는 그 당시 총 2,500만 명의 노동인구 중에서 100만 개 이상의 기업에 소속된 약 1,550만 명의 종업원을 포괄하게 되었다. 1970년대 초반에는 산업훈련위원회가 관리하는 양성훈련도 매우 증가하였다. 약 21,000명의 공업기술 분야 청소년이 전일제로 집체훈련(off the job training)을 받기도 하였다(CEDEFOP, 1999b).

산업훈련위원회에 의하여 징수된 분담금은 1년에 1억 9,500만 파운드에 달하였다. 산업훈련위원회는 기업이 납부해야 할 직업훈련분담금 요율을 각 기업의 종업원 급료 지불총액의 0.5%에서 2.5% 사이로 정했다. 그러나 해당 산업의 강경한 반대 때문에 농업, 원예업 및 임업 산업훈련위원회는 분담금 징수를 할 수 없었다. 또한 당시 이 제도에서 아무런 혜택을 입지 못한다고 생각하는 소규모 기업들로부터 산업훈련법에 대한 비판[83]이 제기되기 시작했다.

이런 비판에 대한 대안으로서 보수당 정부는 직업훈련요구량을 충족한 기업에 대한 예외규정을 도입하고, 인력관리위원회(Manpower Services Commission: MSC)의 설립을 규정하는 고용훈련법(Employment and Training Act)을 1973년에 제정하게 되었다. 이 법으로 인하여 소규모 기업에 대한 훈련분담금 면제도 시작되었으며, 직업훈련에 대한 요구량을 충족한 기업에 대한 예외규정도 도입하게 되었다. 직업훈련청(Training Service Agency)과 고용청(Employment Service Agency)이 설립되었고 이를 관장하기 위해 노사정 삼자가 참여하는 인력관리위원회(Manpower Service Commission)도 설립되었다. 인력관리위원회는 중앙의 직업훈련 정책과 산업훈련위원회에 대한 기금 집행을 담당하게 되었다.

---

83) 당시 산업훈련위원회의 직업훈련분담금제도에 대한 비판은 다음과 같이 정리할 수 있다(Senker, 1995). 첫째, 훈련규정이 사업장(establishment) 단위로 기초하고 있어서 사업장이 여러 개이고 다품목생산이 이루어지는 기업은 여러 산업훈련위원회에서 요구하는 서류작업을 해야만 하였다. 둘째, 분담금을 최소화하기 위하여 일부 기업들은 종업원 수 및 훈련에 대한 통계를 조작하였다. 셋째, 기업들은 아무런 도움 없이 복잡한 서류를 작성해야 했다. 넷째, 훈련에 대한 노하우가 많았던 기업들은 경험 없는 산업훈련위원회의 권고를 신뢰하지 않았다.

당시 실시되었던 직업훈련분담금제도에 대한 평가는 영국 내부에서도 아직도 논쟁 중이다. 당시의 직업훈련분담금제도가 기업의 훈련비용에 대한 공정한 분배를 하였던 것인지 또한 영국의 기술부족에 대한 사회와 기업의 인식을 제고시켰던 것인지에 대하여 의문을 가지며 전반적인 직업훈련의 수준제고에도 실패했다는 입장이 있다. 또한, 당시의 훈련분담금 제도가 기업체로부터 분담금을 납부 받는 데에만 관심을 가지는 등 관료적이었고, 기업도 실제 스스로 필요한 기술수요에 맞춘 것이 아니라 분담금 납부 예외에 필요한 요구수준에만 맞추었다는 입장도 있다. 하지만 당시의 직업훈련분담금제도가 오래 지속되지 못했기 때문에 실제 직업훈련분담금제도의 공과를 논하기는 어렵다는 주장도 있다. 특히 분담금 납부에 많은 예외규정을 두게 됨으로써 모자라는 예산은 정부가 지출하게 되어 정부에 부담이 되기 시작하였다 (Senker, 1995).

3. 1973년-1989년: 자발주의(voluntarism)

1973년의 고용훈련법 제정과 1979년 대처정부가 들어서면서 다양한 제도적 개혁을 통해서 직업훈련제도는 시장원리에 기초한 제도로 변화하게 되었다. 1981년에 개정된 고용훈련법에서는 1973년의 고용훈련법에서 규정되었던 건의절차 없이도 고용부장관이 산업훈련위원회를 폐지할 수 있는 권한을 갖도록 했으며, 23개의 산업훈련위원회를 7개로 축소[84]하고 직업훈련청과 고용청도 폐지하였다. 그 대신에 인력관리위원회를 집행기구로 개편하여 정책 집행을 종합적으로 담당하도록 그

84) 현재 고용주들에게 훈련분담금을 부과하는 법적인 권한은 건설업훈련위원회와 공학건설업훈련위원회 2가지 분야에만 남아 있다. 방송 및 영화산업에서는 훈련된 기술자를 확보하기 위해 자발적으로 기금을 운영하고 있다.

역할을 강화하였다. 이는 직업훈련의 중점이 재직자로부터 실업자로 전환되었다는 것을 의미한다(임무송, 1997). 당시 인력관리위원회의 인력문제에 관한 거대하고 종합적인 전략은 석유위기로 인하여 추구하기 어려웠고, 대신에 인력관리위원회는 고실업에 대처하는 기구로 변모하게 되었다. 인력관리위원회는 외견상 노사정이 모두 참여하는 조합주의적 기구였으나[85] 보수당 정부가 직업훈련은 시장의 기능 내에 놓여야 한다는 생각을 갖고 있었기 때문에 노동조합과 교육관계자들은 위원회내부에서도 합법적 이해를 갖지 못하게 되었다.

이상과 같은 개혁을 통하여 보수당 정부는 사용자와 노동조합의 직업훈련부문에 대한 공동규제를 반대하고 단체교섭의 적용범위와 노동조합주의의 축소를 주장하면서 점차 노동조합은 정책 형성과정에서 배제되어 나가기 시작하였다. 1988년에는 고용법이 제정되어 인력관리위원회가 직업훈련위원회(Training Commission)로 명칭이 바뀌고 정부부처인 고용부 산하로 편입되었다. 이때 이후로 산업훈련위원회는 자율기구로 전환하게 되었다. 인력관리위원회의 해체는 영국 노사관계에서 정부가 노조와 협력하여 실시하는 인력정책이 종결되고, 노조의 참여없이 노동시장의 유연화가 추진되기 시작하는 의미한다(Crouch, 1990).

1970년대 후반부터 본격적으로 영국 산업의 상대적 쇠퇴에 대한 논의가 시작되면서 그 이유 중 하나로 교육훈련의 취약성이 본격적으로 지적되기 시작하였다. 이는 교육훈련이 국가 경제발전에 잠재적으로 요구되는 인력을 공급할 수 있는 핵심 수단임은 물론 교육훈련과 기술혁신 간의 긴밀한 유대가 국가의 장기적 경제발전을 달성하는 데 있어서 필수적 요인이라고 인식되기 시작했기 때문이다(이내주, 1993a).

---

85) 인력관리위원회는 노사정 삼자가 참여하는 조합주의적 성격을 지니고 있어서 대처정부에서도 이 기구가 존속한 점은 의아하게 보인다. 이 기구가 대처정부에서도 존속한 이유는 정부기구가 아닌 민간기구로서 직업훈련 자원을 배분한다는 이유 때문이었다(Evans, 1992).

앞서 직업훈련제도의 유형에서도 살펴 본 것처럼 영국의 정부가 직접적으로 지원하는 직업훈련은 청소년훈련과 실업자훈련이다. 1980년대에 이루어진 청소년훈련은 다음과 같았다.

1980년대 초반에 1년제 청소년훈련계획(Youth Training Scheme: YTS)이 실시되기 시작하였다. 이 계획은 실업자나 취업자를 불문하고 학교 중퇴자 또는 비진학 청소년 모두가 이용이 가능하였다는 점과 이제까지 산발적으로 제시되었던 여러 가지 개별적 프로그램을 통합하였다는 데 큰 의미가 있다. 이러한 계획이 나오게 된 배경은 당시 불황으로 청소년 대상의 유일한 직업훈련이었던 도제제도에 참여하는 청소년의 수가 극심하게 감소하였고, 도제제도가 실제 도제의 업무능력을 성취시켜 주지 못하고 있다는 점, 또한 도제에게 비교적 높은 임금(국제기준에 비춘)이 지급되고 있다[86]는 비판 때문이었다.

---

86) 당시 높은 도제임금으로 인하여 도제제도가 기업 내에서 운영되기 힘들었다는 지적도 많다. 영국의 도제 임금은 독일의 상황과 비교하면 확실히 높은 것이었다. 1981년도 영국 도제의 평균 임금은 일반 기능공 임금의 55% 내지는 80% 이상이었다. 1979년 독일(서독)의 도제 임금은 일반 기능공 임금의 25%에서 40%에 불과하였다(한국산업인력관리공단, 1991). 이와 관련하여 여러 논의가 있다. 독일은 도제제도가 잘 발달하여 있고 개인들도 본인들이 미숙련자임을 인식하고 있고 도제기간이 끝난 후 취업과 임금수준의 상승이 확실히 예견되기 때문에 저임금이 가능하다는 측면이 있다. 또한 기업들은 도제는 미숙련자로서 교육훈련을 받을 권리가 있음을 잘 알고 있었다. 그러나 영국은 도제와 같은 저숙련자들의 임금에 대한 높은 부담 때문에 도제제도에 대한 반감이 생길 수 있었다. 우리나라도 이와 비슷한 상황을 겪은 바 있다. 독일의 이원화제도에 입각한 이른바 2·1제도를 도입하여 공업고등학교 3학년의 경우 기업에서 현장실습을 거치게 하고 임금을 준 바 있다. 이 제도에 대한 비판으로 기업들이 고등학교 학생을 저임금의 노동자라고 인식하고 있다는 소리가 많았다. 그러나 도제제도가 발달한 독일은 도제임금이 영국과 우리나라보다 훨씬 적었지만 효과적인 현장실습은 유지되면서 학생들의 숙련수준을 높여 주었다. 또한 학생들도 탄탄한 현장실습을 받는다는 생각 때문에 저임금을 감내할 수 있었다. 우리나라는 기업들이 학생들에 대한 체계적인 현장실습에는 무성의하였다는 데 문제가 있었다.

이러한 청소년훈련계획의 도입은 대부분의 산업에서 도제라는 역사적 제도와의 결별을 의미하는 것이었다. 청소년훈련계획의 훈련기간은 1986년까지 16세에게는 2년으로, 17세에게는 1년으로 각각 연장되었다. 청소년훈련계획은 초기에는 비교적 성공적으로 보였다. 수료자가 전원 취업하는 상황은 되지 못하였으나 동 연령집단의 청소년 수가 점차 감소하면서 점차 취업률이 상승하였고 기업들은 그들이 필요로 하는 청소년 구인이 어려워 다른 모집대상을 찾거나 가용자 확보를 위하여 경쟁하게 되었고 따라서 임금도 올라가기 시작하였다. 그러나 1990년에 시작된 불황은 청소년의 예상 인력 수요를 감소시켰으며, 1991년부터는 청소년 실업이 다시 문제로 대두되었다.

다음의 표는 이상에서 언급한 직업훈련정책의 역사적 전개를 정리한 내용이다.

〈표3-14〉 1939년-1990년 기간 직업훈련정책의 변화

기 간		정책 환경	정부의 의도	정책변화	세부정책	
					교 육	훈 련
전쟁기간 (1939-45)		전쟁경제의 기술수요	개입에 대한 양당의 동의	노사 간 협력	-	정부기술센터 설립
자발주의로의 회귀 (1946-63)		전쟁압력의 해소	자발주의로의 회귀	노사 간 재조정	-	정부기술센터 해체
조합주의적 경험(1964-1973)		베이비붐 기술부족의 인식	훈련공급의 증가 무임승차자 제재 도제제도 개편	약한 조합주의	-	산업훈련위원회(ITBs)
위기(1974-79)		성장의 끝 저숙련 균형	형평에서 효율로	인력관리위원회(MSC)설립 교육과학부 권한증대	대논쟁 - 무개혁	실업자에 대한 임시적 체제
대처리즘	1기 통화주의	인플레이션 조절	교육훈련의 삭감	교육과학부 약화	삭감시도 선택 시도	대부분의 Tbs 해체 MSC 지출의 회복
	2기 역설적 계획	실업증가 소요	공급측면의 병목현상 제거 기업문화의 창조	약화된 중개기관 MSC역할의 재조정	직업교육훈련계획(TVEI), 일반중등교육자격증(GCSE), 바우처 실패	청소년훈련계획(YTS) 국가직업자격증(NCVQ)
	3기 시장모델	실업해소실패	교육훈련의 시장화	대규모 및 법률적 추진	교육개혁법	MSC해체

자료: Finegold. (1992). *The Low-Skill Equilibrium: an Institutional Analysis of Britain's Education and Training Failure.* Unpublished Doctoral Dissertation in Politics. Oxford: Oxford University.

제4절 소 결

이 장에서는 영국의 독특한 직업훈련정책을 형성한 요인들을 분석하였다. 그 요인들로 정책 환경, 정책결정구조, 기존 직업훈련정책의 제

도화된 특징을 설정하였다. 정책 환경으로는 정치이데올로기, 산업 및 고용구조, 생산체제와 정책결정구조로는 정치행정구조와 노사정구조를 분석하였다. 기존 정책의 제도화된 특징을 분석하기 위하여 역사적 전개에 따른 정책의 변화를 살펴보았다.

먼저 정책 환경인 정치이데올로기로서 대처리즘은 시장경제를 강조하고 작은 정부, 공공지출의 삭감, 노조권한의 축소를 강조하였으며 직업훈련부문에서도 국가의 개입을 기피하도록 하였다. 이러한 대처리즘의 기조는 메이저정부를 거쳐 블레어정부에도 어느 정도 이어졌다. 그러나 블레어리즘은 보수당정부에서는 주요하게 여겨지지 않았던 교육 및 직업훈련정책을 주요한 정책어젠다로 상정하였다는 점에서는 대처나 메이저정부와는 차이가 있었다. 과거 보수당정부의 노동시장의 유연성 강화 과정에서 양산되었으나 배려되지 못하였던 실업자에 대한 근로복지 차원의 직업훈련을 강조하고 있는 것이다. 그러나 이들에 대한 직업훈련은 사회와 국가에 대한 의무를 강조하면서 이루어지고 있다는 점에서는 과거 보수당정부와 유사점이 많다. 또한 기업내부의 직업훈련에 관해서는 기업의 자율성을 보장한다는 차원에서 여전히 시장에 맡겨둔 채 개입하지 않는 전략을 수행하도록 한다. 보수당과 노동당이 서로 다른 정책관을 제시하고 있었기 때문에 노동당의 블레어가 집권함에 따라 정책사고의 변화도 있을 것으로 예견되었으나 실제 급진적인 변화를 유도하지는 못했다.

산업구조 및 고용구조, 생산체제도 직업훈련이 중요하게 여겨지기 어려운 상황을 보여주고 있다. 산업구조가 서비스산업 위주로 재편되고 고용구조에서도 시간제 노동이 대폭적으로 증가하고 노동의 이동도 잦아지는 등 노동시장의 유연성이 강조되면서 체계적인 직업훈련이 실시될 수 있는 노동자의 폭이 줄어들기 때문에 탄탄한 직업훈련제도 확립이 어려움을 보여주고 있다.

직업훈련부문의 정책결정구조도 유럽대륙의 조합주의적 모델과는 다른 모습을 보이고 있었다. 조합주의의 대표적인 모델인 독일의 자본주의 체제는 장기적 관점의 금융대출, 높은 고용안정성, 직업훈련에 대한 기업의 투자, 비교적 낮은 이직률, 노동자들의 노동시장조절기제 참여권 보장, 노동자들의 경영참여 등으로 묘사(Soskice, 1997)되면서 직업훈련부문에 있어서 노동조합의 참여가 제도적으로 보장되어 있다. 이와 반대로 영국은 노동조합의 참여가 배제되어 있어서 기업의 직업훈련에 관한 한 사용자가 전권을 가지고 있다.

다음은 기존 정책에 대한 분석이다. 이미 20세기 초부터 영국의 상대적인 경제적 쇠퇴의 원인으로 직업훈련의 제도적 취약성이 영국내부에서 제기되면서 이를 개혁하려는 시도도 지속적으로 있어 왔다.

1964년의 산업훈련법 제정은 정부개입을 통한 직업훈련의 공급을 증진하려는 전후시기의 주요한 노력 중 하나였다. 산업훈련위원회(Industrial Training Boards)를 설립했던 이 법은 과거와 달리 기업의 직업훈련에 정부가 개입하게 되면서 기업에 대하여 직업훈련분담금제도를 도입하였다. 그러나 훈련의무제는 노사정 간 훈련의무에 대한 합의가 이루어지지 않으면서 시행이 잘 이루어지지 못하였다. 뒤이어 1970년대에 직업훈련분담금제도를 폐지하면서 인력관리위원회가 설립되었고 당시 경제위기로 인하여 대량으로 발생하는 청년층의 실업에 대하여 정부가 관심을 가지기 시작하였다. 그러나 뒤이은 보수당정부하에서 시장의 힘에 강조를 두는 직업훈련체제가 지속되면서 사용자들이 직업훈련체계를 계획하고 관리하는 데 중심에 서게 되었다. 과거에 지속되었던 정책은 직업훈련부문에 관한 영국 고유의 기업의 자발주의라는 관행 때문에 정부가 개입할 수 있는 여지가 없도록 하였다.

이러한 정책 환경 및 정책결정구조, 기존 정책의 영향으로 인하여 영국 정부의 직업훈련정책은 국가 전체의 숙련이 부족하다는 자각에도 불구하고 숙련향상을 위해 가장 중요한 기업의 직업훈련에 관해서는 시장에 맡겨둔 채 국가가 개입하지 못하는 관행을 유지하고 있다.

제4장 직업훈련정책의 내용

제1절 정책의 기조

직업훈련부문의 영국의 지속적인 문제 중 하나가 직업훈련에 대한 기업의 관심이 부족하다는 것이다. 1989년에 정부는 이러한 현상을 극복하기 위한 노력의 일환으로 잉글랜드 및 웨일즈에 훈련기업협의회[87]와 스코틀랜드에서는 지방기업협의회(Local Enterprise Councils: LEC)를 설립할 것을 발표하였다. 훈련기업협의회 및 지방기업협의회의 설립은 지방의 기업계에 직업훈련에 대한 책임을 부과하면서 동시에 그 지역의 기업계가 바라는 직업훈련의 요구를 보다 효과적으로 충족될 수 있도록 하는 것을 목적으로 하였다.

정부의 정책은 이러한 훈련기업협의회 등을 통하여 기업이 직업훈련의 모든 면에서 주도적 역할을 수행하도록 하는 것이다. 정책수립에 노동조합을 관여케 한다거나 또는 산업별 협회 같은 사회단체를 직업훈련에 참여케 하는 방식은 영국의 직업훈련 역사에서 보는 바와 같이 영국에서는 성공하기 힘든 것으로 정부 측에서는 평가하고 있다.

1989년에 시작하여 1991년까지 설립이 완료된 훈련기업협의회는 2001년 학습기술협의회로 변화하기 전 10년 동안 시장중심형 영국의 직업훈련을 총집행하는 기관이었다. 영국의 직업훈련제도는 대처의 보수당정부, 현재의 블레어정부의 다양한 제도적 개혁을 거쳐 시장원리에 기초한 제도로 정착되었다. 영국의 경쟁국가인 독일이나 프랑스와는 달

87) 자세한 내용은 5장에서 후술한다.

리 탈규제적인 시장을 기반으로 한 훈련으로 변화하면서 직업훈련분야에 노사관계가 적용되는 범위도 급속히 줄어들고 있는 실정이다.

블레어 정부가 명시적으로 밝히고 있는 직업훈련정책의 목표는 기업의 경쟁력 제고와 사회통합의 제고이다[88]. 이를 위한 정책의 주요 수단은 정부가 개입하여 재정 지원하는 훈련프로그램으로서 시장실패가 일어날 수 있는 영역인 청소년이나 실업자에 대한 훈련이다. 이전의 대처정부보다는 직업훈련정책을 강조하고 있으나 대처정부와 마찬가지로 시장이 실패했을 때만, 그것도 청소년이나 실업자처럼 노동시장 취약계층으로 제한되어 있는 것이다. 또한 기업의 직업훈련에 대해서 정부가 직접 개입하지 않는 제도적 틀이 유지되고 있다.

현 블레어 정부의 직업훈련정책의 기조는 실업자 및 취약계층에 대한 뉴딜(New Deal)을 중심으로 살펴볼 수 있는 '노동을 위한 복지(Welfare-to-Work)'의 구호 속에서 잘 확인된다. 즉, 뉴딜 프로그램하에서 정부는 장기실업자들에게 일정한 직업훈련을 받을 것과 어떤 직종에서도 일한다는 조건으로 구직자수당(Job Seekers Allowance: JSA)[89]을 지급하고 있다. 물론 조건의 불이행에는 수당의 상실이라는 대가가 따른다. 이는 과거 보수당정부의 정책을 그대로 계승한 것

---

88) 교육고용부는 교육훈련정책의 목표를 모든 사람에게 자신의 잠재력을 실현할 수 있는 동등한 기회를 제공하는 통합사회, 성공적인 기업, 공평하면서도 효율적인 노동시장을 가진 국제적으로 경쟁력 있는 경제로 설정하였다. 이에 따른 구체적 교육훈련 목표는 3가지였다. 첫째는 의무교육을 이수하는 연령인 16세의 청소년들이 적절한 기능 및 기술, 태도, 인성을 갖추도록 하는 것이다. 이는 초중등교육의 내실화를 말한다. 둘째는 모든 국민에게 평생학습의 장을 제공하는 것이다. 이는 접근이 용이한 학습체계를 구축하고 종업원에 대한 투자를 확대하도록 고용주를 고무하는 것을 말한다. 셋째는 일자리가 없는 사람이 일자리를 가질 수 있도록 도와주는 것이었다. 특히 노동시장에서 불리한 조건에 있는 사람이 안정적인 일자리를 얻도록 도와주는 것을 말한다(DfEE, 1999b).

89) 구직자수당은 우리나라의 실업급여처럼 구직등록을 한 이후 구직이 안 되는 경우 수당을 받은 형식이다.

으로서 고용조건과 무관하게 노동시장의 참여를 강조하고 있다. 이를 위하여 현 정부는 고용증대를 위해 기업가에게 보조금을 지급하고 복지관련 수당과 조세의 유인 구조를 정비함으로써 실업자 및 취약계층의 노동시장 참여를 압박하고 있다(고세훈, 1999).

Lodemel and Trickey(2000)는 블레어정부가 이전과는 다른 두 가지 방식으로 실업자에 대한 강제적인 근로활동을 요구한다고 정리하였다. 첫째, 청년층 실업자 모두에게 의무적인 활동을 보편적으로 추구하는 정책(universal policy)을 채택하였고, 둘째, 이전 노동시장프로그램에 편입되어 있지 않았던 일하지 않던 자들에 대한 정책의 활성화이다.

최근의 노동시장정책 또한 사용자에게 노동의 활용에 대한 재량권을 더 부여하기 위해 유연성을 강화하는 쪽으로 진행되어 왔다. 그 결과 영국은 현재 선진산업국가 가운데 가장 규제완화가 많이 이루어진 노동시장을 갖게 되었고 사회 전반에서 임금격차가 늘어나는 등 사회적 '형평성'이 상실되었다는 비판을 많이 받고 있다.

이런 분위기하에서 메이저정부에서나 블레어정부에서나 모두 노동시장정책에 관한 한 그리고 직업훈련부문에 관한 한 독일, 프랑스, 스웨덴 등 유럽의 다른 나라와 비교할 때 여전히 정부의 재정지출은 저조한 것으로 나타나고 있다(〈표4-1〉).

〈표4-1〉 노동시장 프로그램에 대한 재정지출 (국내총생산의 비율) 국제비교

단위: %

구분	프랑스				독 일				스웨덴				영 국			
	1994	1995	1996	1997	1995	1996	1997	1998	1994-1995	1995-1996	1997	1998	1993-1994	1994-1995	1995-1996	1996-1997
1	0.16	0.15	0.16	0.16	0.23	0.24	0.21	0.23	0.27	0.26	0.30	0.30	0.24	0.22	0.20	0.18
2	0.42	0.38	0.36	0.35	0.38	0.45	0.36	0.34	0.77	0.55	0.43	0.48	0.15	0.14	0.10	0.09
3	0.30	0.27	0.27	0.26	0.06	0.07	0.07	0.07	0.23	0.02	0.02	0.03	0.14	0.14	0.12	0.13
4	0.33	0.40	0.49	0.52	0.44	0.42	0.33	0.39	0.90	0.82	0.70	0.58	0.02	0.03	0.12	-
5	0.09	0.10	0.08	0.08	0.26	0.27	0.28	0.25	0.82	0.70	0.62	0.62	0.03	0.03	0.03	0.02
6	1.57	1.43	1.44	1.50	2.08	2.38	2.50	2.29	2.51	2.26	2.16	1.91	1.60	1.41	1.26	1.05
7	0.38	0.36	0.36	0.35	0.29	0.15	0.05	-	0.02	-	-	-	-	-	1.26	-
계	3.24	3.09	3.16	3.22	3.75	3.99	3.80	3.56	5.52	4.62	4.25	3.93	2.18	1.95	1.72	1.47
a	1.29	1.31	1.35	1.37	1.37	1.45	1.25	1.27	2.99	2.36	2.09	2.01	0.57	0.54	0.46	0.42
p	1.95	1.79	1.80	1.85	2.38	2.53	2.55	2.29	2.53	2.26	2.16	1.91	1.6	1.41	1.26	1.05

주:
1. 공공고용서비스 및 행정 2. 노동시장훈련 3. 청년대책 4. 고용보조금
5. 장애인대책 6. 실업급여 7. 조기퇴직수당
a. 적극적 대책(1-5) b. 소극적 대책(6-7)
자료: OECD. (1998a). Employment Outlook. Paris: OECD.

특히 전체 노동력 중 직업훈련에 참여하는 비중이 1997년 기준 1% 내외를 기록하면서 비교 국가 중 가장 낮은 비율을 차지하고 있다는 데 문제가 있다(〈표4-2〉).

〈표4-2〉 전체노동력 대비 적극적 노동시장 프로그램 참여자의 비율 국제비교

단위: %

구분	프랑스				독 일				스웨덴				영 국			
	1994	1995	1996	1997	1995	1996	1997	1998	1994-1995	1995-1996	1997	1998	1993-1994	1994-1995	1995-1996	1996-1997
1	3.9	3.5	3.3	2.8	2.0	1.9	1.3	1.5	4.4	4.6	4.2	4.7	1.3	1.3	1.0	1.0
2	3.1	2.8	2.6	2.6	0.6	0.7	0.7	0.9	2.5	0.7	0.7	0.9	0.8	0.9	1.0	1.2
3	4.2	4.5	4.3	4.5	1.4	1.4	1.2	2.1	6.1	7.7	7.5	5.4	0.2	0.3	0.1	-
4	0.3	0.3	0.3	0.3	0.3	0.3	0.3	0.3	1.4	0.9	1.0	1.1	0.1	0.2	0.2	0.2
계	11.5	11.1	10.5	10.1	4.3	4.2	3.5	4.8	14.4	13.8	13.4	12.1	2.5	2.6	2.3	2.4

주: 1. 노동시장훈련 2. 청년대책 3. 고용보조금 4. 장애인대책
자료: OECD. (1998a). *Employment Outlook*. Paris: OECD.

제2절 직업훈련별 유형

영국은 앞서 복지제도의 유형에서도 보았듯이 복지에 대한 국가의 투자는 적으면서도 노동시장참여율은 높게 나타나고 있어서 미국과 같은 자유주의 복지국가로 분류되고 있다. 직업훈련부문에서도 잔여적 지위인 노동시장의 취약계층인 실업자나 신규진입자인 청소년층을 주요 정책대상으로 한다. 따라서 직업훈련의 유형 중 정부가 직접 재정 지원하는 프로그램은 양성훈련, 실업자훈련 및 뉴딜로 제한되고 있다. 정부는 양성훈련이나 실업자훈련에 대한 재정지원은 하고 있으나 훈련의 집행은 계약을 통하여 민간기구인 훈련기업협의회에 이양하였고, 취업률이나 자격증취득률과 같은 직업훈련의 성과에 근거하여 훈련기업협의회의 공공재정의 집행을 평가하고 있다. 기업 내에서 실시하고 있는 훈련인 계속훈련에 관해서는 정부는 직접적인 재정지원은 하지 않고 있으며 다만 기업에 대한 인적자원투자인증제도(Investor in People)나 개인에 대한 훈련비용 대부, 세제혜택 등을 통하여 간접적으로 지원하고 있다.

1. 양성훈련

양성훈련(initial training)이란 의무교육을 이수하였으나 고등교육기관에 진학하지 않은 16세-18세 사이 청소년 대상의 직업훈련을 말한다. 영국의 학제는 지역별로 다양하다. 우리나라가 6-3-3-4제의 단일학제를 택하고 있는 것과 달리 지역별로 다양한 학제를 가지고 있으며 가장 보편적인 학제를 중심으로 설명하면 학교교육은 5세 이전의 학령전교육(pre-compulsory education, 약 2년간), 5-11세의 초등교육(6년간), 11-18세의 중등교육(5-7

년간), 그리고 18세 이후의 계속교육(further education) 단계로 이 단계에 포함되는 교육기관은 계속교육대학, 전문가대학(주로 농업 및 예술, 디자인계), 6학년(sixth form) 학교가 있다. 다음은 고등교육 단계로서 대학 및 기타 고등교육 기관이 이 단계의 교육기관에 포함된다. 현재 의무교육은 16세까지로 되어 있으나 실제 18세가 될 때까지는 학교교육을 더 이수하거나 양성훈련에 참여하거나 간에 국가가 무료로 지원하는 교육훈련을 이수할 수 있다(황규호, 1997; CEDEFOP, 1999a).

다음의 〈표4-3〉은 잉글랜드에서 의무교육을 이수한 학생들의 진로에 관한 내용이다. 의무교육 이후 진학을 한 경우는 1997년 현재 약 68% 정도로 추정되며 실업상태나 파악이 되지 않는 경우도 14% 정도로 추정되고 있다[90]. 〈표4-3〉에서는 실업상태인 경우가 7% 정도로 나타나고 있는데 전반적으로 영국 청소년의 경우에도 노동시장의 취약계층인 여성, 장애인, 노년층의 경우처럼 실망실업자가 많이 존재하고 있고, 또한 실업률 통계의 부정확성으로 실제 실업률보다 과소평가 되고 있다는 점이 많이 지적되고 있다[91]. 또한 취업한 경우에도 고용안정성은 낮다. 1997년도 기준 청소년의 전체 취업 중 시간제 노동 취업비율은 20.3%이다(DfEE, 1999d). 청소년층 취업률이 높은 업종으로는 호텔, 레스토랑, 도소매업 등으로서 경기불황 시 이들 업종에서의 시간제 노동 일자리 감소는 청소년 실업을 높이고 있다.

---

90) 우리나라의 중등교육과정인 고등학교(일반계 및 실업계 포함) 이후 고등교육기관(전문대학, 교육대학, 대학, 각종 학교 포함) 진학률도 1990년대 들어와 급증하여 1998년 64.1%, 2001년 기준 68%에 이르고 있다. Available: www.kedi.re.kr.

91) 실업률에 대해서는 6장에서 상술하도록 한다.

〈표4-3〉 잉글랜드의 의무교육이후 청소년진로 상태

단위: 천 명, %

구 분	1991년	1995년	1996년	1997년
학교졸업생 수	522.8	540.7	562.1	561.2
진 학	61	68	68	68
정부지원훈련	15	11	10	10
취 업	10	8	8	8
실업 또는 근로불가능	9	7	7	7
미확인 또는 기타	6	7	8	7

자료: DfEE. (1999a). *Education and Training Statistics for the United Kingdom*. Sheffield: DfEE

영국은 다른 OECD국가에 비하여 청소년 실업률이 특히 높은 것으로 나타나고 있다. 1999년 기준 영국의 청소년실업률은 12.3%로 OECD 국가의 전체평균보다도 높다. 이러한 사정 때문에 영국은 청소년의 직업훈련을 특히 강조하고 있다.

〈표4-4〉 청소년(15-24세) 실업률 국제비교

단위: %

구 분		1990년	1996년	1997년	1998년	1999년
일본	청소년 실업률	4.3	6.7	6.6	7.7	9.3
	전체 실업률	2.2	3.5	3.5	4.2	4.9
영국	청소년 실업률	10.1	14.7	13.5	12.3	12.3
	전체 실업률	6.8	8.2	7.1	6.2	6.1
미국	청소년 실업률	11.2	12.0	11.3	10.4	9.9
	전체 실업률	5.7	5.5	5.0	4.5	4.3
OECD 평균	청소년 실업률	11.6	13.9	13.4	12.7	11.8
	전체 실업률	6.0	7.3	7.0	6.9	6.4

자료: OECD. (2000b). *Employment Outlook*. Paris: OECD.

이러한 청소년의 실업의 주요 원인으로는 기술 및 자격, 경력의 부족 등이 논의되고 있다. 즉, 이는 자격증을 한 개도 보유하고 있지 못한 경우에 높은 교육 및 자격증을 보유한 사람보다 4배나 많은 실업률을 기록하는 데서 찾아볼 수 있다. 경쟁국가인 프랑스나 독일에 비하여 25-28세의 청년층의 자격수준은 고등교육을 제외하고는 실제 낮은 것으로 나타나고 있다.(OECD, 1998b). 그러나 비슷한 자격증을 보유하고 있는 경우에도 인종적으로 소수민족에 속하는 경우 높은 실업률을 기록하고 있다. 특히 16-24세의 흑인청소년의 경우 실업률이 특히 높아서 2000년 봄 기준 33%에 달하고 있다(Office for National Statistics, *Labour Force Survey*.)

특히 다음의 〈표4-5〉는 의무교육인 중등교육만을 이수하고 노동시장에 진입한 경우 고등교육 이수자보다 높은 실업률을 기록하고 있음을 보여주고 있다.

〈표4-5〉 학력별 청소년 실업률 국제비교(1998년 기준)

단위: %

구 분	고 졸		전문대졸		대졸 이상	
	15-19세	20-24세	20-24세	25-29세	20-24세	25-29세
한 국	6.0	7.7	12.7	6.1	10.0	6.0
영 국	8.7	7.4	5.2	2.4	5.8	2.7
미 국	6.4	6.5	1.6	2.9	2.0	1.7

자 료: OECD. (2000d). *Education at a Glance*. Paris: OECD.

이러한 청소년 실업을 해소하고자 정부가 재정 지원하는 청소년훈련으로는 소위 청소년현장[92]훈련(Work Based Training for Young People:

92) 현재 운영되고 있는 영국의 청소년, 실업자 직업훈련은 현장과의 연계를 강조하는 분위기하에서 교실에서 운영되는 집체훈련(off the job training)보다는 실제 작업장에서 실시되는 현장훈련(on the job training)을 선호

WBTYP)이라고 하는 현대도제 프로그램, 국가훈련생 프로그램, 청소년 훈련(Youth Training) 등이 있다. 청소년현장훈련 참가자들의 다수는 재직자 지위여서 현대도제 프로그램 참여자의 90%, 청소년훈련 참여자의 50%가 고용된 상태에 있다. 그러나 참여자들의 40% 정도는 이 프로그램을 이수하지 못하는 것으로 나타났다. 청소년현장훈련의 대표적 프로그램이 다음의 현대도제와 국가훈련생이다.

1) 현대도제(Modern Apprenticeship)와 국가훈련생 (National Traineeship)

현대도제[93]는 보수당정부에서도 시작되었던 프로그램을 수정하여 1995년에 도입하였으며 16-24세 청소년[94]을 대상으로 기업체에서 도제식 훈련을 실시하는 것이다. 이 훈련은 일반적으로는 청소년을 고용하여 임금을 지불하는 형태로 실시된다. 훈련생들이 국가직업자격증(National Vocational Qualification: NVQ)[95] 3급 이상의 자격 취득을 하도록 실

하고 있다.

93) 현대도제에 대한 교육고용부 평가보고서에 의하면 사용자와 청소년 모두가 만족하고 있는 것으로 나타나고 있다. 소규모기업을 포함하여 많은 업종에서 사용자가 현대도제 프로그램을 채택하고 있으며, 이 프로그램이 양질의 근로자를 양성한다는 평가를 하고 있다. 또 현대도제는 과거 훈련 실시 경험이 없던 기업에서도 중급 수준의 훈련이 가능하도록 지원하고, 새로운 직종 영역에서도 사업주들이 중급 수준의 훈련을 할 수 있도록 지원하고 있다. 그리고 훈련생은 이 프로그램을 통해 직무관련 기술과 경험, 공인된 자격, 취업 기회 등을 얻을 수 있다고 평가한다(DfEE, 1998).

94) OECD에서는 청소년의 연령내를 15세에서 24세로 간주하고 있다.

95) 국가직업자격(National Vocational Qualifications: NVQ)은 주로 직무능력과 채용기회를 보증하는 기본적인 지표로 간주되며, 이 자격은 각 산업별 선도 기구를 통해 사업주가 정의하는 실무 직업능력기준에 근거하고 있다. NVQ는 1988년부터 활용되었는데, 1992년 말에 새롭게 개편되어 전체 직무분야의 80% 이상에서 활용되고 있다. NVQ는 일반국가직업자격(GNVQ)과 일반중등교육자격(GCSE/GCE)의 성취도와는 달리, 등급(문자나 'credit'

시되는 이 훈련은 81개 직종에서 실시되고 있으며, 가장 수가 많은 부문은 기계 제조업(engineering manufacturing) 분야이다.

현대도제는 주당 최소 30시간 이상 40시간 미만의 전일제 훈련을 받게 되고 훈련생·훈련기업협의회·기업의 3자가 서명하는 도제훈련계획(Apprenticeship Plan)에 의해 진행된다. 이 훈련에 대해 훈련기업협의회는 8주 간격으로 점검을 하며 고용상태가 아닌 경우는 4주 간격으로 점검한다.

이 훈련의 재정 지원은 훈련기관과 훈련기업협의회 간 계약에 의하여 이루어지며, 지원수준은 산업부문 및 훈련형태에 따라 달라진다. 훈련생 선발에는 훈련기업협의회, 상공회의소, 진로서비스(Career Service)[96]가 관여하며, 훈련기업협의회가 행정절차를 지원하고 있다(DfEE, 1999).

국가훈련생 프로그램은 1997년 9월에 도입된 제도로 16세 이상의 의무교육을 마친 청소년들에게 현대도제보다는 조금 낮은 단계인 국가직업자격 2급에 해당하는 현장훈련을 제공한다. 국가훈련생 프로그램은 사용자측이 직접 설계하고 운영하는 훈련방식이어서 현대도제 프로그램보다 사용자 측 수요를 좀 더 정확히 반영할 수 있다는 장점이 있다.

혹은 'distinction'과 같은 용어로)으로 매겨지지 않으며, 직업능력에 대한 기술에 근거하여 평가하도록 되어 있다. NVQ 평가를 받는 것은 기준을 충족하는 누구나 가능하며, 평가사정은 학습 방식 및 장소와 무관하고, 자격 취득 지원자의 나이나 NVQ를 준비하는 데 들인 시간과도 무관하다. NVQ는 출제 및 평가기구로부터 자격 검정의 승인을 받는 것이며, 100여 개의 출제·평가 기구에서 NVQ로 승인된 자격을 검정한다. 16세 이상의 전일제 학생들이 몇 가지 자격을 위한 학습을 결합하는 것은 흔한 일이어서, 주요 학습 프로그램이 3개의 GCE A-level 과목인 일부 학생들은 NVQ unit들도 선택할 수 있다.

96) 청소년을 대상으로 하는 진로지도서비스 기관으로 후술하도록 한다.

〈표4-6〉 잉글랜드 청소년현장훈련(WBTYP)의 예산과 성과

구 분	1997-98년	1998-99년	1999-00년
예산(백만 파운드)	740	741	864
첫 번째 진입자(천 명)	209	192	265
국가직업자격(NVQ) 취득비율(%)	65	70	66
국가직업자격(NVQ) 취득자수(천 명)	139	154(계획)	139
단가(파운드)	2,925	2,832	-
훈련생 중 취업률 (단, 예상, %)	67	74	75
NVQ 취득비용(파운드)	6,141	6,611	5,947

주: 청소년현장훈련은 청소년훈련, 현대도제, 국가훈련생 및 그 외 훈련을 모두 포함한다.

자료: DfEE. (1999a). Education and *Training Statistics for the United Kingdom.* Sheffield: DfEE.

〈표4-7〉 잉글랜드와 웨일즈지역 현대도제제도 훈련생의 구성(1999년)

단위: %

성 별	남	47
	여	53
연령별	16세	9
	17세	20
	18세	19
	19세 이상	52

자료: DfEE. (1999c). *Departmental Report.* Sheffield: DfEE.

2) 재정 지원과 질 관리

(1) 재정 지원[97)]

청소년현장훈련(WBTYP)의 총재정은 교육고용부[98)]가 인구 변화에 따른 조정을 거친 후 그간의 지원 실적을 고려하여 결정한다. 교육고용부는 정부지역사무소(Government Regional Offices)에 재정을 지원하며, 정부지역사무소는 훈련기업협의회에 훈련기업협의회의 사업계획에 근거하여 재정 지원을 한다. 이후 훈련기업협의회는 훈련기관과 사용자들에게 재정 지원한다. 이 재정은 훈련비용과 훈련생 수당을 충당하며, 수준은 지역별로 차이가 있다. 최근 연구(DfEE, 1997)에서는 사용자들의 양성훈련 분야에 대한 기여가 정부의 지원금액과 거의 같은 것으로 나타나고 있다(1995-1996년 기준 총 약 6억 3,000만 파운드).

이상에서 언급한 교육고용부에서 정부지역사무소, 훈련기업협의회에서 훈련기관으로 이어지는 재정지원의 단계를 구체적으로 살펴보면 다음과 같다.

기존의 훈련생 수와(전체 재정의 60%) 인구학적 요인에 따라 예상되는 신규 훈련생 수(40%)에 근거하여 교육고용부에서 재정이 정부지역사무소로 이관된다. 이 첫 번째 단계에서도 각 훈련생에 대해 훈련의 수준별로 자격증취득에 따라 일정한 점수가 부여되는 성과연계재정지원의 방식이 적용된다. 각 훈련기업협의회는 관할 지역의 정부지역사무소에 연간 사업계획을 제출해야 하며, 그 속에서 그들이 포괄하게 되는 훈련생의 수와 형태를 제시하여야 한다. 정부지역사무소는 개별 훈련기업협의회와 훈련실시 목표 및 소요금액을 협상하여 다음 기준에

---

97) 재정의 흐름 중 성과연계재정지원에 대해서는 5장에서 상술할 것이다.

98) 앞서도 언급한 바와 같이 현재 영국의 직업훈련담당부처는 교육기술부이나 1990년대의 정부부처는 교육고용부였다.

따라 재정을 지원한다. 각 신규훈련생에 대해 20%, 훈련 중인 각 훈련생에 대해 50%, 각 취득 자격증에 대해 30% 정도이다.

〈표4-8〉 청소년현장훈련의 점수(1999년 기준)

구 분	현대도제제도	국가훈련생제도
국가직업자격 2급	3	3
국가직업자격 3-4급	6 또는 3(이전자격증에 따라서)	적용안함

자료: CEDEFOP. (1999a). *The financing of vocational education and training in the United Kingdom.* Thessaloniki: CEDEFOP.

훈련기업협의회에서 훈련기관에 지원하는 방식은 정부와 계약한 방식과 다르게 비용협상이 이루어지는 경우가 많다. 즉 정부의 재정지원 부분에서 민간기업인 훈련기업협의회가 이윤을 가져야 하므로 정부지원보다 적은 액수를 지원하는 것이다. 그래서 훈련기업협의회는 훈련기관에 대하여 훈련의 결과나 심사와 상관없는 지원도 할 수 있다. 훈련기업협의회가 완전히 공급자와 협상하기 나름이다[99].

일부 훈련기업협의회에서는 훈련신용제도(training credit, youth credit)라고 부르는 바우처제도를 활용해 왔다. 바우처제도는 학생이나 훈련생에게 명목 가치가 100파운드 이상인 바우처를 주는 것이다. 이 바우처의 실제 가치는 각 훈련기업협의회에 의하여 훈련 규정이나 훈련기관들이 경쟁하는 시장상황에 근거하여 결정된다.

99) 이로 인한 문제점도 5장에서 상술할 것이다.

〈그림4-1〉 양성훈련 재정의 흐름

현장훈련	세금 → 국고 → 교육고용부(DfEE) → 정부 → 지역사무소 TEC	↗ 사용자 ↘ 훈련기관

자료: CEDEFOP. (1999a). *The financing of vocational education and training in the United Kingdom*. Thessaloniki: CEDEFOP에서 재정리.

(2) 질 관리

국가직업자격(NVQ)의 도입과 이에 따른 작업장에서의 평가 방식은 현장훈련의 이수생들이 자격을 취득하는 데 커다란 영향을 미쳤다. 현장훈련의 기초기술 및 기초지식과 관련한 일반 기준을 설정하기 위한 중심적인 기구는 없다. 사용자단체가 대부분 훈련 시 준수해야 할 교육과정의 내용에 대한 지침을 마련하였다. 그러나 최근에 와서는 전국훈련기구(NTO)[100]에서 현대도제제도를 위한 적정 기준을 마련하고 있으며, 이는 정부지원과 무관하게 도제훈련을 실시하고 있는 사용자에게도 영향을 미치고 있다.

전국훈련기구(NTO)는 정부로부터 관련 산업분야의 훈련수요를 진단

100) 전국훈련기구는 기업의 사용자들이 재정 지원하는 기관으로서 기업의 교육훈련에 관하여 조언하는 주도적 위치를 차지하고 있다. 전국훈련기구는 기업, 상업분야, 공공서비스를 포괄하고 있으나 경영 또는 행정 분야는 아직 포괄하고 있지 못하다. 전국훈련기구의 네트워크는 1997년 세워졌으며, 65개의 전국훈련기구가 1998년 말까지 인정되었다. 전국훈련기구는 27개 분야의 기술수요분석을 실시하고, 862개 국가직업자격(NVQ)과 스코틀랜드직업자격(SVQ)의 개발 및 유지, 모든 분야의 자격증 증진, 81개의 현대도제제도 개발 및 집행, 42개 국가훈련생제도의 개발 및 집행을 담당하고 있다. 즉, 기술자격제도, 도제제도, 뉴딜, 인적자원투자인증제도(Investor in People) 공인기준 등 관련 기준 갱신이 주 임무이며, 상공회의소와 더불어 노동시장분석도 실시하고 있다.

하고 그러한 수요에 부응할 수 있도록 책임을 지는 전략적 기구로서, 정부의 훈련 전략을 핵심 산업 차원에서 제시해 왔다. 이 기구들은 또한 산업내의 직종 기준을 정립하고 관련된 국가직업자격의 발전을 지원하는 임무도 맡고 있다. 현대도제 프로그램의 경우 훈련기관들은 자체평가서를 제출하고 훈련기업협의회에서 실시하는 훈련기관의 질에 관한 서면평가를 받는다. 또 훈련기업협의회와 훈련기준협의회(Training Standard Council: TSC)[101]의 감사를 받는다(CEDEFOP, 1997).

2. 계속훈련(기업 내 훈련)

계속훈련이란 재직자 중에 정부지원 양성훈련에 참가하고 있는 것으로 간주되는 자들을 제외한 종업원들에 대한 직업훈련이다. 계속훈련의 주요 형태 및 정부지원사업은 다음의 세 가지이다.

첫째, 기업이 종업원에게 주로 자신들의 재정을 활용하여 실시하는 훈련이다. 물론 이러한 훈련을 지원하기 위해 정부가 훈련기업협의회를 통하여 간접적인 재정지원을 하고 있다. 둘째, 기업이 소속 종업원을 교육 훈련시키되 주로 공공재정이 이용되면서 실시되는 훈련으로, 종업원들이 개인 학생 자격으로 계속교육대학에 등록하여 실시되고 있다[102]. 셋째, 개별 종업원들이 개인 자격으로 훈련기업협의회를 통하여

101) 훈련기준협의회는 정부 차원에서 훈련을 감사하는 기능을 가지고 있으며, 훈련기관의 자체평가 및 훈련기준협의회의 조사를 통해 훈련의 질 확보 방안을 개발하고 그 실행을 감독하고 있다. 약 2,000개의 훈련기관의 질을 감사하고 있으며 각 기관에 대하여 4년마다 1회 보고서를 작성한다.

102) 계속교육대학에 등록하여 실시되는 교육훈련은 일반적으로 훈련기업협의회가 아니라 계속교육재정지원협의회(Further Education Funding Councils: FEFC)에 의해 재정 지원된다. 이는 'franchising'이라는 방식을 통하여 활성화되고 있다. 계속교육대학은 사용자와 훈련 계약을 맺어 학생을 등록시키면서, 계속교육재정지원협의회로부터 재정지원을 받거나 사용자로부터 훈

정부의 재정적 지원을 받거나 계속교육재정지원협의회를 통하여 계속교육대학에 등록함으로써 공공자금을 받아 교육받는 경우이다.

다음의 〈표4-9〉는 영국 전체의 직업훈련에 관한 관련자들 간의 재정부담비율을 보여주고 있다. 정부는 양성훈련과 실업자훈련에 관하여 전적으로 책임을 지고 있으며 계속훈련에 관한 한 기업이 지출하는 훈련비용이 가장 많은 비중을 차지하고 있음을 알 수 있다.

〈표4-9〉 1997년 기준 직업훈련관련자 간 재정부담비율

단위: 백만 파운드, %

구 분	양성훈련	계속훈련	실업자훈련
중앙정부	2,286(77)	1,457(12)	700(100)
지방정부	40(1)	-(-)	-(-)
기 업	630(21)	10,600(87)	-(-)
개 인	10(-)	130(1)	-(-)
계	2,966(100)	12,197(100)	700(100)

자료: CEDEFOP. (1999a). *The financing of vocational education and training in the United Kingdom*. Thessaloniki: CEDEFOP.

한편, 1993년에 이루어진 조사에 의하면 88%의 사용자들이 종업원들에게 직업훈련을 제공하고 있다고 한다고 밝혔다(CEDEFOP, 1999a). 그러나 영국 종업원들의 다수는 체계적인 직업훈련을 받고 있지 못하고 있는 것으로 나타나고 있다. 정부통계는 1994년 말 기준 15% 미만의 근로자가 직업훈련을 받고 있음을 보여 주었다. 다른 자료에 의하면, 사용자들이 실시하는 직업훈련에 대한 투자는 생산직보다는 대학을 졸업한 이들에게 치우쳐 있다고 한다. 즉, 기업 내에서 근로자에 대한 훈련은

련비를 지급 받을 수 있다. 'franchising'의 발전으로 대학에 등록하는 성인들이 상당히 많아졌다. 1996-97년까지 'franchising' 과정의 전체 학생 수는 FEFC 전체 학생의 19%인 70만 명으로 증가했으며, 계속교육재정지원협의회 재정의 약 10%가 이 'franchising' 과정에 소모되었다(DfEE, 1999c).

양적으로는 많이 이루어지고 있으나 훈련의 내용은 고학력이면서도 기존에 훈련을 많이 받았던 이들을 중심으로 이루어지고 있는 것이다 (Clough, 1996).

1997년 교육고용부가 발표한 녹서(green paper)인 '학습의 시대(The Learning Age)'에 따르면, 1993년 기준(종합적 수치를 보여주는 가장 최근의 자료임) 종업원 25인 이상 기업의 82%가 최근 1년간 일정한 집체훈련을 실시하였다고 답하였는데 그 숫자는 해당기업 종업원의 불과 1/2 미만에 한하여 실시된 것이라고 한다. 또한 상대적으로 청년층이 고령층보다, 전문직이 단순직종보다 더 많은 직무관련훈련을 받고 있다. 또한 자격증을 이미 보유하고 있는 종업원들이 없는 종업원보다 더 많이 직업훈련을 받았고 대기업들이 소규모 기업들보다 더 많은 직업훈련을 실시하고 있다. 다음의 〈표4-10〉은 영국이 경쟁국들과 비교하여 기업의 교육훈련 수준이 낮음을 보여주고 있다.

〈표4-10〉 기업의 종업원 교육훈련(의견조사결과)에 대한 국제 비교

구 분	영 국	한 국	일 본	독 일	프랑스
1999년	22위	29위	4위	8위	19위
2001년	34위	27위	5위	8위	26위

자료: IMD. *The World Competitiveness Yearbook*. 각 년도.

사용자가 재정 지원하는 계속훈련은 1995년 영국기업연맹 집계에 따르면 생산 손실까지 포함할 때 약 80억 파운드에 달하였다. 사용자들의 종업원 1인당 평균 계속훈련 비용은 기업의 규모가 클수록 감소하는 편이었다. 사무직 관련 기업일수록 종업원당 훈련비용이 높았고, 건설업은 훈련생당 훈련비용이 가장 높게 나타나는 경향을 보였다.

훈련기업협의회에서는 소규모기업 기술지원사업(skills for small

business), 소규모기업훈련비대부(small firm training loans), 지역경쟁력강화예산(local competitiveness budget)과 같은 프로그램을 통하여 기업의 직업훈련을 지원하고 있다.

3. 실업자훈련

1) 취업훈련(TfW)과 성인현장훈련(WBTA)

실업자훈련이라 함은 19세 이상의 실업자에 대한 훈련을 말한다[103]. 1998년까지 실업자훈련은 취업훈련(TfW: Training for Work), 즉 63세까지의 실업자 중 6개월 이상의 실업자들에 대한 훈련을 말하였다. 취업훈련은 실업자의 개별 직업능력에 근거하여 진로지도, 훈련, 자격증, 취업경험 과정 등을 시행하는 것으로, 장기 실업자에 대한 취업을 목표로 하였다.

실업자에 대한 훈련과 프로그램은 구직자수당[104]과 밀접한 관련이 있다. 구직자수당은 근로가 가능한 사람에게만 통상 지원되는 것이므로, 교육훈련을 받을 경우에는 구직자수당 수혜자와 마찬가지로 1주 16시간 이상의 직업훈련에 참여해야 한다.

그런데 근로복지 프로그램인 뉴딜[105]이 도입되면서 실업자훈련은 상당한 변화를 겪게 되었다. 1998년 뉴딜이 도입되면서 18-24세의 연령층에게 실업자훈련 이외에 청소년 뉴딜이 적용되기 시작하였고, 25-63

103) 16-18세의 실업자에 대한 훈련은 청소년의 양성훈련에 해당한다.

104) 구직자수당은 19세 이상 연령층에 대하여 주어지고 있다. 그러므로 19세 미만의 실업자는 청소년 양성훈련을 받는 경우 주어지는 훈련수당 이외에 노동시장에서 탈락한 경우 주어지는 정부의 보조는 전혀 없다. 청소년은 노동을 위한 복지의 대상임을 알 수 있다.

105) 뉴딜에 대해서도 후술할 것이다.

세 중 2년 이상의 실업자에 대해서도 뉴딜이 적용되기 시작하였다. 이에 따라 기존의 실업자훈련은 성인현장훈련(Work Based Training for Adults: WBTA)으로 변화하였다.

〈표4-11〉 실업자훈련의 변천과정(1972년-현재)

명 칭	기 간
훈련기회계획(Training Opportunities Scheme)	1972. 8-1985. 7
특별임시고용프로그램 (Special Temporary Employment Programme)	1979. 4-1981. 3
공동체프로그램(Community Programme)	1982. 4-1988. 9
자원프로그램(Voluntary Projects Programme)	1982. 8-1988. 9
직업훈련계획(Job Training Scheme)	1985. 7-1985. 9
기획프로그램(Wider Opportunities Programme)	1985. 7-1988. 9
신직업훈련계획(New Job Training Scheme)	1986. 11-1988. 9
고용훈련(Employment Training)	1988. 9-1993. 3
고기술훈련(High Technology Training)	-1983. 3
고용활동(Employment Action)	1991. 10-1993. 3
취업학습(Learning at Work)	1992. 9-1993. 8
취업훈련(Training for Work)	1993. 3-1997. 3
성인현장훈련(Work Based Training for Adults) (성인현장학습, Work Based Learning for Adults)	1998. 3-

자료: DfEE. (1999b). *TEC/CCTE Licence and Contract Document*. Sheffield: DfEE.

실업자훈련은 잉글랜드에서는 훈련기업협의회와 합병한 상공회의소(CCTE: Chambers of Commerce, Training and Enterprise)가 각 훈련기관과 계약하여 행해지고 있으며, 지역의 수요에 맞춘 맞춤 형태의 훈련 등이 가능하다.

1999/00년 기준 성인현장훈련생들의 구성을 분석한 결과는 〈표4-12〉

에 나타나 있다. 훈련생 중 남성들이 전체의 68%를 차지하고 있으며, 25-49세의 훈련생이 전체의 65%를 차지하고 있다. 실업기간은 6-12개월 정도가 가장 많았다. 훈련기간은 훈련생의 수요에 따라 다양하나 평균 훈련기간은 18주 정도였다(〈표4-13〉).

〈표4-12〉 잉글랜드와 웨일즈지역의 성인현장훈련 훈련생 구성(1999/00년도 기준)

단위: %

구분		%
성 별	남	68
	여	32
연령별	18-24세	23
	25-49세	65
	50-59세	12
실업기간	1-5개월	22
	6-12개월	28
	13-23개월	19
	24-35개월	11
	36개월 이상	20

자료: DfEE. (1999a). *Education and Training Statistics fore the United Kingdom*. Sheffield: DfEE.

〈표4-13〉 성인현장훈련의 예산과 성과

구 분	1997-98년	1998-99년	1999-00년
예산(백만 파운드)	382	340	331
시작 수(천 명)	184.7	120	116.0
취업자 수(천 명)	46	46	43.3
취업에 소요된 비용 (훈련비 및 수당, 파운드)	4,155	6,214	6,529
훈련기간(주)	13	19	18
NVQ 취득비율(%)	32	35	35.1

자료: DfEE. (1999a). *Education and Training Statistics fore the United Kingdom*. Sheffield: DfEE.

2) 재정 지원과 질 관리

(1) 재정 지원

실업자훈련은 양성훈련과 비슷한 방식으로 재정지원이 이루어진다. 교육고용부는 양성훈련과 같이 정부지역사무소에 재정을 지원하고, 이들은 훈련기업협의회에, 훈련기업협의회는 훈련기관에 재정을 전달하는 것이 일반적이다. 뉴딜이 도입되기 이전에 실업자훈련재정은 교육고용부로부터 정부지역사무소를 거쳐 훈련기업협의회로 전달되는 한 가지 경로만 있었다. 하지만 뉴딜의 도입으로 고용청(Employment Service)[106]과 지역의 기구들이 개입하는 새로운 재정전달방식이 도입되었다. 뉴딜프로그램을 담당하는 지역의 기구들은 정부지역사무소와 훈련기업협의회의 관계처럼 사업계획을 협상하는 방법으로 고용청에 재정지원을 위한 입찰을 한다. 지역의 기구들은 훈련기관에 재정을 지원하며, 이는 기존의 훈련기업협의회가 단독으로 재정지원을 하던 지역에 상당한 변화를 초래하였다. 이에 따라 일부 훈련기관들은 훈련기업협의회와 계약하여 실업자훈련을 실시할 것인지, 아니면 지역의 기구와 계약하여

---

106) 고용청은 1987년에 기존의 취업센터(job centre)와 실업급여서비스(Unemployment Benefit Services)를 통합하여 설립되었다. 현재의 고용청은 실업자들의 취업 지도 및 알선과 구직자 수당을 관리하고 있다. 고용청은 8개의 지방사무소 아래 1,000개의 지역 취업센터(job centre)를 보유하고 있으며 취업 센터에서는 사업관리자(Business Manager) 1인과 규모에 따라 10명에서 100명 가량의 직원이 일하고 있다. 취업센터는 구직자 수당의 지급과 직업지도 및 상담 프로그램을 제공하며, 실업자들이 구직자 수당을 자신의 취업복귀를 위해 효과적으로 활용할 수 있도록 도와주는 기능을 수행한다. 취업센터를 통한 고용청의 대표적 사업이 실업자를 대상으로 하는 뉴딜 프로그램이다. 고용청은 2001년 6월까지는 교육고용부 산하의 집행기관이었으나 6월 정부개편 이후 새로 발족한 근로연금부(Department for Work, Family and Pensions)로 이관되었다.

뉴딜프로그램을 실시할 것인지, 또는 둘 다 실시할 것인지 선택하기도 한다.

(2) 질 관리

영국의 실업자훈련은 성과연계재정지원(output-related funding: ORF) 방식을 도입하고 있는 것이 특징이다. 성과연계재정지원이란 미리 측정 가능한 성취 목표를 설정하고 그 실적(〈표4-14〉의 점수 참조)에 따라 차등적으로 직업훈련 비용을 지원하는 방식을 말한다(Felstead, 1998). 이로 인하여 훈련기업협의회가 지원하는 훈련은 국가직업자격 취득, 전일제 취업 여부 등 요소별 실적당 비용, 수료생 100명 중 취업한 사람의 수, 수료생 100명 중 자격증취득자의 수와 같은 기준에 따라 평가된다. 성과수준에 따라 비례적으로 재정을 지원함에 따라 훈련기관은 훈련 성과를 효과적으로 관리하고 훈련비용 지원 시기를 앞당기기 위해 서로 경쟁하는 체제로 전환하였다. 이러한 실업자훈련의 수료생의 취업률은 성과연계재정지원이 도입되기 직전 31%(1991-92년도)에서 45%(1996-97년도)로 증가하여 재정지원방식이 일정부분 성공적임을 보여주고 있다(DfEE, 1999c).

〈표4-14〉 성인현장훈련(WBTA)의 점수

성 과	점 수
국가직업자격 1-2 등급	2
국가직업자격 3-4 등급	4
취 업	4

자료: CEDEFOP. (1999a). *The financing of vocational education and training in the United Kingdom*. Thessaloniki: CEDEFOP.

다음의 〈표4-15〉에서 보이는 것처럼 훈련 종료 후 6개월 시점에서는 훈련수료생들의 취업률은 약 45%에 달하고 있다.

〈표4-15〉 잉글랜드와 웨일즈지역 성인현장훈련 수료생의 상태

단위: %

조사일	훈련종료일	취 업	긍정적 결과(취업, 전일제훈련 진입 또는 기타 정부재정훈련 진입)	실 업
1998년 1월	1997년 7월	45	51	43
2월	8월	46	51	42
3월	9월	46	52	42
4월	10월	46	49	45
5월	11월	45	48	46
6월	12월	44	47	45

자료: DfEE. (1999a). *Education and Training Statistics fore the United Kingdom*. Sheffield: DfEE.

제3절 직업훈련 관련 정책

이 절에서는 실업자와 노동시장 취약계층을 정책대상으로 하면서 직업훈련을 부분적으로 포함하고 있는 프로그램으로서 뉴딜과 직업훈련 지원정책에 대하여 살펴보기로 한다.

1. 뉴딜(New Deal)

뉴딜은 블레어정부가 강조하는 노동을 위한 복지의 대표적인 프로그램으로 민영화된 기업들로부터 징수한 초과이윤세(Windfall Tax)107)를 재원으로 하고 있다. 1998-99년 기간의 뉴딜 프로그램의 종류 및 예산은 다음과 같다.

〈표4-16〉 뉴딜의 종류 및 예산(1998-1999년)

단위: 백만 파운드

뉴딜사업의 종류	금 액
18-24세의 6개월 실업자를 위한 청소년 뉴딜	499.5
25세 이상 2년이 넘은 실업자를 위한 뉴딜	114.0
한부모 뉴딜	17.5
장애인 뉴딜	3.0
합 계	634

자료: CEDEFOP. (1999a). *The financing of vocational education and training in the United Kingdom*. Thessaloniki: CEDEFOP.

뉴딜의 목표는 실업자들과 즉각적인 지원이 필요한 이들을 도와서 이들의 신속한 취업을 촉진하며, 발전된 기술, 취업 가능성, 직업전망이라는 측면에서 최대한 이점을 가질 수 있도록 지원하는 것이다.

앞서 살펴본 양성훈련이나 실업자훈련은 훈련기업협의회가 담당하였지만 뉴딜은 고용청이 주관하고 지역에서는 취업센터(Job Centre)가 담당한다. 고용청은 실업자들의 구직활동지원, 적절한 교육훈련과정을 소개하며, 사용자들에게 실업자들의 고용을 촉진시키는 역할을 담당하

107) 초과이윤세란 국영기업의 민영화로 큰 이익을 본 기업들에 부과하는 일종의 특별세로 British Telecom이나 공항관리운영회사인 BAA, 그 외의 전기 및 가스회사들이 과세대상 기업이다.

고 있다. 또한, 구직자헌장(Jobseeker's Charter)의 실천을 담당하고 있는데, 실업급여(unemployment benefit)와 실업부조(Income Support)제를 통합한 구직자수당의 지급 및 관리를 담당하고 있다. 구직자수당을 받는 이들은 근로가 가능해야 하며, 직업을 적극적으로 찾아야 하며, 구직해야 한다는 구직자약정에 동의해야 한다.

뉴딜은 1998년 4월부터 시작하였으며, 처음에는 6개월 이상 실업상태인 18-24세의 청소년이면서 구직자수당의 대상으로 하였으나 1998년 6월부터는 대상이 확대되어 25세 이상인 2년 이상 장기실업자도 포함하고 있다. 한부모(single parents)를 대상으로 하는 뉴딜도 1998년 10월부터 시작되었다.

실업자가 뉴딜로 편입하게 되면, 취업센터에서 뉴딜의 개인상담원을 만나서 인터뷰하게 된다. 인터뷰 후 구직자와 개인상담원 간 무엇을 성취할 수 있을지 결정하여 개인별 실행계획(Individual Action Plan)을 만들고, 구직을 위한 다음 단계를 결정한다. 개인상담원이 참여자가 뉴딜에 참여하는 전 기간 동안 전담하여 상담하게 된다. 뉴딜은 집중적인 지원 및 상담기간인 집중기간(Gateway)이 있다. 이 집중기간 동안 취업, 창업 등에 관한 모든 상담을 받게 된다. 개인상담원의 임무는 구직에 관한 상담을 하고, 다른 기관에 적절한 상담원이 있는 경우 추천하는 것도 임무이다. 집중기간 중에는 구직자수당을 받을 수 있으며, 인터뷰비용과 같은 직업탐색비용도 받을 수 있다. 4개월간 구직이 되지 않을 경우 개인상담원은 뉴딜의 4가지 사업 중 하나를 선택하도록 도와준다.

사입내용은 다음과 같다[108].

첫째, 훈련과 병행한 취업이다. 취업 시 참여자는 임금을 받을 수 있을 것이며, 기업주는 이에 대한 보조금으로 6개월간(26주간) 18-24세

108) *New Deal Handbook 2000.*
Available: http://www.uuy.org.uk/projects/handbook/newdeal/nd2000/html.

의 경우 1주당 60파운드, 25세 이상의 경우 1주당 75파운드(시간제의 경우는 50파운드)를 지원받고, 적어도 1주당 1일에 해당하는 훈련에 대한 비용으로 750파운드를 지원받게 된다.

둘째, 창업을 원할 경우 실제적인 상담을 받게 되고 충분히 검토할 시간을 갖게 된다. 또한, 창업에 필요한 훈련 및 재정적지원도 얻을 수 있다. 구직자수당에 준하는 수당을 받게 되며, 6개월간(26주 동안) 400파운드를 주급으로 보조금을 받게 된다.

셋째, 6개월까지 지역의 자원단체나 환경단체에서 근무경험 및 훈련을 받는다. 1주당 1일에 해당하는 관련자격을 위한 훈련도 병행하여 실시된다. 참여자는 임금 또는 구직자수당에 준하는 수당과 6개월간(26주간) 400파운드를 주급으로 보조금을 지급받게 된다.

넷째, 관련자격을 취득할 수 있는 전일제 교육훈련이다. 구직자수당을 받는 기간 동안 이수하게 되며, 대부분 프로그램은 단기과정이며, 1년까지만 가능하다. 이 방법은 국가직업자격(NVQ) 2급의 자격증이 없는 이들에 해당한다. 이 사업의 참여자들은 그들의 구직자수당에 해당하는 수당을 받게 된다. 교재나 다른 재료의 비용은 취업센터의 개인상담원이 검토하여 수당에 포함한다. 뉴딜의 수당은 기존의 다른 수당의 수급자격에 영향을 미치지 않는다.

뉴딜 참여자의 프로그램 마지막 달에는 참여자의 다음 단계를 검토하게 된다. 취업이나 다른 프로그램으로 진입하지 않는 경우 구직자수당을 다시 받을 수도 있다. 취업 등의 이유로 뉴딜을 떠난 참여자도 3개월 이내에 취업이 지속되지 않을 경우 구직자수당을 요구할 수 있으며, 교육훈련과정을 모두 마친 참여자 또한 구직자수당을 요구할 수 있다.

다음의 〈그림4-2〉는 이상의 뉴딜의 내용 및 사업, 단계를 도표화해 놓은 것이다.

〈그림4-2〉 뉴딜의 단계

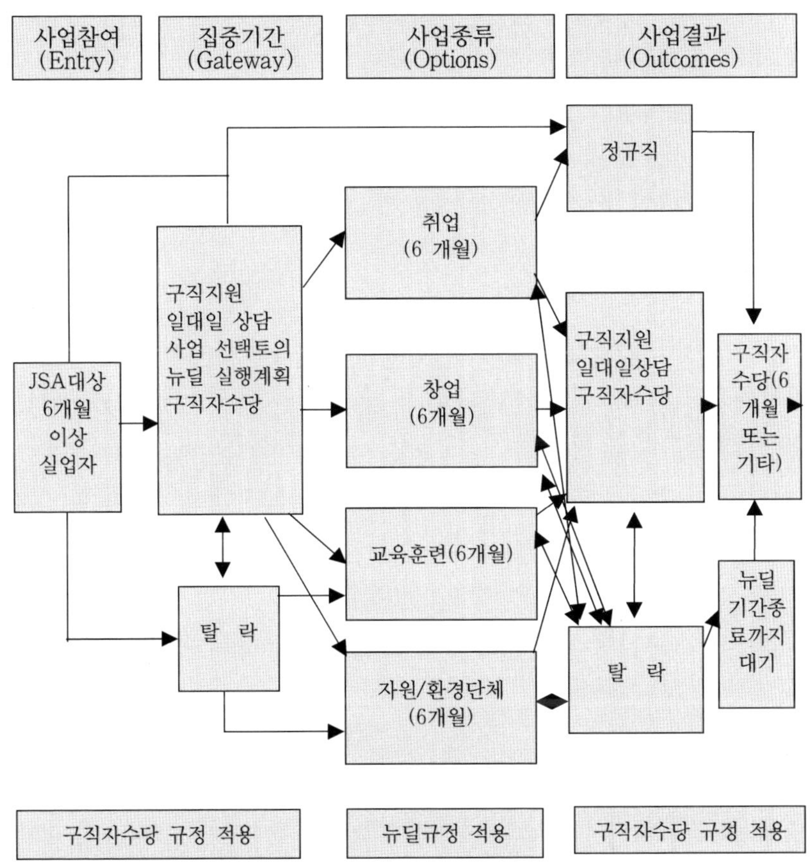

자료: Lodemel and Trickey. (2000). '*An Offer You Can't Refuse': Workfare in International Perspective*. Bristol: The Policy Press at the University of Bristol.

2. 지원정책

영국은 기업체의 교육훈련에 대해서는 원칙적으로 기업자율에 맡기고 있기 때문에 기업체에 대한 훈련경비의 직접적인 지원은 하지 않고 있다. 다만 기업의 교육훈련을 장려하기 위하여 직업훈련 비용에 관한 각종 세제혜택을 지원하고 있고, 중소기업의 경우에만 제한적으로 소규모기업 기술지원사업(Skills for Small Business), 소기업훈련비대부(Small Firms Training Loans), 지역경쟁력강화예산(local competitiveness budget) 등의 프로그램으로 직업훈련을 지원해 주고 있다. 또한 개인차원에서 교육훈련에 참여할 수 있는 재정지원방안을 제시하고 있다.

그러나 이러한 간접적인 지원방식은 정부의 부담을 줄이는 방안은 되지만 실제 국가 전체의 숙련수준을 높이는 데 도움이 되는지, 또는 취약계층의 직업훈련 참여를 높이는 데 도움이 되는지에 대해서는 의문이다[109]

1) 기업 대상

(1) 소규모기업 기술지원사업(Skills for Small Business)

근로자 50인 미만의 기업에서, 기업 내에서 훈련을 주도할 수 있는 1-2인의 근로자를 훈련하고자 할 때 지원하는 프로그램이다. 이는 훈련교사에 대한 훈련 방안으로서 1995년부터 실시되었고, 1996/97년의 지출은 2,500만 파운드였다.

---

109) 후에 상술할 것이지만 논자가 면담한 영국 노동조합회의의 직업훈련 전문가는 정부가 기업의 직업훈련에 관하여 강제해야 한다는 입장을 취하고 있다. 즉, 기업이 부담하는 직업훈련분담금 제도가 도입되어야 한다는 것이다. 영국노동조합회의도 지속적으로 기업의 훈련과 관련한 세금면제와 과세를 도입할 것을 주장하고 있다. 정부가 기업의 직업훈련을 고취하기 위한 직업훈련분담금(training levies)의 도입을 검토하고 있다는 언론보도(Financial Times, 2000. 8. 28)도 있으며, 직업훈련전문가들의 정책세미나에서도 직업훈련분담금제도에 대한 제안은 지속되고 있다(IPPR 세미나, 2001. 2).

(2) 소규모기업 훈련비대부(Small Firms Training Loans)

근로자 50인 미만 기업의 근로자개발을 지원하는 프로그램으로 1994년부터 시행되었다. 경력개발대부(Career Development Loan)와 유사한 프로그램으로 영국의 주요 은행에서 500-25,000 파운드의 대부금을 훈련을 실시하고자 하는 기업에 대부해 주는 것이며, 이자는 교육고용부에서 부담하고 있다. 대부 금액에 따라 6개월에서 12개월까지 대부가 가능하다.

(3) 지역경쟁력강화예산(Local Competitiveness budget)

기업의 학습, 훈련 및 개발에 대한 효과적인 투자 증진을 목적으로 1997년에 도입되었다. 이 방안의 목적은 첫째, 인적자원투자인증제도 기준의 달성을 촉진하고자 하는 것이며, 둘째, 50인 미만을 고용한 기업의 기술력을 향상시키고, 셋째, 특히 경영부문의 고위직의 숙련을 향상시키고, 훈련이 가치 있는 것임을 사용자와 개인들에게 인식시키고자 하는 것이다. 이 지역경쟁력강화예산은 정부 부처 간에 분리되어 운영되던 종전의 사업들을 통합한 것이다. 정부지역사무소는 이 사업을 실시하기 위해 각 지역의 훈련기업협의회와 협상한다. 그 다음 훈련기업협의회는 이 예산을 활용하여 지역경제발전을 촉진한다. 이 예산의 지원금은 보통 사용자의 투자재원과 결합되어 쓰이는 데 그 결합비율은 각 훈련기업협의회마다 다르다.

(4) 훈련기업협의회 전략 예산(The TEC Strategic Budget)

훈련기업협의회 전략 예산은 이전에는 훈련기업협의회의 운영비용이었으며, 훈련기업협의회에서 지역경제발전을 위해 전략적인 역할을 하는 용도로 이용되었다. 이를 위해 1998/99년에는 9,300만 파운드의 예산이 책정되었다.

(5) 인적자원투자인증제도(IiP)

1991년에 시작된 인적자원투자인증제도는 근로자에 대한 훈련에 투자하는 기업을 인증해 주는 방안이다. 사용자는 자신들의 훈련・개발에 대한 투자를 평가하여 훈련이 생산성 향상에 미친 영향을 측정한다. 사용자들은 기업 규모별로 상이한 평가 비용을 지불하게 되는데, 훈련기업협의회를 통해 그에 상응하는 재정지원금을 이용할 수 있다. 1998년 11월 말까지 인증을 받은 기업은 11,500개였다.

인적자원투자인증제도는 다음과 같은 4가지 국가표준에 기반하고 있다.

① 경영목표달성을 위하여 조직원의 인적자원개발에 최선을 다하겠다는 최고경영진의 의지

② 근로자들의 훈련과 개발에 대한 체계적 계획

③ 채용과정이나 근무과정에서 개인들을 훈련시키는 작업

④ 지속적인 개선을 위하여 훈련과 개발과정의 성과에 대한 평가

2) 개인 대상

(1) 교육훈련휴가권(Right to time off for study or training)

1999년 9월부터 고등교육법(Teaching and Higher Education Act 1998)과 고용법 개정을 통하여 16~17세의 청소년 중 아직 일정한 교육/훈련 수준(자격수준 2등급)을 성취하지 못한 이들에게 평상시 근무

시간에 1주 1일 이상의 학습휴가를 실시하고 있다.

(2) 개인학습계좌(Individual Learning Account: ILA)

훈련기업협의회가 제공하는 150만 파운드를 이용하여 2002년까지 백만 명을 대상으로 1인당 150파운드를 제공할 예정이다. 현재 일자리를 가지고 있는 모든 사람이 이 계좌제도에 참가할 수 있지만, 취약계층에 우선권을 부여할 것이라고 하고 있다. 개인학습계좌를 가진 성인은 누구나 교육훈련수강 시 20%의 할인을 받을 수 있으며, 특별한 경우에는 80%까지도 할인받을 수 있다. 이 할인 액은 개인당 1년에 500파운드까지 가능하게 되었다. 고용주도 개인학습계좌사업을 지원할 경우, 면세혜택을 받게 된다. 저임금을 받는 노동자가 이 계좌를 개설할 경우 소득세나 사회보장세가 면제되는데, 이에 따른 재원은 국세청이 지원하게 된다. 그러나 이 사업에 대한 비판도 제기되고 있다. 계좌에 먼저 가입해야만 재정지원을 받을 수 있으므로 실제 교육훈련을 절실히 필요로 하는 취약계층의 참여가 제고될 것인가가 문제이다.

(3) 경력개발대부(Career Development Loans: CDL)

경력개발대부사업은 국민들에게 직업훈련비용을 대부함으로써 스스로 경력을 개발하도록 격려하기 위한 제도이다. 이들은 4개의 주요 시중은행에서 대부를 받을 수 있으며, 1998년 7월부터는 영국전역에서 대부가 가능하게 되었다. 이 사업이 시행된 이래 1998년 9월 말까지, 약 336만 파운드가 105,000 명에게 대부되었다. 1998년 9월 30일까지 12개월 동안 진행된 사업은 훈련생의 82%가 교육과정을 수료하였고 이 중 71%의 훈련생이 훈련이 끝난 즉시 취업한 것으로 매우 높게 나타났다.

(4) 진로서비스(Careers Service) 이용

교육고용부는 청소년을 위한 고용과 진로지도를 위하여 전국 10개의 권역별로 6~7개의 진로 서비스 지방사무소를 설치하고 있다. 현재 영국 전역에는 66개의 진로 서비스 지방사무소가 설치되어 있고, 각 지방사무소는 교육고용부 장관과의 사업 계약을 통해 민간 부문의 진로 상담 및 교육상담회사 등에 의해 위탁·운영되고 있다. 각 지방사무소는 5~6개의 지역진로서비스센터를 운영하고 있어 전국적으로 약 350여 개의 지역진로센터(local career center)를 통해 청소년들의 진로지도를 지원하고 있다.

1998년 1월 이후 진로 서비스 사업은 의무교육이 끝나는 시점에 있는 모든 청년들에게 학습카드(Learning Card)를 발급하고 있다. 이것은 청년들이 학교를 떠난 후에도 계속 학습의 기회가 있음을 환기시켜 주기 위한 것이다.

한편, 2001년 4월부터는 13~19세의 연령층에게 이전의 진로서비스의 업무가 연계 서비스(Connexions Service)체제로 발전되었다. 이 서비스는 의무교육에서 16세 이후의 교육으로의 전환을 도와주는 기능을 한다. 연계 서비스는 13세~19세 연령층의 청소년에게 진로 정보제공 및 지도를 위하여 학교와 대학 등 다양한 기관이 참여함으로써 개별 상담원의 네트워크를 통해 이루어진다. 종전에는 진로 서비스, 청소년 서비스(Youth Service)가 각기 독립적으로 추진되어 왔으나, 이제는 통합적으로 운영되게 되었다.

(5) 산업대학(UfI: University for Industry)

산업대학은 일반 국민에게 학습에 관한 정보 및 학습과정을 제공해 주는 학습정보망으로서 개인과 기업이 온라인상으로 집 또는 일터, 쇼

핑센터, 스포츠클럽 등에 있는 산업대학의 학습센터를 통해서 모든 학습 관련 서비스를 한 곳(one-stop)에서 제공받는 형태의 대학이다. 산업대학은 현재 전국적으로 약 68개의 학습센터(Learndirect)를 가지고 있으며 이를 거점으로 학습에 대한 정보제공 및 상담을 실시하고 있다. 학습과정으로는 문해와 같은 기본적인 과정에서부터 전문화된 기술 및 사업관리까지 포괄하고 있다.

산업대학의 발전 계획에 따르면, 2002년까지는 연간 250만 명에게 학습정보를 제공하는 것을 목표로 하고 있으며, 2004년까지는 연간 백만 개의 학습과정과 학습패키지를 제공하는 것을 목표로 하고 있다. 산업대학은 교육고용부가 대주주이기는 하나 기업, 노동조합, 자원단체 등이 공동으로 운영하는 주식회사 형태의 조직이다.

산업대학은 상담을 원하는 개인에게 어떠한 학습과정이 적절한지, 그 과정이 전일제인지 시간제인지 등 개인의 요구사항에 맞는 학습과정을 제시해 주고 있다. 또한 산업대학은 개인에게 시디롬 형태의 학습물을 보내 주거나, 지역 계속교육칼리지와 계약을 맺어 야간반 학습과정이나 쌍방향 텔레비전 프로그램 방송을 제공해 준다.

학습센터는 산업대학과 연계되어 있는데 대부분의 개인들이 접근하기 쉬운 기업, 도서관, 쇼핑센터, 축구경기장 등에 위치해 있다. 이 서비스는 24시간 무료로 운영되어 학습자에게 평생학습에 관한 상담 및 학습과정과 방법에 관한 정보를 제공해 주는 전국적인 온라인 및 전화 서비스이다. 전화상담 서비스는 고용주에게 자격제도와 피고용자의 훈련 및 개발에 관한 조언 및 정보를 제공하고, 전문상담원을 배치함으로써 영리 목적에 치우치지 않고 최신의 질 높고 정확한 학습 정보를 학습자에게 제공하고 있다.

(6) 국가성취기록부(National Record of Achievement/Progress File)

1991년부터 시작된 국가성취기록부는 청소년과 성인들이 자신의 성취를 기록하고, 훈련과 학습계획을 관리하는 것을 도와준다. 국가성취기록부에 기록되는 내용은 다음과 같다. 첫째, 개인의 교육훈련 이력, 둘째, 국가성취기록에 요약될 내용에 대한 자신의 견해, 셋째, 자격증 관련, 넷째, 능력과 경력, 다섯째, 고용경력, 여섯째, 개인의 미래에 대한 활동계획, 일곱째, 학교성적, 여덟째, 출석률 등이다.

제4절 소 결

이상과 같이 직업훈련정책의 정책기조와 현재의 정책에 대해 살펴보았다. 1990년대의 직업훈련의 정책은 과거정책의 특징인 시장중심성이 더욱 강화된 것으로 나타나고 있다. 정부는 역사적으로 기업의 직업훈련에 대하여 개입하지 못하였으며 현재에도 취약계층인 청소년과 실업자에 대한 직업훈련에만 개입하고 있다. 기업에 대한 국가적 수준의 직업훈련분담금도 없고, 기업들은 종업원을 훈련시켜야 한다는 의무도 없다(물론 2급 수준의 자격증이 없는 청년층 노동자에 대한 유급훈련휴가에 대한 약한 강제조항은 있으나). 성인계층의 종업원들에 대한 직업훈련에 대한 법적 부담(statutory entitlements)이 전혀 없는 것이다. 기업들은 매년 막대한 비용을 교육훈련에 투자하고는 있다. 그러나 노동자들의 높은 이직률과 노동의 이동성 때문에 일반적 기술에는 투자하지 않고 있다.

정부는 기업의 직업훈련을 제고하기 위해서 기업에 대한 간접적인 재정지원방식만 도입하고 있다. 상기하였듯이 아주 다양한 개인과 기업에 대한 지원방식을 마련해 놓고 있고 있으나 실제로 국가가 필요한 수준의 인력을 창출하는지에 대한 의문은 남아 있다. 블레어 정부가 직업훈련부문의 경쟁보다는 협력(collaboration), 지역계획 수립 시 파트너십을 강조하고는 있으나 기본적으로는 시장의 힘에 의존한다는 문제가 있는 것이다. 노동시장에 대한 약한 규제와 노동이동성의 높은 비율은 사용자들로 하여금 직업훈련에 대한 인센티브를 제고하거나 개인들로 하여금 직업훈련에 투자할 인센티브를 제공하고 있지 못하고 있다.

제5장 정책의 집행기구 및 운영방식

앞 장에서는 직업훈련정책의 내용을 살펴보았다. 이 장에서는 정책이 어떻게 실제 수요자들에게 전달되고 있는지 정책의 집행단계를 검토해 볼 것이다. 정책이 시장중심적으로 마련되는 것과 마찬가지로 정책의 집행 또한 시장원칙(market principle)에 입각하고 있다. 이 틀에서 정부는 직업훈련에 관련된 정책 및 공공재정의 분배기준을 설정하고 평가를 담당하게 되며, 구체적인 정책집행은 민간부문이 담당하게 된다. 또한 정부의 직업훈련 관련 공공재정은 성과를 강조하는 성과연계재정지원방식으로 분배되고 있다. 이 장에서는 주로 정부와 훈련기업협의회, 운영방식을 중심으로 정책집행단계를 설명하도록 한다.

제1절 정부의 역할

1. 교육고용부와 정부지역사무소

직업훈련을 담당하는 현재의 중앙정부는 2001년에 발족한 교육기술부(Department for Education and Skills: DfES)이다. 그러나 블레어정부 1기의 직업훈련 담당 중앙정부는 교육고용부(Department for Education and Employment: DFEE)였으므로 이를 중심으로 분석하도록 한다. 교육고용부는 1995년 메이저정부시기에 직업교육 담당부처였던 교육부와 직업훈련 담당부처였던 고용부가 합쳐지면서 발족하였다.

교육고용부가 발족하기 이전 직업교육 담당부처는 교육과학부(1964-

1992), 교육부(1992-1995)였으며, 직업훈련 담당부처는 산업훈련위원회(1964-1973), 인력관리위원회(1973-1988)[110], 고용부(1988-1995)였다. 당시 직업교육 및 훈련, 고용이 같은 부처인 교육고용부의 업무가 된 것은 실업자와 청소년의 실업을 해소하기 위하여 교육을 보다 고용과 연관시키고자 하는 의지 때문이었다. 과거 고용부의 업무 중 고급노동력에 관한 정책과 사업, 노동시장의 유연성 확보 및 효율화에 관한 정책, 청・장년층 직업훈련, 여성정책 등의 업무는 교육고용부에서 계속 담당하고, 산업정책, 임금 및 노동허가 등의 업무는 통상산업부로 이관되었다.

교육고용부의 본부에는 7실의 행정부서가 있으며, 고용청(Employment Service), 교원연금기관(Teachers' Pensions Agency), 교원훈련기관(Teachers' Training Agency) 등 3개의 책임 집행기관[111]이 있다. 고용청 산하에 1,000여 개의 취업센터(Job Centre)를 통해 직업안정서비스가 제공되고 있다(〈그림5-1〉 참조).

그러나 고육고용부 조직체계는 사회보장부에서 담당하는 사회보장정책과 노동정책과의 연계를 미흡하게 처리하고 있다는 문제가 제기되어 왔다. 즉 평생학습의 기본취지 아래 단행된 교육부와 고용부의 통합이 기능적인 측면만이 강조되어 실질적인 복지증진을 위한 사회보장제도와 노동정책 간의 괴리를 가져왔다는 것이다. 이러한 관점에서 블레어 집권 이후에는 교육고용부가 개편될 것이라는 관측도 제시된 바 있다[112].

110) 정확히 말한다면 산업훈련위원회와 인력관리위원회는 정부부처가 아니었다.

111) 중앙정부조직은 그 수행하는 기능의 성격에 따라 3종류로 구분된다. 즉 장관이 내각 구성원인 중앙부처, 비부처공공기구(Non-departmental public bodies), 그리고 각 부처에 소속하고 있지만 조직상 부처로부터 완전 독립되고 인사, 예산 등에 있어서 자율성을 가지고 운영되는 책임 집행기관(executive agency)이 있다.

112) 그러나 블레어정부 1기에는 교육고용부는 그대로 유지되었다. 이에 대하여 블레어총리가 배려하고자 했던 인물을 내각장관으로 만들기 위해서는 큰 부처에서만 내각장관이 나와야 했기 때문에 교육고용부가 지속되었다는 해석이 있다. 영국의 장관급은 우리나라와 달리 복잡하게 되어 있다. 수상(prime minister) 바로 아래에 내각의 구성원인 내각장관(cabinet

〈그림5-1〉 교육고용부 조직도

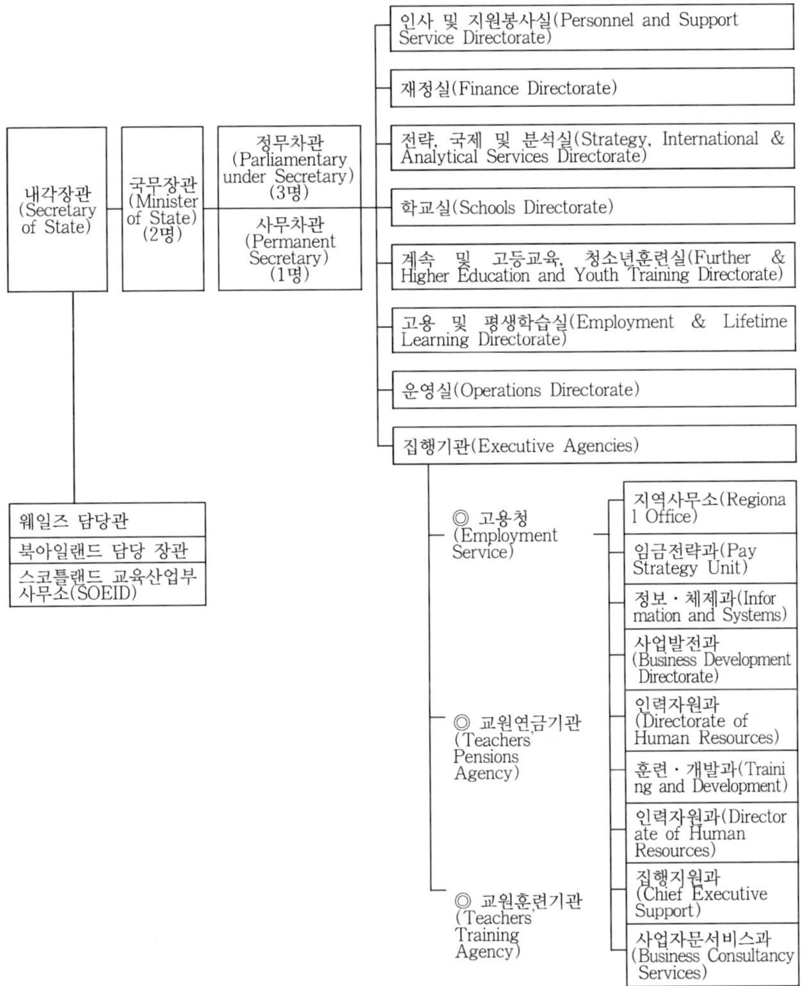

자료: 박재희. (1997). 「영국의 중앙정부조직」. 서울: 한국행정연구원; DfEE. (1999). *Departmental Report*. Sheffield: DfEE에서 재작성.

ministers)이 있고, 다음으로 내각에는 참여하지 못하는 장관들로서 국무장관(ministers of state), 정무차관(parliamentary under secretaries), PPS(private parliamentary secretary)가 있다. 이다음으로 장관급이 아닌 사무차관(permanent secretary)이 직업 공무원 중 가장 고위직으로 있다.

교육고용부는 직업훈련부문의 예산 및 정책을 총괄하였다. 교육고용부는 예산 및 정책, 프로그램의 목표를 제시하고 실제 집행은 교육고용부와 계약을 맺고 있는 훈련기업협의회가 맡도록 하였다.

블레어 정부는 2001년 6월 교육고용부와 사회보장부의 기능을 조정하여 새로운 부처인 교육기술부(Department for Education and Skills: DfES)와 근로연금부(Department for Work, Family and Pensions)를 발족시켰다. 기존의 교육고용부의 업무 중 고용 및 근로조건 개선, 실업자 및 노령자 대상 편익서비스, 장애인 관련 부분은 근로연금부로 이관하고, 교육기술부는 교육 및 훈련과 평생학습을 담당하도록 하였다. 근로연금부는 취업과 각종 수당관련서비스를 담당하게 되었으며, 고용청, 수당청, 아동지원청을 산하에 두게 되었다. 여기서 교육훈련과 사회복지의 밀접한 연계를 강조하기 위하여 뉴딜프로그램을 관장하는 고용청의 경우 새로 발족된 근로연금부로 이관된 것이 특징이다. 근로연금부는 고용청 이관에 따라 각 지역의 취업센터도 관할하게 되었으며 이에 따라 Jobcentre Plus와 연금서비스가 설립되었다. 근로연금부 설립 배경은 연금 및 취업기회를 제공하는 것을 Jobcentre Plus와 같은 기관 한 곳에서 담당하도록 하기 위함이다. 즉, 복지와 연금, 고용과 장애인에 대한 관련 업무를 담당하는 기관이 기존의 복지수혜층을 좀 더 노동인력화할 수 있도록 당근과 채찍의 전략을 가질 수 있도록 하는 데 목적이 있다.

교육기술부도 교육고용부의 목표처럼 교육과 훈련을 통해 사람들이 그들의 모든 가능성을 실현할 수 있는 기회를 부여하고, 이를 통한 공평한 사회와 경쟁력 있는 경제의 건설을 목표로 하고 있다(DfES, 2002). 교육기술부는 내각장관 이하 2명의 국무장관(19세 미만의 연령층을 대상으로 하며 주로 교육기준담당, 19세 이상의 연령층을 대상으로 하며 평생교육·고등교육 담당), 3명의 정무차관(학령전교육·학교기준담당, 성인학습담당, 청소년학습담당), 그리고 1명의 사무차관을 두고 있다. 교육기술부는 교육기준의 강화 특히 초·중등학교의 기준 개선에 초점을 맞추고 있으며, 고등교육에 대한 더 많은 학생의 진학과 직업훈련 및 평생교육의 개선을 목표로 하고 있다(DfES, 2002).

〈그림5-2〉 교육기술부 조직도

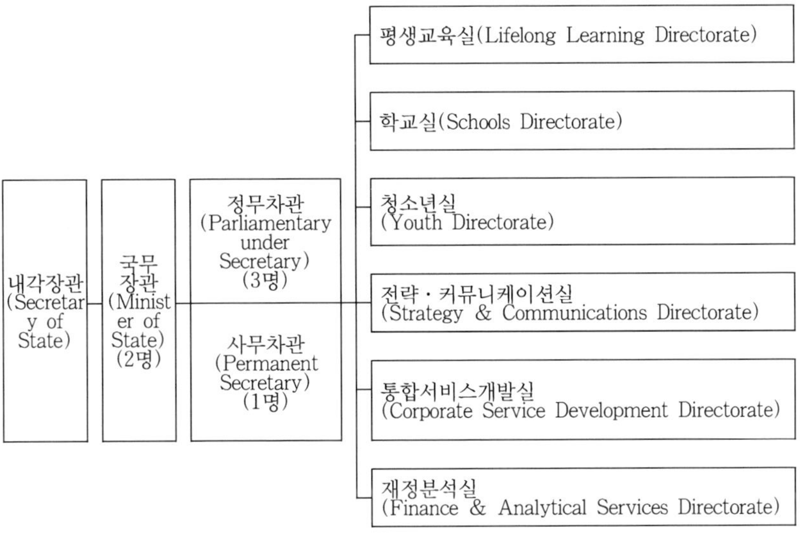

자료: DfES. (2002). *Departmental Report*. Available: http://www.dfes.gov.uk.: 이남국. (2001)에서 재작성.

한편 근로연금부는 실업자, 연금수령자, 그리고 아동들에게 그들이 재정적 독립을 달성하고 살아갈 수 있도록 조언하고 지원하는 역할을 한다. 즉, 근로연금부는 고용, 장애인, 복지, 그리고 연금에 대한 책임을 지고 있으며, 복지국가의 개혁 또한 지속적으로 추진하고 있다. 근로연금부는 장관 이하 4명의 부장관(노동담당, 연금담당, 아동·가족담당, 장애인담당), 1명의 정무차관(노동담당), 그리고 1명의 사무차관이 있다. 그리고 산하에 청원국(Appeal Service), 아동양육지원청(Child

Support Agency), 취업센터를 책임 집행기관으로 두고 있다. 취업센터(Jobcentre Plus)는 공적부조금지급청(Benefits Agency)과 교육고용부 산하에 있던 고용청(Employment Service)을 통합한 기관이다.

〈그림5-3〉 근로연금부 조직도

자료: DWP organization chart. Available: http://www.dwp.gov.uk.: 이남국. (2001). 「영국정부의 중앙조직」. 서울: 한국행정연구원에서 재작성.

이상과 같이 정부의 조직개편[113]이 잦을 수 있는 것은 영국에는 우리나라의 정부조직법과 같이 명문화된 정부조직법이 따로 없으며 내각 구성과 각 중앙행정부처의 소관업무 배정이 궁극적으로 수상의 권한에 속하기 때문이다. 또한 각 부처 내부조직의 변경은 원칙적으로 해당부처의 권한이기 때문에 각 부처는 단독으로 내부 행정권한과 하부 부서의 기능을 조정할 수 있다. 다만 특정 정부기능을 한 부처에서 다른 부처로 이관하고자 할 경우 수상의 승인을 받아야 한다. 그리고 기능 이관 문제를 둘러싸고 부처 간 갈등이 발생하여 이에 대한 이견조율이 필요한 경우와 부처 간 또는 기관 간의 기능조정이 정치적으로 민감하거나 조직적으로 또 다른 문제를 야기할 수 있는 경우에도 수상의 승인을 필요로 한다.

교육고용부의 지방업무는 정부지역사무소가 대행하고 있다. 정부지역사무소는 환경·교통·지역부(Department of the Environment, Transport and the Regions: DETR) 산하에 소속되어 있다. 영국의 중앙부처 중 지방정부를 직접 관할하고 통제하는 권한은 1998년 설립된 환경·교통·지

113) 우리나라도 일련의 정부개혁과정을 거치면서 작은 정부 추진이라는 목표하에 유사한 업무를 관장하는 부처의 통합논의를 전개하여 왔다. 이러한 논의 가운데 직업훈련과 직업교육을 관장하는 부처를 통합하여야 한다는 주장도 제기된 바 있다. 현재 직업훈련과 직업교육을 관장하는 부처를 통합한 국가는 영국, 호주, 뉴질랜드 등으로 분류할 수 있다. 이들 국가의 특징은 영미계열의 국가로서 전통적으로 직업훈련부문이 크지 않고 2차 산업의 기반이 약하며 제조업의 비중이 낮은 국가라고 할 수 있다. 따라서 직업훈련과 직업교육 관장 부처가 통합된다고 하더라도 별다른 문제없이 하나의 부처 및 정책으로 작용할 수 있는 기반이 있었다. 특히 이들 국가들은 부처의 지도감독에 의거하기보다 자율적 교육행정체제의 전통을 가지고 있기 때문에 학교를 중심으로 하는 직업교육부문보다 유연한 체제를 갖추고 있어야 하는 사업체 중심의 직업훈련부문과의 통합도 용이할 수 있었다. 반면에 직업훈련과 직업교육의 관장부처가 분리된 국가는 제조업위주의 경제성장을 추구한 국가인 독일이나 일본의 경우가 대표적이다. 특히 우리와 비슷한 직업훈련체제를 갖추고 있는 일본의 경우에는 노동시장 및 고용정책의 일환인 직업훈련과 교육정책의 일환으로 운영되고 있는 직업교육의 정책목표가 다르다는 인식하에 문부성과 노동성의 통합이 논의된 바 없으며 오히려 후생노동성으로 변화하였다.

역부이다. 이 부처에는 내각장관(Secretary of State)이 있고, 그 아래에 교통 부장관, 환경 부장관, 지방 부장관, 주택 및 계획 부장관과 하나의 위원회가 있다. 지방정부의 각종 업무를 관장하는 것이 바로 지방 부장관이며, 이 아래에 지방정부담당실, 지방정부재정정책실, 정부사무소 및 지역정책실이 있다. 정부사무소 및 지역정책실은 영국 전체에 있는 9개의 정부지역사무소를 관장한다.

이 정부지역사무소는 1994년 4월에 중앙정부의 업무를 지방수준에서 원활히 하기 위하여 설치된 중앙정부 기관으로 광역권별로 설치되어 있다. 이 기관은 중앙의 환경·교통·지역부, 통상산업부(Department for Trade and Industry: DTI), 교육고용부의 업무들을 대행해 주는 파견기관적 성격을 지닌다. 2000년 현재 9개가 있으며 북동잉글랜드, 북서잉글랜드, 요크셔 및 험버사이드, 서미들랜드, 동미들랜드, 동부잉글랜드, 남서잉글랜드, 남동 잉글랜드 및 런던에 위치해 있다(임성일·최영출, 2001: DfES, 2002).

2. 정부 재정지원의 틀

영국은 대처의 집권 이래 행정 전반에 걸쳐 효율성을 강조하는 행정개혁이 이루어지면서 정부와 민간의 역할이 구분되고 있다. 이에 따라 직업훈련에 관한 재정지원의 원칙도 다음과 같이 정해져 있다(CEDEFOP, 1999a; DfEE, 1999b).

첫째, 훈련의 재정지원자(즉, 중앙정부 및 지방정부)와 훈련공급자(훈련기업협의회나 각종 직업훈련기관)는 분리된다. 재정지원자는 재정지원 및 프로그램을 정하는 데 특화 되는 것이다. 이러한 원칙은 '구매자-공급자' 분리원칙 또는 '소비자-계약자' 분리원칙이며 1980년대에 보편화되었고 이제는 단순히 예산배정을 넘어서 광범위한 원칙이 되었다.

둘째, 재정분배체계에서 시장 또는 준시장체제에 의존한다. 중앙에서 계획되고 통제되는 시스템 대신에 현재 시장원칙에 입각하여 대부분의 공공재정이 분배되고 있다. 현재 훈련시장에서서는 학교와 대학 그리고 민간공급자들이 서로 재정지원자가 설정한 기준에 따라서 재정지원을 받기 위하여 경쟁하고 있다.

셋째, 성과연계재정지원이다. 원래 정부가 재정 지원하는 훈련은 훈련생수 및 훈련기간과 프로그램의 질에 따라 재정지원의 수준 및 규모가 달라진다. 그러나 성과연계재정지원방식이 도입되면서 훈련의 결과(자격증취득률이나 취업률)에 따라 재정지원의 수준이 달라졌다.

이러한 원칙과 더불어 정부는 교육훈련의 이익이 모두에게 돌아갈 것이므로 교육훈련의 이해당사자 간 구체적으로 개인・사용자・정부 간 교육훈련의 비용을 분담할 것을 강조하고 있다(DfEE, *A Learning Age*). 따라서 정부 재정지원의 목표는 교육훈련에 대한 모두의 참여를 확대하고, 모든 교육훈련 수준에서 성취도를 향상시키고자 하고 있다.

이러한 원칙하에 직업훈련에 관한 정부의 재정지원도 이루어져 왔다. 다음은 이러한 계약의 흐름을 보여주고 있다.

〈그림5-4〉 정부 직업훈련재정의 훈련유형별 흐름도

구 분	재 원	중개기관	직업훈련기관
양성훈련	중앙정부 →	TEC ↗ ↘	기업·민간훈련기관
	↘	FEFC →	대학colleges)
	지방세 →	지방당국 →	학교(schools)
계속훈련	기업 →	→	기업·민간훈련기관
	↗	TEC ↗ ↘	
	중앙정부 ↘	FEFC →	대학
실업자훈련	중앙정부 ↗ ↘	TEC → ↘	기업·민간훈련기관
		FEFC →	대학

자료: CEDEFOP. (1999a). *The financing of vocational education and training in the United Kingdom*. Thessaloniki: CEDEFOP.

위의 그림에서도 보이듯이 중앙정부로부터 재정지원을 받기 위해, 훈련기업협의회는 특정 지역 단위로 정부지역사무소와 훈련 항목에 대해 매년 계약조건을 협상하고 있다. 이것이 정부와 운영계약을 맺는 기초이다. 이후 훈련기업협의회는 민간 기업, 자원부문(voluntary sector)114), 계속교육칼리지(further education college), 민간 기업훈련기관 등의 훈련기관들과 훈련의 제공에 관한 계약을 협상하고 있다.

직업훈련재정지원 방식은 최근에도 변화를 겪고 있다. 1997년까지

114) 자원부문에 관하여 신동면은 Deakin의 정의를 인용하여 '공식적으로 구성된, 자발적·비구조적으로 활동하는 조직으로서 국가, 시장, 비공식부문에 속하지 않는 모든 조직'을 의미한다고 하였다. 자원부문은 이익을 추구하지 않는다는 점에서 시장과 구분되며, 공식적 성격을 지닌다는 점에서 비공식부문과 구분된다.

중앙정부의 예산은 1년 단위로 배정되었다. 그런데 1998년부터 예산은 3년 단위로 배정되고 있다. 예산배정 방식은 애초에 계획되어 있는 직업훈련의 성장이나 축소를 실현한 후 매년 발생하는 비용 효과적인 잉여부분은 유보되어 최소 조정만 거치고 다음 해로 이월된다. 예를 들어 훈련기업협의회의 훈련생의 수를 5% 정도 늘리도록 결정이 된다면, 이는 평균 재정 수준에 5%의 추가 재정을 필요로 하는 것이다. 그런데 이 부문 전반의 비용효과에 따른 잉여가 2% 정도라면, 5%의 훈련생 확대에 대해 3%의 추가 재정지원만이 발생하는 것이다(DfEE, 1999c).

〈그림5-4〉의 계속교육재정지원협의회(FEFC)와 훈련기업협의회에 대한 재정지원에는 약간 다른 원칙이 적용된다. 잉글랜드에 있는 모든 훈련기업협의회는 정부와 운영협약(Operating Agreement)을 체결하는데, 여기에는 매년 훈련기업협의회가 수행하는 계약상의 의무들이 명시된다. 이들과의 계약 및 감독 책임은 정부의 지역사무소에 있다. 해마다 훈련기업협의회는, 훈련생이 취득하는 자격과 취업자 수와 관련하여, 해당 지역 정부지역사무소와 훈련생의 수, 성과별 지급 수준 등을 교섭하여 협약을 체결한다. 그 후 훈련기업협의회는 계속교육대학이나 민간 훈련기업 등의 개별 훈련기관과 훈련공급계약을 체결한다.

계속교육재정지원협의회로부터 대학으로의 재정지원은 상당히 투명한 편이며 자격에 대한 국가표준(a national tariff)에 기초하기 때문에 협상의 여지는 별로 없다. 지난 10년간의 직업교육훈련에 대한 공공부문 지출의 액수는 정권의 변화와 조직에 대한 규정의 변화, 이와 관련된 프로그램의 변화로 파악하기 힘들다. 주요 프로그램에 대한 공식적인 통계에 기초하여 대강을 파악해 보면 다음 〈표5-1〉과 같다.

이처럼 직업훈련에 대한 총공공지출은 지난 10년간 금액 면에서 비슷하게 나타나고 있어서 상당히 안정되어 있는 것으로 보이나 파운드의 가치로 보아서 실제적으로는 1/3로 축소되었다. 지출 감소의 원인으로는 인구적 요인이라든가 실업자 수의 감소와 같은 요인을 들 수 있으나, 훈련 부문에서의 효율성 강조도 그 요인이라고 볼 수 있다.

〈표5-1〉 직업훈련에 대한 정기적 공공지출(잉글랜드)의 변화

단위: 백만 파운드(당해 연도 기준)

구 분	1986/87	1991/92	1996/97
양성훈련	1,571	1,824	1,774
계속훈련	422	652	1,100
실업자훈련	1,257	3,140	3,434
총정부지출	3,250	3,140	3,434

자료: CEDEFOP. (1999a). *The financing of vocational education and training in the United Kingdom.* Thessaloniki: CEDEFOP.

3. 성과 연계적 재정지원(output-related funding)

영국 직업훈련의 특징은 바로 시장중심적이라는 점이다. 정책의 틀도 시장중심형이지만 실제 재정지원방식도 바로 성과에 연계한 재정지원으로 이루어지고 있다. 즉, 훈련기업협의회에 대한 정부의 재정지원이 국가직업자격증취득률 및 취업률에 따라서 재정 지원되고 있다. 훈련기업협의회에 의한 훈련은 국가직업자격증(NVQ) 취득, 전일제 취업 여부 등 요소별 실적당 비용, 수료생 100명 중 취업한 사람의 수, 수료생 100명 중 자격취득자의 수와 같은 기준에 따라 평가된다.

영국은 1991년 이후 훈련의 성과를 강조하는 성과연계재정지원방식을 도입하였다. 성과의 수준에 따라서 비례적으로 재정을 지원함에 따라 훈련기관은 훈련성과를 효과적으로 관리하고 훈련비용 지원시기를

앞당기기 위해 서로 경쟁하는 체제로 전환하였다.

성과 연계적 재정지원의 이점은 다음과 같이 요약될 수 있다. 첫째, 훈련공급자에게 융통성을 제공해준다. 둘째, 성과에 대한 증진을 지켜준다. 셋째, 성과에 대한 인센티브를 제공하고 성과를 나타내지 않는 훈련의 시간소비에 대해 제재를 가하기 때문에 비용대비 질(value for money)을 증진한다. 넷째, 행정을 간소화시키고 감사요구사항을 분명히 해준다 등이다. 이러한 방식을 통해서 영국은 다른 나라에 비하여 실업자훈련의 성과가 비교적 높았고, 실업률도 많이 낮추었다는 평가를 받고 있다.

그러나 성과를 기초로 재정 지원하는 방식의 단점도 많이 표출되고 있다. 자격증취득률, 전일제교육으로의 연계나 취업과 긍정적 성과에 대해서 증가되는 이러한 방식은 너무 강조될 경우 오히려 훈련이 필요한 자들의 훈련에 대한 접근을 어렵게 하게 함으로써 '교육훈련에 관한 국가목표(NTETs)[115]'와 같은 정책목표를 손상시킨다는 것이다. 즉, 자격증 취득과 같은 긍정적 결과를 얻는 것이 불투명하다고 여겨지는 사람들에 대해 훈련기회를 박탈할 수 있기 때문이다. 실제로 자격증취득률을 최대화하기 위하여 훈련기관이 자격평가 시 기준을 낮추게 되거나 허위발급을 하는 경우도 발생하였다.

훈련기업협의회의 내부의 결함만큼 훈련기업협의회에 대한 정부정책을 둘러싼 비판도 상당함에 주목할 필요가 있다. 훈련기업협의회는 정부의 간섭에 대하여 불만을 호소하고 있었는데, 정부가 훈련기업협의회 재정 할당방식을 강제하여 그들 사업의 잠재성을 제한하고 있다는 것이다. 또한 정부가 훈련기업협의회의 재성을 삭감시켰기 때문에 프로그램 수행이 어려웠다는 지적도 많았다.

이러한 성과연계 재정지원방식의 단점을 요약하면 다음과 같다. 첫

115) 국가 전체적으로 예를 들면 성인의 50%가 자격증 2급 이상을 취득해야 한다는 등의 학습목표를 계층별로 설정하고 있다. 6장에서 상술한다.

째, 성과연계에 대한 지나친 강조는 장기적인 고용가능성을 높이기 위한 숙련훈련보다는 단기적인 노동시장 수요에 민감하게 반응하게 하였다. 둘째, 단기훈련 및 비용이 많이 들지 않는 교실에서와 같은 집체훈련을 강조하게 되어 노동공급의 질을 하락시키고 고급숙련과정에 참여하기를 원하는 실업자 또는 그런 과정을 개설하고자 하는 훈련기관에 선의의 피해를 주기도 하였다. 셋째, 훈련과정의 특징과 상관없이 교육수준, 성별, 연령, 자격증 보유여부, 전직경험 등 개인적인 특성에 의해 결국 훈련이수 후에도 취업가능성 및 자격증취득가능성이 높아질 수 있는 훈련생을 선발(creaming effect)하게 되어 현실적으로 훈련참여가 가장 필요한 취약계층의 훈련참여기회를 제한하기도 하였다. 넷째, 훈련공급자 중 기업과 같은 사업주 및 사업주단체는 여전히 교차보조를 통해서 '높은 비용(high cost)'으로 운영할 수 있는 반면에 전문가단독지위의 공급자는 금전적 문제에 봉착하게 되었다. 또한 새로운 훈련공급자가 훈련시장에 접근하는 것을 막게 됨으로써 경쟁을 추구한다는 목표와 달리 훈련공급자 간 경쟁을 막게 되는 결과를 초래하였다. 또한 지원방식에서 형평성을 제고하려면 어떤 것이 형평성의 기준인지에 대한 굉장히 복잡한 성과측정이 필요하였다.

이러한 성과연계재정지원의 역기능을 막기 위해서는 성과에 따른 재정지원의 상한선이 필요하다고 지적되기도 한다. 훈련의 효율성과 함께 훈련기회의 평등성, 즉 형평성(equity)이 공공훈련 프로그램 평가의 중요한 척도로 간주되어야 함을 의미한다. 예를 들어 특정프로그램에 부가적인 지원이 필요한 노동시장 취약계층이 얼마나 참여하였는가, 또는 훈련이수 후 취업자 중에 취약계층은 얼마나 포함되었는가 등으로 평가할 수 있을 것이다.

현재 영국을 제외하고는 유럽국가에서 정부가 재정 지원하다 훈련부문에서 성과연계재정지원방식의 예를 찾을 수 없다. 다만 교육부문에서는 스웨덴, 핀란드, 덴마크, 독일에서 일부 예를 찾을 수 있다. 성과연계재정

지원방식은 영국보다는 미국에서 먼저 교육훈련부문에 도입이 된 바 있었다. 그러나 영국의 방식이 더 성과와 밀접하게 연계되고 있다. 어느 정도 수준의 성과연계가 적절한 수준인지에 대한 인식이 다르다. 영국의 경우 성과연계재정지원이 실업자훈련 총재정지원의 약 75%에 달하고 있으나 미국의 경우는 실업자훈련인 JTPA(Job Training Partnership Act)훈련의 5% 정도에만 제한적으로 성과연계가 이루어지고 있다. 또한 미국은 대상범주에 관하여 우선규정을 두어 해결하려고 하고 있는 데 비하여 영국은 규정보다는 훈련기업협의회와의 계약내용의 다양성(예를 들어 지역별 취약계층의 비율에 맞추어 지역별로 차이를 둠)으로 해결하려고 하는 점이 차이가 있다(Felstead, 1998).

제2절 훈련기업협의회의 역할

1. 훈련기업협의회의 운영[116)]

1) 설립배경

훈련기업협의회는 정부와는 독립되어 있고, 지역에 기반을 둔 사용자가 주도하는 민간기업형태의 협의회였다. 1989년에 설립계획이 수립된 이후 1990년부터 1991년 사이에 설립되었으며 고용부(Department of Employment)의 훈련기구(Training Agency)가 운영하던 훈련과 기업에 관한 프로그램들을 책임지게 되었다. 이렇게 지역수준, 그리고 민간

116) 이 부분은 영국의 하원위원회가 발간한 보고서(Julia Lourie, 1997)에 많이 기초하였다.

기업으로 프로그램들을 이양하게 된 것은 1988년 12월에 출간된 백서(white paper)인 '1990년대를 위한 고용(Employment for the 1990s)'에서 훈련기업협의회의 설립이 다음과 같이 제안되었기 때문이다.

> "훈련을 계획하고 전달하고 소규모 기업의 발전과 창업을 발전시킬 훈련기업협의회를 설치하고자 한다. 협의회는 사용자들이 교육과 훈련에 헌신하게 하고 기업들이 발전되도록 한다. 훈련기업협의회는 훈련과 기업 활동을 가능하게 하고 정부의 주요한 훈련프로그램을 지역의 수요에 맞출 것이다. 이를 통하여 활발한 지역의 파트너십을 구축하고자 한다. 그리고 이를 통하여 정부는 사용자들에게 속하는 훈련과 기업체계의 소유권(ownership)을 확립해주고자 한다."

이상과 같은 백서의 제안에 따라서 훈련기업협의회는 몇 가지 역할을 부여받게 되었다. 첫째, 지역의 노동시장을 분석하고 주요기술수요를 분석하고 직업의 성장 및 훈련기회를 전망하게 되었다. 둘째, 질 높은 훈련과 기업발전을 위한 측정 가능한 목표를 정부와 지역의 수요에 맞도록 계획을 만들고, 국가적 프로그램을 지역의 수요에 맞추게 된다. 셋째, 청소년, 실업자, 성인훈련을 담당한다. 넷째, 지역의 수요에 맞춘 소규모 기업에 대한 지원과 훈련의 공급과 개발을 책임진다. 다섯째, 지역의 민간부문과 협조하여야 하고 지역의 기업들을 통하여 소규모기업을 지원해야 하는 임무를 부여받았다. 훈련기업협의회는 주요한 지역 협의체(local forum) 및 변화의 기구(agent for change), 주요한 이해 당사자들 간의 네트워크를 구축하고 지역의 경제의 활력을 추구해야 하며 시민의 복지를 추구하는 임무를 맡게 된 것이었다.

1989년 3월에 일부 지역의 기업인들이 모여 개별 훈련기업협의회가 담당할 지역범위를 설정하였다. 훈련기업협의회에 대한 계약과 관련된 최종결정은 당시의 고용부가 하였다. 런던의 경우에만 지역범위 선정에 논란이 있었고 대부분은 경쟁의 과정 없이 자동으로 승인 받았다. 첫 번째 훈련기업협의회는 1990년 4월에 운영되기 시작하였고, 1991년 10월 'the Central London TEC'이 잉글랜드와 웨일즈에서 82번째 훈련기업협의회로서 운영을 시작하였다. 그러나 'South Thames TEC'은 1994년 12월에 파산[117]하여 다른 훈련기업협의회와 통합되었다. 이후 몇 개의 훈련기업협의회가 다른 훈련기업협의회와 통합되었다. 또 몇몇은 상공회의소와 합쳐져 'Chambers of Commerce, Training and Enterprise(CCTEs)'로 변화한 경우도 있었다. 1997년 총선까지 보수당은 훈련기업협의회와 상공회의소의 통합을 적극적으로 유도하였다. 이러한 파산 및 통합의 이유는 기업인들의 재정지원이 미약하였기 때문으로 분석되고 있다.

2) 지위와 조직

훈련기업협의회는 공적역할(public role)을 부여받은 민간기업(private companies)으로 설정되었다[118].

(1) 정부와의 계약

훈련기업협의회는 기업법(Companies Act)에 의한 민간 기업이지만 정부로부터 그들 총수입의 95% 이상을 재정지원 받았으며, 주로 정부지

117) 당시 33개의 훈련기관에 160만 파운드, 고용부에 5백만 파운드의 채무를 졌다.

118) 훈련기업협의회는 미국의 민간산업협의회(Private Industry Council: PIC)를 모방하여 만든 기구(Employment Committee. First Report 1995-96. *The Work of TECs.*)로서 민간산업협의회처럼 지역의 기업의 발전과 훈련을 제고하고자 하였다.

역사무소와 협상에 의한 연간계약에 의하여 운영되었다. 따라서 훈련기업협의회는 정부사무소와 '연간사업계획 및 종합계획(annual business plans and corporate plans)'을 협의하여야 했다. '종합계획'은 정부가 제안하는 '연간전략안내(annual strategic guidance)'에 기반 하였다. 'TECs beyond 2000'이라는 책자에 언급된 훈련기업협의회의 3가지 우선목표(three priorities)는 다음과 같았다.

첫째, 전략적인 파트너들과 함께 역동적인 지역경제를 만들고 유지시키는 것. 둘째, 혁신과 인력개발과 관리, 기업연계 네트워크를 통한 기업지원서비스에 대한 효과적인 투자를 통한 경쟁력 있는 기업 지원. 셋째, 세계수준의 인력을 제공하고 성공적인 기업과 개인에게 필수적인 기술이 겸비된 학습사회(a learning society)의 건설이다.

'사업계획은' 앞서 정부재정지원의 틀에서 보인 바와 같이 직업훈련 시작 시의 훈련생 수와 인적자원투자기업의 지위가 부여될 기업의 수와 같은 연간목표치도 포함하였다. 정부지역사무소와 계약체결 이후 훈련기업협의회는 훈련과정을 제공하는 훈련공급자들과 연간단위로 계약하였다.

(2) 3년간의 훈련기업협의회 인증제도 도입

정부지역사무소와 훈련기업협의회와 매년 이루어지는 연간계약이 장기계획을 어렵게 한다는 지적하에 정부는 1993년 11월에 3년간의 핵심적 행정비용지원을 보장하는 인증의 기회를 제공하겠다고 발표[119]하였다. 그 최초의 인증이 1994년 11월에 부여되었고 1995년 4월부터 가동하였다. 1997년 2월까지는 잉글랜드의 74개 모든 훈련기업협의회가 3년간 유효한 인증을 받게 되었다. 훈련기업협의회가 부여받은 인증의

119) Employment Department Press Release(1993. 11. 30). *David Hunt announces new Modern Apprenticeship Scheme to boost Britain's Skills.*

의무사항은 다음과 같다[120].

첫째, 정부지역사무소와 합의한 그 지역의 3년간의 종합계획을 발전시킨다. 둘째, 훈련기업협의회의 능력제고와 프로그램의 전달에 관한 국가목표에 부합하여야 한다. 셋째, 정부의 청소년훈련을 전달한다. 넷째, 재정적 자생력과 재정조절의 자기 충족적 체계를 갖춘다. 다섯째, 훈련기업협의회는 인적자본투자인증기업의 지위를 획득하고 기업과의 연계에 참여한다.

이렇게 인증을 받은 훈련기업협의회는 인증 기간인 3년 동안 핵심행정비용에 대한 지원을 보증 받았지만 프로그램의 전달과 관련해서는 여전히 연간계약을 맺어야 하였다.

(3) 훈련기업협의회 이 사회(TEC Boards)

훈련기업협의회는 적어도 2/3는 중견기업가여야만 하는 무급 이사들이 참여하는 이 사회가 운영한다. 이들은 훈련기업협의회 내부의 수석간부(chief executive)와는 분리되며, 이 사회의 자격규정은 다음과 같다(The Licensing Agreement).

첫째, 적어도 이사(이사장을 포함하여)의 2/3가 기업의 회장, 수석간부(chief executive), 또는 최고위층의 관리자여야 한다. 둘째, 그 외의 이사는 교육, 경제개발, 노동조합, 자원조직이나 공공부문의 수석간부(chief executive)여야 한다. 훈련기업협의회의 운영이사(managing director)나 수석간부(chief executive)는 이상의 범주에 속하지 않는다. 셋째, 이사는 자격 만료 후 3개월 이내에 정부의 허가가 있지 않는 한 즉각적으로 그만두어야 한다. 넷째, 이사장 및 이 사회의 구성에 대하여 정부에 미리 통보하여야 하며 사직에 대해서는 즉각적으로 통보하여야 한다. 이사는

---

120) DfEE Press Release(1997. 2. 5). *TECs come of age.*

이사 개인자격으로 훈련기업협의회 이 사회에 참여하는 것이며 기업이나 조직의 대표로 참여하는 것이 아니다. 다섯째, 이사(훈련기업협의회 운영이사나 수석간부는 제외)는 정부가 지원하는 비용으로는 훈련기업협의회나 부속기관으로부터 급여를 받을 수 없다. 여섯째, 첫 번째에 언급한 이사진은 3년 동안 연간 매출액 5백만 파운드 이상이거나 정규직 종업원 25명 이상 기업에서 나와야 한다.

이사진은 최소 9명에서 최대 15명 이하로 구성되었다(Employment Department, 1989). 훈련기업협의회와 그 이 사회에 관한 한 연구(Graham Haughton et al, 1995)에 의하면, 이사의 대부분이 중년의 백인남성이었다고 한다. 전국적으로 훈련기업협의회 이사의 12%만이 여성이었고 4%만이 소수민족 출신이었다. 1992년 훈련기업협의회의 70%의 이사가 민간부문출신이었고 9%가 지역의 기관출신이었으며, 7%가 교육, 5%가 노동조합, 4%가 자원부문 출신이었다.

(4) 노동당 및 자유당의 훈련기업협의회에 대한 태도

노동당이 집권하게 된 1997년 총선에서 노동당은 훈련기업협의회의 운영에 대해 특별히 문제제기를 하지 않았다. 노동당의 사업선언(Business Manifesto)인 'Equipping Britain for the Future'에는 다음과 같이 나와 있었다.

> "훈련기업협의회는 광범위한 기업공동체를 위하여 훈련부문의 최선의 관행을 이루기 위한 민간부문이 주도하는 파트너십을 설립하고 있다. 우리는 개별종업원들이 자신의 기술함양에 투자하도록 개인학습계좌를 제공할 것이다. 기존의 훈련기업협의회의 자원을 이용하여 우리는 약 일백만 명에게 계좌를 제공하겠다. 각 종업원의 투자와 더불어 정부는 1인당 150파운드의 매칭 펀드를 제공한다."

노동당의 일반선언(general manifesto)인 'New Labour because Britain deserves betters'는 다음과 같이 밝히고 있었다.

> "우리는 개인들이 그들이 원하는 기술을 얻는 데 활용하도록(예를 들어 여성이 재취업할 수 있도록) 개인학습계좌에서 훈련을 위한 공공재정지원에 투자할 것이다. 우리는 1백만 명이 혜택을 받을 수 있도록 할 것이고 이를 위하여 훈련기업협의회의 1억 5천만 파운드가 사용될 것이다."

지역개발기구(Local Development Agency)의 설립이 추진되면서 훈련기업협의회의 사업체와의 관련도 줄어들 것이라는 예측도 있었으나 1996년 훈련기업협의회 연차회의에서 노동당 예비내각 재무장관인 Gordon Brown은 이를 부정한 바 있으며, 훈련기업협의회는 훈련의 공급자뿐만 아니라 기업에 대한 장려와 촉매제라고 밝혔다.

1996년 7월에 발간된 'New Labour, New Life for Britain'에서는 다음과 같이 제기되고 있었다.

> "정부를 통한 하향식접근, 직업훈련분담금과 같은 훈련체제는 기업의 대부분에게는 적당하지 않다. 따라서 우리는 심각한 변화를 가져와야 한다. 기존의 구조-훈련기업협의회, 국가직업자격, 인적자원투자인증제도-는 존속되어야 하고 개선되어야 한다. 그러나 우리는 개인의 손에 기술에 대한 수요를 두어야 한다.

이러한 훈련기업협의회와 시장중심형 정책의 지속에 우호적인 집권이전의 노동당의 의견과 달리 자유민주당 선언인 'Make the Difference'는 약간의 차이점을 보이고 있었다.

> "교육훈련에 투자하는 기업을 지원하기 위해서, 우리는 기업의

임금지불총액의 2%의 면제 가능한 직업훈련분담금의 도입을 할 것이다. 이는 인정된 훈련을 제공하는 비용이나 개인학습계좌에 기여할 경우 면제 가능한 것이다. 소규모기업은 제외가 된다. 우리는 훈련기업협의회에 청소년훈련과 고용수요가 부합하도록 지역의 파트너십을 강제하는 역할을 맡길 것이다."

이와 같은 선언은 후에 다음과 같이 확대되었다.

"우리는 소규모기업, 지역의 협의회, 기업연계(Business Links), 훈련기업협의회와 상공회의소 간의 새로운 파트너십을 건설하기 위하여 지역에 기반을 둔 개발기구(regionally-based Development Agency)를 설립할 것이다. 우리는 이런 기구들을 'one-stop shops'화 할 것이다. 또한 그들이 민간부문과 파트너십을 구축하는 한 지역의 협의회들이 지역의 하부구조투자를 위한 재원을 확충할 수 있도록 할 것이다. 우리는 'industrial excellence'라는 지역 센터를 지원함으로써 산업발전을 독려할 것이다."

자유민주당의 대변인이었던 Don Foster는 훈련기업협의회의 미래에 대하여 다음과 같이 언급[121)]한 바 있었다.

"훈련기업협의회가 미래의 훈련체계에서 중요한 역할을 하리라는 것은 의심의 여지가 없다. 그 성공 중 하나는 기업대표들이 지역의 훈련정책에 영향을 미칠 수 있다는 것이다. 그러나 훈련기업협의회에는 2가지 문제가 있다. 첫 번째는 소규모기업보다는 대기업을 대변하고 있다는 점이다. 두 번째 이유는 훈련기업협의회 이사회의 민주적 책무성의 결여이다."

---

121) *Training Tomorrow*, March/April 1996.

민주자유당의 경우 비교적 정부가 개입하는 강제적인 직업훈련정책의 가능성을 보여주고 있다는 점이 이색적이었다.

3) 인 사

훈련기업협의회는 설립 초기에는 대부분 고용부의 훈련, 기업, 교육실(Training, Enterprise and Education Directorate: TEED)에서 3년간의 기간으로 가해임된 공무원이 많았다. 또한 민간재원에 의하여 직원을 추가로 고용하였고 인센티브적 임금체계를 도입하였다. 1991년 12월에 고용부 장관은 1996년 10월까지 공무원의 가해임을 중단하고 직접 훈련기업협의회가 인력을 채용할 수 있음을 밝혔다. 공무원은 그들이 원한다면 다시 고용부로 복귀할 권한을 가질 수 있었다. 이에 따라 약 가해임 상태였던 4,000명의 공무원 중 741명은 정부로 복귀하였다.

4) 기 능

훈련기업협의회는 중앙집권화 된 정부의 훈련프로그램을 운영하는 책임을 맡게 되었다. 대부분의 경우에 프로그램은 실제적으로 고용주, 대학, 자원조직 또는 훈련기관과 같은 공급자(providers)에 의해 전달된다. 훈련기업협의회는 이들 공급자와 연간계약을 맺는다. 대부분 실업자인 훈련기업협의회의 수요자들은 고용청에 의해 훈련대상자로 추천되었다. 훈련기업협의회는 소규모기업에 대한 상담과 지원 부문에도 책임을 졌다.

개별 훈련기업협의회는 상이한 이름으로 보이지만 국가 전체적으로는 동일한 프로그램을 제공하고 있다. 따라서 청소년훈련(Youth Training)과 현대도제제도는 Wiltshire에서는 'Directions'로, North Nottinghamshire에서는 'Career Plus'로, 취업훈련(Training for Work)은 Wiltshire에서는 'Select', North Nottinghamshire에서는 'Jobskills'로 불려 지기도 하였다. 청소년훈련과 실업자훈련은 반드시 실시되어야 하는 프로그램이었으나 다른 프로그램에는 유연성이 보장되기도 하였다.

5) 재 정

훈련기업협의회의 수입의 95% 이상(1995/96년 기준 16억 8천만 파운드)이 정부와 유럽연합으로부터 왔다[122]. 1995/96년 기간 동안 훈련기업협의회는 교육고용부와 15억 1천8백만 파운드[123], 통상산업부(DTI)와 1억 2백만 파운드의 프로그램과 활동에 대하여 계약하였다. 교육부(DOE)와는 3천6백만 파운드 계약하였다. 대부분의 재정은 청소년훈련(42.2%), 실업자훈련(33.2%)에 사용되었다. 1989년 3월 발간되었던 훈련기업협의회 'Prospectus'에 언급되었던 바와 같이 훈련기업협의회가 모두 설립된 이후 3조 파운드의 공적기금이 훈련기업협의회에 사용될 것이라는 계획보다는 훨씬 적었다.

---

122) DfEE Efficiency Scrutiny. (1996). *The TEC Contract and Management Fee.*

123) 1996-97기간에는 14억 8천4백만 파운드로 감소하였고, 1997/8년 기간에는 14억 4천4백만 파운드 감소하였다.

〈표5-2〉 훈련기업협의회에 대한 정부의 예산

단위: 백만 파운드

구분	1997-98년	1998-99년	1999-00년
프로그램*	1,400	1,372	1,447
예산**	1,340	1,303	1,359

주:
* 훈련기업협의회를 통한 교육고용부의 프로그램에 관한 총예산을 말한다. 여기에 European Social Fund(ESF)와 European Regional Development Fund(ERDF)가 포함되었음.
** 훈련기업협의회의 관련비용예산(훈련수당이 포함되었으며, 중앙정부의 예산은 제외한 것임).

훈련기업협의회의 재정과 활동은 매우 분절적이어서 전체의 규모를 분석하기가 매우 어려운 편이다. 이러한 점에 대하여 하원의 교육고용위원회(The Education and Employment Committee)도 다음과 같이 비판한 바 있다.

"고용위원회(Employment Committee)는 활동에 대한 상세한 정보의 부족을 불러일으키게 되는 훈련기업협의회의 업무에 대하여 조사하였다. 어떠한 정부부처도 훈련기업협의회에 대한 총지출에 대한 자료를 발간할 의무가 없었다는 데 문제가 있었다. 교육고용부, 통상산업부, 환경부, 계속교육재정지원협의회가 각각 훈련기업협의회의 프로그램에 대하여 재정을 지원하고 있었다. 그러나 어디에서도 통합된 지출내역이 발간되지도 않고 있었고 훈련기업협의회 인력의 숫자에 대한 통합된 내역도 존재하지 못했다."

이상과 같이 재정지원이 다양한 방법으로 이루어지고 있었으며, 매년 그 방식이 달라지고 있었기 때문에 이해하기가 힘든 것이었다.

6) 책무성

훈련기업협의회가 사용하는 공적자금에 대한 공적 책무성을 유지하는 주요 방법은 교육고용부와 체결한 성과계약이었다. 1989년의 'TEC Prospectus'(훈련기업협의회가 매년 3조 파운드를 사용할 것이라고 예측함)에서는 다음과 같이 설명하고 있다.

"정부는 훈련기업협의회가 공적으로 책무성이 충분히 있도록 해야 하며, 다음과 같이 구분하여 책무성을 강화해야 한다. 첫째, 성과계약에서는 훈련기업협의회는 Training Agency[124]와 성과계약(performance contract)하에 활동한다. 계약은 훈련기업협의회와 정부 간의 관계를 조정하는 수단이다. 취업률(job placement rates)과 자격증취득률(numbers of qualifications attained)과 같은 성과가 관리의 기준이다. 이들 기준들은 훈련기업협의회가 속하는 지역의 경제적 사회적 여건에 따라 조정될 수 있다. 성과목표를 초과하는 훈련기업협의회는 Local Initiative Fund에 추가되는 보너스를 받게 된다. 계약기준을 달성하지 못하는 훈련기업협의회는 Training Agency에 조정된 실행계획(action plan)을 제출해야 한다. 지속적으로 성과 이하를 지속할 때는 계약취소를 당하게 된다. 둘째, 각 훈련기업협의회의 예산은 지역의 인구와 경제적 상황과 같은 요인을 고려하여 책정된다. 예산은 크게 5가지로 분류된다. 실업자훈련(Employment Training), 청소년훈련(Youth Training), Business Growth and Enterprise, the Local Initiative Fund, Management Budget이다. Local Initiative Fund는 앞의 3가지 분류에 적용되거나 새로운 프로그램개발활동에 사용될 수 있다. 성과목표를 달성한 훈련기업협의회는 앞의 4가지 분류 간에 5%를 상향조정할 수 있거나 지역의 Training Agency Regional Director의 승인하에 5%를 부가적으로 더 상향조정할 수

124) 당시 고용부 산하의 훈련청이었다.

있다. 셋째, 훈련기업협의회는 계약자들의 성과와 질을 발전시키고 평가해야할 책임이 있다."

그러나 훈련기업협의회 설립초기의 이상과 같은 초창기의 계획은 변화하였다. 다섯 가지 block funding system은 폐기되었고, Training Agency도 지역의 정부사무소로 대체되었다. 그러나 원칙은 거의 같았다. TEC Licensing Agreement는 훈련기업협의회(부속기관과 관련훈련공급자)가 정부부처, European Commission, European Court of Auditors, National Audit Office 에 기록을 공개할 것을 요구하고 있다.

훈련기업협의회의 책무성에 대한 비판에 대응하기 위하여 훈련기업협의회 전국협의회는 다음과 같은 다섯 가지 원칙을 제시[125]하였다. 첫째, 자격증을 갖추고 훈련된 이사진을 선택하는 데 있어서 투명함과 개방성을 보여주어야 한다. 둘째, 이 사회는 지역공동체의 최고의 이익을 위하여 효과적으로 활동할 것을 보장해야 한다. 셋째, 성과, 고용, 재정정책에 대하여 개방되어야 한다. 넷째, 고객을 대함에 있어서 개방성과 양질의 서비스, 공고한 불평처리절차가 있어야 한다. 다섯째, 파트너를 대함에 있어서 신뢰, 투명성, 공정한 상거래가 보장되어야 한다.

2. 훈련기업협의회의 한계와 학습기술협의회

1) 훈련기업협의회의 한계

훈련과 기업에 관한 프로그램이 훈련기업협의회로 이관됨에 따라 여

---

125) The TEC National Council. (1995). *A Framework for the Local Accountability of Training and Enterprise Councils in England Wales and a code of Standards of Conduct for the Members of Boards of Training and Enterprise Councils.*

러 가지 문제점이 노출되었다.

다음은 하원위원회가 지적하고 있는 문제점들이다. 첫째, 관료주의의 문제로서 훈련기업협의회와 훈련공급자들이 공적자금의 수령자로서 복잡한 감사와 점검요구에 부응해야 할 필요성을 제기하였다. 훈련에 관한 예산 1파운드를 재무부가 책정했을 때 결국은 개인에게 전달될 때에는 10-20펜스에 불과하다고 지적되고 있었다. 둘째, 훈련과 기업 간의 갈등의 노출이었다. 훈련기업협의회에 부여되는 대부분의 자금은 훈련을 위한 것, 특히 실업자를 위한 것이었는데 훈련기업협의회의 이사진은 대부분 기업인으로서 기업적 역할에만 관심이 많았다. 몇몇의 훈련기업협의회는 결과적으로 질 나쁜 훈련을 제공하는 훈련공급자들을 짜내어서 지역의 기업이나 발전프로그램에 기여할 수 있는 재원을 확보하려고 하는 문제가 발생하였다. 셋째, 일관성의 결여였다. 훈련기업협의회의 범위가 불분명하여 어떤 지역에서는 지역기관(local authorities)과 겹치는 활동이 있었고 어떤 지역에서는 그렇지 않았다. 어떤 지역은 광범위한 지역을 관리하였고 어떤 지역은 그렇지 않았다. 서로 다른 훈련기업협의회는 국가프로그램의 다양함을 보여주고 있었고 서로 다른 이름과 규칙과 형태를 보였다. 이런 문제 때문에 국가적 수준의 훈련공급자(예를 들어 Construction Industry Training Board)들은 많은 훈련기업협의회와 계약하기 어려웠다고 한다. 실제 훈련을 받아야 할 개인들도 어떤 직업훈련프로그램이 시행되고 있는지 그들이 무슨 자격을 획득할 수 있는지에 대한 명확한 정보를 갖지 못하는 경우가 발생하였다. 넷째, 중복되는 역할의 문제였다. 기업자문을 받고자 하는 사람들은 많은 선택에 직면하고 있었다. Business Links, 상공회의소, Local Enterprise Agencies, Local Authorities, 정부지역사무소, 훈련기업협의회 등 비슷한 기관들이 많았다. 실업자와 관련해서도 훈련기업협의회와 고용청간의 업무구분이 불분명하였다. 다섯째, 이사진의 문제였다. 많은 기업인들이 참여해야 한다는 이 사회구성규칙 때문에 실제 지역공동체의 대표로 불충분하다는 비판이 제기되었다. 여성, 소수민족, 소규모기업, 노동조합, 자원조직과 지역기관의 대표성이 부족하였다. 실제로 훈련기업협의회의 운영에 많은 시간을 낼 수 없는 바쁜 사람들인 최고경영자나 고위관리들이 참여하여 원활한 운영도 어려웠다. 여섯째, 악용의 가능성도 제기되었다. 산술적 목표의 달성과 연관되는 복잡한 재정지원방법은 악용의 가능성이 충분하였다. 실제 성과연계재정지원을 받기 위하여 훈련생들을 단지 1주간의 취업을 하도록 하는 훈련기관도 있었다. 또한 훈련기업협의회 이사인 지역의 기업인들이 훈련기업협의회에 프로그램을 이행할 것이라고 신청하는 경우 배정하게 되는 이해관계의 문제가 발생하였다. 일곱째, 성과연계재정지원의 문제였다. 성과에 의한(취업 또는 자격증) 지원의 강조는 공급자로 하여금 결과가 좋을 것이라는 기대가 있는 훈련생을 선호하게 하고 실제 정부의 도움이 필요한 이들을 배척하도록 하였다.

이러한 하원위원회의 분석과 더불어 한 보고서[126)]는 이러한 문제점을 다음과 같이 정리하고 있다. 첫째, 훈련기업협의회는 실업자훈련과 지역경제의 부흥에 일부분 기여하였고 특히 기업이 지역공동체에 주요한 기여를 하였다는 점에서는 그러하나 실제 훈련에서는 기대한 만큼 효과적이지 않았다. 취업이나 자격증 취득은 그 지역의 고용상황을 단지 반영하는 것이었고 극복한 것은 아니었다. 따라서 훈련기업협의회에 대하여 평가한다면 훈련기업협의회의 성과는 하나로 정리하기는 어렵다. 둘째, 훈련기업협의회는 정부의 독점적인 계약자로서 민간부문의 경쟁적 관행에 영향을 받지 않았다. 훈련기업협의회 체제의 발전을 위해서는 개방성이 필요하다. 셋째, 정부의 재정지원조정에 대한 강조로부터 지원과 자문에 기반을 둔 관계로의 전환은 훈련기업협의회의 노력이 인정받는다는 것이고, 지역공동체의 많은 기관들과의 관계증진은 훈련기업협의회가 그 지역에서 주요한 기관이라는 것이다. 훈련기업협

126) Employment Committee(1995/96). *The Work of TECs.*

의회는 여전히 과거 중앙정부의 잘못과 같은 관료성을 지니고 있다. 이러한 점은 감소시키고 지역 안에 자리 잡아야 한다.

이상에서 언급되었던 훈련기업협의회의 문제점을 정리하면 다음과 같다. 첫째, 훈련기업협의회가 자신들의 설립목적(사용자가 기술발전 및 기업발전에 이바지한다)에 부응하지 않고 있다는 비판이 많다. 런던경제대학(LSE)의 보고서는 특히 사용자들이 제 역할을 하지 않는다고 비판한 바 있다. 즉, 훈련기업협의회의 경우 민간부문의 자금을 끌어들여 훈련을 위한 특별기금을 만들었어야 함에도 불구하고 기여한 바가 없었기 때문이다. 교육고용부의 Quality and Performance Improvement Division에서도 다음과 같이 훈련기업협의회의 역할을 언급하고 있다. '사용자들로부터 무조건적인 현금 후원이 있었다는 증거는 없다 …… 하지만 사용자들이 잉여장비를 기부하는 등의 행위는 있었다'. 교육고용부는 훈련기업협의회의 20%가 외부로부터 훈련에 관한 수입을 전혀 갖지 못하였음을 파악하였다. 민간자금의 경우 단 3%만이 사용자들의 기여 분이었다. 대부분의 기금은 European Social Funds, City Funds 등에서 오거나 또는 훈련기업협의회를 거쳐 취업알선 쪽으로 가는 자금이었다. 둘째, 훈련기업협의회의 구성자체가 지역공동체의 대표로 구성되어 있지 않고, 공적자금에 대한 책임을 지지 않게 된다는 점이 문제가 컸다. 셋째, 중앙정부가 설정한 훈련목표는 달성된 것처럼 보이지만 훈련기업협의회의 재정지원은 훈련요구가 가장 큰 지역에서부터 상대적으로 쉽게 훈련목표를 달성할 수 있는 지역까지 무조건적으로 배당되는 데 문제가 있었다. 훈련의 우선순위가 없었다는 뜻이며, 이는 지역의 요구를 수용하지 못하였다는 의미이기도 하다. 이러한 훈련기업협의회의 조정 부재에 관하여 R. A. Rhodes(1996)는 다음과 같이 분석하고 있다. 그는 영국 내부의 신공공관리주의 이론의 핵심인 경쟁(competition)과 조정(steering)의 상호 모순을 지적하면서 그 예로 훈련기업협의회가 사업체훈련의 약점을 치유할 시장적 해결책(market solution)으로 도입이 되었으나 훈련기업협의회는 다양한 이해당사자(stakeholders)들을 조정하는 네트워크의 중심점(nodal point)의 역할을 수행했어야 올바른 역할이었을 것이라고 분석하였다. 훈련기업협의회에 다양한 이해당사자들 간의 상호 의존(interdependence)이 부족하였고, 그 결과 만들어진 네트워크는 불안정하고 타협의 균형(negotiated equilibrium)을 발전시키는 데에도 신뢰가 불충분하였다고 지적하였다. 즉, 시장과 경쟁을 강조하는 분위기는 오히려 이해당사자들 간의 조정의 문제를 더 심화시켰다는 것이다.

훈련기업협의회의 내부의 결함만큼 훈련기업협의회에 대한 정부정책을 둘러싼 비판도 상당함에 주목할 필요가 있다. 훈련기업협의회는 정부의 간섭에 대하여 불만을 호소하고 있었는데, 정부가 훈련기업협의회 재정 할당방식을 강제하여 그들 사업의 잠재성을 제한하고 있다는 것이다. 또한 정부가 훈련기업협의회의 재정을 삭감시켰기 때문에 프로그램 수행이 어려웠다는 지적도 많았다.

2) 학습기술협의회의 설립

1999년 6월 교육고용부는 16세 이상 연령층의 학습에 관한 새로운 틀을 제시하는 정책백서로서 'Learning to Succeed'를 발간하였다. 이 백서에서는 훈련기업협의회와 계속교육재정지원협의회(FEFC)가 통합되어 학습기술협의회(The Learning and Skills Council: LSC)가 설립된다고 하였다.

학습기술협의회의 설립은 그간 훈련기업협의회를 주요 전달기구로 하는 교육훈련체계가 지역의 수요에 부응하는 기술을 충분히 제공하지 못하였으며, 특히 취약계층에 대한 지원이 불충분했다는 점을 인식한 결과라고 한다. 그간 취약계층에 대한 정책우선순위를 부여하고 그들에 대한 교육훈련을 고양하는 제도를 도입하여 왔으나 의무교육을 이수한 16세 연령층의 저조한 교육훈련 참여율, 취약계층의 배제 문제가 여전하였으며 더욱이 그들의 자녀에게까지 교육훈련의 사회적 배제의 대물림이 이루어진다는 지적이 많았다. 특히, 장애인의 교육훈련 참여가 여전히 부족하고, 성인의 기초직업능력의 부족 및 노동시장의 수요에 부응하는 기술의 부족과 구인의 어려움이 여전하여 소규모기업과 신기술산업부문에서 숙련수요가 많았다고 보았다(DfEE, *Learning to Succeed*).

또한, 그간 정부가 지원하는 교육훈련프로그램의 재정지원 및 계획의 문제에 대한 지적도 많았다. 정부가 지원하는 16세 이상의 교육훈련이 주로 계속교육재정지원협의회와 훈련기업협의회를 통하여 이루어졌는데 동일한 내용의 교육훈련이지만 서로 다른 기구를 통한 재정지원으로 말미암아 재정지원수준과 평가가 서로 상이하였다[127]. 즉, School Sixth Forms[128]에 대한 재정지원은 지방세(council tax)를 통하여 이루어졌고, 학습결과의 우수성에 대한 인센티브 부여 없이 단지 Standard Spending Assessment에 의해서만 재정지원이 이루어져 왔다. 계속교육재정지원협의회의 재정지원은 세금으로 충당되었으나 고용주나 개인의 기술수요에 부응하기보다는 대학의 수요에 맞도록 고안되는 한계를 지니고 있었다. 또한 훈련기업협의회를 통한 재정지원은 비교적 고용주의 수요에 맞는

---

127) 학습기술협의회의 설립배경과 관련하여 인터뷰하였던 영국의 직업훈련전문가들의 의견에 의하면 이전의 훈련기업협의회 및 계속교육재정지원협의회를 통합하여 학습기술협의회를 설립한 이유로 정부가 재정 지원하는 교육훈련의 비용수준 및 평가의 틀을 단일화 하고자 하는 의도가 가장 강하였다고 한다. 즉, 정부가 재정 지원하는 동일한 교육훈련의 경우에도 훈련기업협의회 및 계속교육재정지원협의회 간의 재정지원의 수준이 상이하여 실제 많은 문제점이 노출되었기 때문이다. 현재 학습기술협의회의 재정지원수준은 과거 상이한 지원수준의 중간수준을 유지하고자 하고 있다.

128) 중등 학교 내 대학진학반을 6학년(Sixth Form)으로 부르고 있으며, 별도로 대학입학을 위하여 GCE A-level을 공부하는 college가 Sixth Form College이다. 이들은 직업교육훈련이라기보다는 대입준비과정인 중등과정의 연장으로 분류하기도 한다.

훈련을 시키기도 하였지만 훈련기업협의회별 상이한 재정지원체계로 말미암아 많은 행정비용이 부과되어서 실제 훈련생에게 지급되는 비용이 줄어드는 문제점이 발생하기도 하였다. 또한 동일한 교육훈련이었지만 재정지원기관이 상이하였기 때문에 평가의 주체도 계속교육재정지원협의회, 훈련기준협의회(TSC), 교육표준청(OFSTED) 등 다양하였다.

학습기술협의회는 교육고용부와 계약하에 정부지원훈련을 전담하였던 훈련기업협의회가 정부부처와 관련이 없는 독립적인 기업(independent company)이었던 것과 달리 비정부부처인 공공기구(non-departmental public body)[129]로 그 성격이 변화하는 것이 가장 큰 특징[130]이다.

학습기술협의회가 밝히고 있는 설립목적을 정리하면 다음과 같다[131]. 첫째, 개인과 고용주의 수요에 부응한다. 둘째, 노동시장의 수요에 맞춘 기술을 습득하여 개인의 취업가능성을 제고한다. 셋째, 세계수준의 사업성과를 성취하기 위한 종업원의 인적개발을 할 수 있도록 고용주에 협력한다. 넷째, 취약계층에 대한 특성화된 지원을 강화하고 기회의 균등을 제고한다. 다섯째, 양질의 서비스전달을 강화한다. 여섯째, 필요하지 않은 관료주의를 제거하고 최대한의 효과성과 비용대비

---

129) 비부처공공기구는 부처로부터 예산의 지원을 받으나 부처의 계선 조직과는 상관없이 독립된 조직으로서, 장관과 부처의 정책결정을 보좌하거나 부처 방침에 따라 책정된 일정분야의 사업을 독립적으로 수행한다. 그 예로는 주택공사, 영국관광공사, 교육표준청, 수도국, 전기규제국, 준 사법적 심판소 등이 있다(이남국, 2001).

130) 인터뷰하였던 영국 교육고용부의 관계자에 의하면 이전의 훈련기업협의회의 경우 민간기업의 형태를 띠었기 때문에 교육훈련이라는 공공성을 띤 업무 이행에 문제점이 많았다고 한다. 따라서 앞으로는 학습기술협의회를 교육고용부 산하의 집행기관인 고용청(Employment Service)과 같은 수준의 정부기관으로 변화시킬 가능성도 있다고 한다.

131) DfEE. *The Learning and Skills Council: A brief guide*. Aavilable: http://www.dfee.gov.uk.; *Learning and Skills Council Operations Guide*. available: http://www.uuy.org.uk/projects/post16/operational_guidance_apr2001.

질을 제고한다.

학습기술협의회는 앞으로 정부가 재정 지원하는 16세 이상의 교육훈련에 관한 총괄적인 집행업무를 관장하게 된다. 현재 지역차원에서는 전국적으로 47개의 학습기술협의회가 있으며, 이들도 각기 지역차원에서 14명으로 구성되는 이 사회를 두고 있다. 이 사회의 구성원은 사업체의 수요를 반영하기 위하여 최소한 40% 이상이 사업체에서 선정되어야 하며, 일부분은 지역개발기구(Regional Development Agency: RDA)[132]에서 선정되어야 하고, 이외에 지역사회, 노동조합, 청소년층, 장애인이나 학습소외계층 등의 업무를 담당하고 있는 사람 중에서 선정된다.

지역 학습기술협의회는 지역, 기업체, 개인들의 수요에 부응하는 교육훈련을 전달할 것이며, 일반적으로 연간 1억 파운드 정도의 예산과 10만 명의 학습자에 대한 교육훈련을 담당하게 되었다.

제3절 소　결

이상으로 직업훈련정책의 집행기구 및 운영방식을 살펴보았다. 영국의 다른 행정부문과 마찬가지로 직업훈련정책에서도 정부와 민간의 역할에 대한 구분이 명확한 편이다. 정부는 정책을 입안하고 정책수행에

132) 지역개발기구는 블레어정부에 의하여 1999년 4월부터 설립되기 시작하였으며 종전의 공적 지역개발기구들을 대체하였다. 이 기구는 지역발전을 목표로 한 중앙정부 및 지방 차원의 기존의 여러 다양한 사업들이 상호 일관되고 조화롭게 추진됨으로써 사업의 중복과 자원의 낭비를 예방할 뿐만 아니라, 지역발전을 좀 더 효과적으로 추진할 수 있도록 만들어졌다. 지역개발기구는 학습과 기술에 관한 계획을 마련하는 데에도 핵심적인 역할을 하고 있으며, 학습기술협의회와 협력하여 국가적 수준과 지역수준의 계획을 마련하고 있다. 지역의 학습기술협의회의 계획은 지역개발기구의 지역전략에 설정된 지역의 수요를 우선 반영하도록 하고 있다.

대한 평가의 원칙을 제시한다. 민간부문은 정부의 정책을 대신 집행하는 경향이 있다.

이러한 정부와 민간의 역할 구분 아래 각종 시장원칙에 의한 교육훈련정책이 집행되어 왔고 교육훈련분야 전반에 존재하고 있던 보편성(universality)의 원칙, 국가의 재정 책임의 원칙, 국가의 행정적 책임과 같은 원칙은 흐려지고 있다. 교육훈련의 이익이 모두에게 돌아갈 것이기 때문에 정부만의 부담이 아닌 개인, 사용자, 정부가 공히 교육훈련의 비용을 분담해야 한다는 공공재정 지원 원칙이 강조되고 있다. 이 과정에서 정부는 교육훈련의 정보제공과 같은 인프라 구축과 취약계층의 교육훈련 제공에만 초점을 두고 있다.

정부는 직업훈련정책을 입안하고 평가하는 체제 구축에 힘쓰고 실제 정책의 집행은 훈련기업협의회라는 민간 기구를 통하여 이루어져 왔다. 또한 훈련기업협의회에 대한 재정지원은 훈련기업협의회가 민간기업이기 때문에 성과를 제고한다는 목표하에 성과연계재정지원방식에 의하여 이루어지고 있다. 따라서 교육훈련 이수 후 취업률이나 자격증 취득률이 높은 훈련기업협의회나 교육련기관에는 정부의 재정지원도 많이 이루어지고 있다. 이로 인하여 실제 취업능력을 배양하기 위해 정부의 재정지원이 많이 필요한 취약계층은 배제될 가능성이 많아지고 있다.

제6장 직업훈련정책의 결과

이상으로 영국의 직업훈련정책 형성의 요인, 구체적인 직업훈련정책의 내용, 집행기구 및 운영방식을 살펴보았다. 이 장에서는 정책의 결과가 어떠하였는지를 경제적 차원과 사회복지적 차원에서 분석하고자 한다. 결과에 대한 논의는 주로 유럽의 다른 국가들과 비교하면서 분석이 될 것이다. 그러나 본격적인 비교연구와 달리 외국의 경험은 영국 사례를 분석하기 위한 보조적 준거로만 사용된다.

앞서 살펴본 바와 같이 정책대상들에게 영향을 주는 결과를 직접적 효과로 분류하고, 정책의 직접적 또는 의도한 효과는 아니었지만, 정책이 매개가 되어 발생한 결과를 간접적 영향으로 분류하여 분석하기로 한다.

경제적 차원에서 직접적인 효과는 정책대상인 훈련생 개인들에 대한 효과로서 직업훈련 이수 후 취업률과 자격증취득률, 임금, 고용기간을 살펴본다. 이들 지표 중 취업률과 자격증취득률은 영국 정부가 성과연계적 재정지원에서 성과로 간주하고 있는 지표이다. 간접적 영향은 국가 전체에 미치는 영향으로 직업훈련의 결과라고 바로 대치하기에는 그 인과성을 규명하기는 어려우나 직업훈련의 최종 목표가 국가 전체의 숙련향상과 경제의 발전이라고 보아서 숙련수준인 자격증 수준, 생산성, GDP 성장률, 제조업의 국제시장점유율을 분석한다.

사회복지적 차원에서 직접적인 효과는 정책대상인 취약계층의 직업훈련 참여의 내용을 분석한다. 간접적인 영향으로는 이 역시 직업훈련의 결과로 대치하기에는 다소 거리가 있으나 직업훈련정책이 복지정책의 하나라는 전제하에 실업률, 장기실업률의 변화, 그리고 소득에 대한 영향으로서 임금, 지니계수, 소득분포를 분석대상으로 한다.

제1절 경제적 차원의 결과

1. 직접적 효과

경제적 차원에서 직업훈련의 직접적 결과지표는 일반적으로 다음과 같이 제시되고 있다(Grubb and Ryan, 1999).

첫째, 직업훈련에 참여했던 개인들에 대한 직접적 효과이다. 양성훈련이나 실업자훈련은 취업을 목적으로 실시되고 있으므로 취업률과 임금의 변화가 주요 지표가 된다. 그러나 취업률이나 임금은 다음과 같은 가정이 전제되어 있어야 지표로서 의미가 있으며 따라서 완벽한 결과지표는 아니라고 할 수 있다. 취업이 성과로 인정이 되려면 일단의 가정이 필요하기 때문이다. 우선 노동시장 내에서 개인의 노동능력이나 생산성에 따라서 채용이 된다는 조건이 전제되어 있어야 한다. 만약 그렇지 않다면 훈련의 취업률은 의미가 없게 된다. 다음으로 개인별 생산성에 따라 임금이 결정된다는 전제가 있어야 한다. 또한 임금증가가 실제 고용능력(employability)의 증대로 일어난 것인지 아니면 단지 노동시간의 연장 때문인지가 문제가 될 수 있다. 또한 훈련생의 취업이 다른 노동자를 대체하는 것이 아니라 고용의 순증대를 야기하는 것으로 가정되어야 한다. 대체효과가 있다면 훈련으로 인하여 고용이 증대되고 경제적 성과가 있다고 단정하기는 어렵다.

다음 지표로는 숙련과 관련된 자격증취득률이 있다. 그러나 자격증취득률도 실제로 자격이 직무능력을 반영해야 한다는 전제가 필요하고 노동시장에서 자격의 활용성이 높을 때 의미 있는 결과지표가 될 수 있다. 예를 들어 영국의 국가직업자격증(NVQ)은 직무관련 교육에 관한 포괄적이고 유용한 척도라고는 하지만 아직도 많은 사용자들이 이를 활용하지 않는 경향이 있다고 한다. 특히 영국의 국가직업자격증은 평가자별로 높은 편차가 있어서 부적절한 학습을 적정한 것으로 인정하는 문제도 있다고 한다.

이상과 같이 완벽한 결과지표라고는 할 수는 없지만 현실적으로 지표로 인정되고 있다는 점에서 취업률과 자격증취득률, 임금의 변화를 토대로 직접적 효과를 분석하고자 한다.

다음은 최근의 평가방법으로 제시되고 있는 준 실험적(quasi-experimental)방법[133]에 의하여 제시되고 있는 통계치 들이다. 물론 이러한 프로그램별 효과가 곧 정책의 효과로 제시될 수 있는 것은 아니다. 그러나 프로그램이 취업률이나 자격증취득률, 임금의 상승을 목표로 한 것이기 때문에 목표달성여부에 따라서 정책의 효과도 가늠할 수 있을 것이다.

1986-98년 동안에 영국에서 이루어졌던 세 가지 유형의 실업자훈련 프로그램[134](〈표6-1〉)의 결과는 모두 한 특정 시점에서의 취업률이나

---

133) 훈련참가자들의 노동시장 성과(고용관련, 임금)를 비교그룹 구성원들의 성과와 비교하는 방법이다.

134) 1980년대 중반 JTS(Job Training Scheme)는 실업자, 여성 노동시장 재진입자 및 전일제 훈련을 받기 위해 퇴직한 피고용자 등을 포함한 훈련생들에게 직종훈련과 재훈련, 숙련향상훈련을 제공하였다. 1988-1998년의 고용훈련(Employment Training: ET)과 취업훈련(Training for Work: TfW) 프로그램은, 장기실업자를 주요 대상으로 하여 작업장이나 특별프로젝트에 기초한 근무경험, 재활훈련(remedial training) 및 재훈련을 다양하게 제공한다. JTS를 고용훈련과 취업훈련으로 대체함으로써 몇 가지 변화가 있었다. 공공훈련기관에서 집체훈련(off-the-job training) 형식으로 다양한 훈련생에 대한 직종별 훈련(occupational training)이나 재훈련이 중심이었던 훈련에서 고용훈련이나 취업훈련 프로그램에서는 장기실업자를 대상으로 가능한 한 현장훈련(on-the-job training)의 형식으로 직무관련 훈련(job-related training)이나 근무경험을 제공하는 방향으로 변화되었다. 훈련규모는 1986-92년 사이에 7배 정도 증가하였으나, 그 이후 다시 줄어들었다. 평균훈련기간은 4-5개월 정도를 유지하였으나, 직무에 기초한 훈련으로의 변화는 제공되는 훈련의 양은 축소시켰다. 훈련공급자에 대한 공공자금의 지급은 1991년 투입(훈련의 시작 및 진행)기준

누적적 고용기간 등 고용관련 결과의 양 측면에서 통계적으로 유의미한 향상의 효과가 있었다는 것을 보여주고 있다(〈표6-2〉).

〈표6-1〉 영국의 실업자훈련의 운영 및 결과(1986년-1998년)

프로그램	운영 기간 (연도)	참가대상		훈련 기간 (개월)	서비스	참가자 소득	재정 지원기준	참가자 수 (천 명, 연도)
		연 령	지 위					
직업훈련 계획 (JTS)	1986-88	18세 이상	관심 있는 개인	5.0	직종별, 집체훈련	훈련비 없음 (96%) 훈련수당 (83%)	훈련생 수 및 훈련 기간	18b (1986)
고용 훈련 (ET)	1988-93	18세 이상	6개월 이상 실업자	4.9a	작업, 집체훈련 및 프로젝트를 통한 직업자격증 획득	실업급여+ 1주당 10파운드	훈련생 수 및 훈련 기간(주)	125 (1992)
취업 훈련 (TfW)	1993-98	18세 이상	6개월 이상 실업자	4.5	작업, 집체훈련 및 프로젝트를 통한 훈련 및 근무경험	실업급여+ 1주당 10파운드; 피고용인도 참가할 수 있음	훈련생의 성과 (자격증이나 취업)c	133 (1994) 51 (1997)

주: a. 저자의 추정; 훈련기간이 2개월 이내인 참가자는 제외
b. 매년 4만 명이 이수한 것을 기초로 한 저자의 추정; 탈락률을 10%로 가정
c. 1995년부터

자료: Payne. (1990).; Payne *et al.* (1996).; Payne *et al.* (1999).; Ryan. (2000). Publicly funded training for unemployed adults: Germany, the UK and Korea.「한국의 경제위기와 노동시장 개혁에 관한 국제회의 자료집」. Available: http//www.kli.re.kr에서 재인용.

에서 산출(자격증 획득, 훈련 이수후의 취업률)기준으로 변화하였다(Ryan, 1999).

〈표6-2〉 영국의 실업자훈련 이수생 중 직업자격증 취득자 비율

단위: %

구 분	직업훈련계획 (JTS) 1986	고용훈련 (ETa) 1994, 1-3월	취업훈련 (TfWa) 1997, 7-9월
전체 자격증	62b	34	38
1급	-	7	5
2급	-	12	14
3급	-	2	5
4급	-	0	1
기 타	-	13	13
부분 자격증	-	6	6
합 계	62	40	44

주: a. 잉글랜드만 포함
b. 훈련공급자들이 발행한 훈련이수자격증 포함(이수생의 17%)

자료: Payne. (1990).; DfEE. unpublished paper.; Ryan. (2000). Publicly funded training for unemployed adults: Germany, the UK and Korea. 「한국의 경제위기와 노동시장 개혁에 관한 국제회의 자료집」. Available: http//www.kli.re.kr에서 재인용.

취업률은 JTS(Job Training Scheme)를 마친 지 1년 후 14%, 고용훈련(ET)과 취업훈련(TfW)을 마친지 3년 후 각각 22%와 12%로 나타나고 있다. 단기(1년) 효과는 JTS에서만 효과적인 것으로 나타났으나, 다른 두 개의 프로그램의 경우에는 3년이 지나면서 상당한 효과를 보인 것으로 나타나고 있다[135].

135) 훈련이수 직후의 구직률은 훈련프로그램의 성공을 판단할 수 있는 지표로는 빈약하다. 이 비율은 훈련을 이수한 첫해에는 일반적으로 아주 높은 수준을 보이기 때문이다. 직업 자격증의 획득이나 고용되었을 경우의 임금수준을 포함하여 다른 성과지표 역시 마찬가지의 문제점을 보인다. 훈련프로그램이 없었을 경우 실업자의 성과 대비 훈련프로그램 이수 후 성

임금효과는 프로그램마다 크게 달랐다. JTS의 참가자들은 대략 시간당 임금으로 22%가 증가한 것으로 추정되었다. 자신이 훈련을 받은 직종에서 일자리를 찾은 훈련 이수생은 총이수생의 2/3 정도 되는데, 이들의 임금증가율은 31%였다. 이러한 효과는 상당히 큰 편이라고 할 수 있다. 왜냐하면 일반적으로 공식적 교육의 개인에 대한 편익은 전일제 교육 1년에 10%를 밑도는 것으로 추정되기 때문이다. 그러나 다른 2개의 프로그램인 고용훈련과 취업훈련의 참가자들은 평균적으로 거의 성과를 보이지 않았다. 특별한 유형의 참가자들의 경우에는 상당한 편익을 보이기도 하였는데, 특히 고용훈련에서 집체훈련(off-the-job training)을 받은 경우와 취업훈련에서 직무에 기초한 훈련과 관련직업 자격증을 취득한 경우에는 그러했다. 이들 두 범주에서의 임금증가율은 각각 6%와 9%로 추정되었으며, 이는 다른 인적자본투자에 대한 수익률에 필적할 만한 수준이다. 그러나 대체로 보아 1980년대의 JTS가 고용훈련이나 취업훈련보다 참가자들의 임금증가에 더욱 많은 기여를 한 것으로 보인다[136]. 그러나 자격증취득률의 경우 JTS보다 직무훈련 중심인 고용훈련이나 취업훈련의 성과가 미약했다(〈표6-3〉).

1990년대에는 구동독지역에서도 실업자훈련이 많이 실시되었다. 영국의 실업자훈련의 고용효과는 같은 시기 동독지역의 효과보다도 높은 것으로 보이고 있다. 이는 독일이 작업장 밖에서 실시하는 훈련이 주류인데 비하여 영국은 작업장에 기반을 두어 직무에 기초한 훈련을 주로 실시한 데 기인하는 듯하다. 그러나 직무에 기초한 프로그램이 어떤 사용자들에게는 이후의 채용을 위한 훈련 및 선별의 과정이라기보다는 값싼 노동력을 얻는 수단으로 작용하기도 하였다고 한다. 직무에 기초한(work-based), 직무 지향적(job-oriented) 훈련은 영국에서 훈련참가자

과의 변화율만이 제대로 된 훈련성과를 나타낼 수 있다.

136) 이러한 이유는 확실히 장담할 수 없으나 비교적 직업훈련계획(JTS)이 훈련의 질이 좋았음을 간접적으로 증명하는 것으로 보인다.

들이 일자리를 찾는 데 도움을 준 것으로 보이지만, 독일식의 집체훈련의 효과보다 그 정도가 아주 큰 것은 아니었으며, 전체적으로 볼 때 대체효과로 인한 총고용상실의 경향으로 나타나기도 하였다.

〈표6-3〉 영국의 실업자훈련에 대한 준 실험 방법의 평가결과

프로그램	샘 플		전국실업률	직업자격증취득률	프로그램이 참가자의 노동시장성과에 미친 효과 추정				
					고용효과			임금효과	
	구 성	크기(명)	(%)	(%)	성과를 내기까지 걸린 시간(개월)	취업률(%포인트)	누적적 고용(참가 이후부터 시간%)	성과를 내기까지 걸린 시간(개월)	시간당 임금(%)
직업훈련계획(JTS)	1986년 이수자	785	10.4	62	3-15	남+17* 여+10*	n.a.	0-15	합계+22* it+31* ot+3
고용훈련(ET)	1993년 1-2월 이수자	917	9.6	55	12 24 36	+3# +15# +22#	합계+6# 남+8# 여+3# (25개월시)	14	합계+2
취업훈련(TfW)	1995년 9-10월 이수자	882	7.1	44	12 24 36	0 +6* +12*	+14# (17개월시)	16-22	합계+2

주: #. 통계적 유의미성을 계산할 수 없음.
it. 훈련과 관련된 업종에 고용됨
ot. 훈련과 관련 없는 업종에 고용됨
자료: Payne. (1990); DfEE. unpublished paper; Ryan. (2000). Publicly funded training for unemployed adults: Germany, the UK and Korea. 「한국의 경제위기와 노동시장 개혁에 관한 국제회의 자료집」. Available: http//www.kli.re.kr에서 재인용.

2. 간접적 영향

간접적 영향의 지표로는 국가 전체의 숙련수준을 분석하기 위하여 자격증수준, 생산성, GDP 성장률, 제조업국제시장점유율 등으로 분석하여 보도록 한다.

먼저 자격증수준을 살펴보도록 한다. Skills Audit이 조사한 1994년 기준 영국, 프랑스, 독일, 싱가포르, 미국의 기술수준을 보면 영국의 중급기술 부족이 심각함을 알 수 있다(<표6-4>). 1990년대 이전부터 고질적인 문제로 제시되어 오던 중급기술의 문제가 여전히 해결되지 않고 있는 것이다. Ryan(1991)은 영국의 가장 큰 약점이 중급수준기술(intermediate skills)의 부족이라고 이미 강조한 바 있었다. 중급기술은 하급(routine skills)보다는 높은 단계이면서 상급(professional ones)보다는 낮은 단계로서 이 중급기술은 경제성과에 특히 다음과 같은 점에서 중요하다고 한다. 첫째, 기술보유에 사회적으로 많은 비용이 들며 둘째, 전이가 가능하여(transferable) 사회 전체적으로 의미가 있다고 한다. 또한 <표6-5>는 기능공수준에서도 여전히 경쟁국인 독일과 비교하면 낮은 수준의 자격증보유율이 지속되고 있음을 알 수 있다.

<표6-4> 1994년 기준 경제활동인구별 자격증 보유율 국제비교

단위: %

구 분	영 국	프랑스	독 일	싱가포르	미 국
2급-3급 미만	15	35	8	29	21
3급-4급 미만	11	14	47	11	7
4급 이상	19	16	15	12	22

자료: Skills Audit. (1996). GMB and T&G. Training for Success에서 재인용.

〈표6-5〉 영국과 독일의 1985-1996년 기간 엔지니어링부문 20세 연령층의 기능공(craft level) 자격증 보유율 비교

단위: %

1985년 영국	1984년 독일	1992년 영국	1992년 독일	1995년 영국	1995년 독일	1996년 영국	1996년 독일
4.34	13.78	4.0	14.7	4.4	16.39	4.0	16.58

자료: Steedman, Gospel and Ryan. (1998). *Apprenticeship, a strategy for growth.* London: Centre for Economics Performance at the London School of Economics and Political Science.

설문조사에서도 다음과 같이 영국의 수준은 낮은 것으로 평가되고 있다(〈표6-6〉과 〈표6-7〉). 또한 직무를 수행하는 데 가장 기본이 되는 직업기초능력으로 논의되고 있는 성인의 문해능력에 대한 최근의 한 조사[137]에서도 전반적으로 영국의 수준이 낮은 것으로 평가받고 있다.

137) 이 연구는 지난 1995년부터 1998년까지 선진국들을 대상으로 실시된 International Adult Literacy Survey(IALS)를 이용하고 있다. 조사는 국가 전체의 모집단을 기준으로 무작위로 표본을 추출하여 진행되었다. 조사 대상 연령은 16세에서 65세까지이다. 조사절차는 우선 표본대상자들을 상대로 기본적 배경변수들을 조사한 후 약 1시간 동안 문해 기술을 읽기, 분석, 수리 등 세 가지로 영역으로 나누어 시험을 치르는 방식으로 진행되었다. 각 분야별 점수는 가장 낮은 점수인 0점에서 가장 높은 점수인 500점으로 분포되어 있다. 문해 점수는 응답자들이 얼마나 잘 각 분야별 과제에 대한 질문들을 잘 이해하고 분석하는 정도에 따라 측정되고 있다. 점수의 측정방법은 문항반응이론(Item Response Theory: IRT)이라는 통계적 방법을 이용하고 있다. 조사결과 대부분의 개인들은 약 200점에서 400점 사이에 분포하는 것으로 나타났다. 조사에 참여한 나라들은 호주, 벨기에, 캐나다, 칠레, 체코, 핀란드, 독일, 헝가리, 아일랜드, 이태리, 네덜란드, 뉴질랜드, 노르웨이, 폴란드, 포르투갈, 슬로베니아, 스웨덴, 스위스, 영국, 미국 등이 있다. 독해와 관련된 문해 기술은 prose literacy로 표현되는데 이것은 신문사설, 뉴스내용, 시 그리고 소설의 산문들을 이해하고 정리하는 능력을 측정하고 있다. 분석과 관련된 문해 기술은 document literacy로 정의되며 다양한 종류의 문서들, 예를 들면 직장지원원서, 각종 공과금 작성지침서, 교통수단도표, 그리고 그 외의

〈표6-6〉 qualified engineers(의견조사결과)수준의 국제비교

구 분	영 국	한 국	일 본	독 일	프랑스
1999년	39위	43위	7위	23위	3위

자료: IMD. (1999). *The World Competitiveness Yearbook.*

〈표6-7〉 skilled labour(의견조사결과) 수준의 국제비교

구 분	영 국	한 국	일 본	독 일	프랑스
1999년	34위	40위	16위	3위	8위
2001년	40위	25위	10위	19위	22위

자료: IMD. *The World Competitiveness Yearbook.* 각 년도.

다음으로 생산성을 살펴보도록 한다. 생산성은 노동자 일인당, 혹은 요소자본당 상대적으로 많은 상품과 서비스를 생산할 수 있는 능력이다. 이 지표는 환율변동과 조정에 덜 민감할 뿐만 아니라 한 나라의 장기적 경쟁 잠재력과 긴밀히 연관되어 있기 때문에 일반적으로 경쟁

테이블이나 차트 등을 얼마나 잘 이해하고 해석하고 있느냐를 은행융자 서류, 이자율계산서, 은행예금 기록표에 나오는 수치들을 얼마나 잘 계산하고 응용하고 있는지를 조사하고 있다.

〈표〉 문해능력의 국가별·구간별 평균비교

구 분	상위 5%	상위 25%	중 간	하위 25%	하위 5%
독 일	359.2667	316.5	284.7667	255.3667	208.2
스웨덴	386.2	339.5	304.2667	274.2333	216.1667
영 국	359.6	313.1667	267.1333	231.2333	145.3333
미 국	370.8	319.4333	272.2667	234.5667	133.4667

자료: OECD/HRDC. (1997). *Literacy Skills for the Knowledge Society: Further Results from the International Adult Literacy Survey.* Paris: OECD/Human Resources Development Canada.; 에버린 후버·존 스테픈스. (2002)에서 부분적으로 재인용.

력을 비교할 때 가장 중요시되는 경향을 보인다. 그러나 이 역시 고용을 희생으로 해서 성취되는 경우가 있고 단기적으로는 성장을 희생시키면서 증대될 수도 있기 때문에 완벽하다고는 할 수 없다. 먼저 생산성의 변화에 대하여 살펴본다. 다음의 통계수치들은 1990년대 이전에 비하여 1990년대에 생산성이 상당히 높아졌으나 외국과 비교하여 탁월한 성과는 아님을 보여주고 있다.

〈표6-8〉 생산성 변화의 국제비교

단위:%

구 분	79-87년간 제조업에서의 성장률					79-93년간 전체산업의 연평균성장률	
	산출	고용	부가가치*	노동생산성		노동 생산성**	총소요생산성***
				노동자당 산출	노동시간당 산출****		
영 국	0.0	-27.5	13	37.8	41.3	2.0	1.4
미 국	21.6	-6.3	35	29.8	23.4	0.8	0.4
일 본	62.4	6.7	84	52.2	45.8	2.5	1.4
독 일	7.6	-7.5	13	16.5	18.3	1.7	1.0
프랑스	-	-	-	-	32.8	2.2	1.2

주 * 1979-1990년
** 노동자 1인당 산출
*** 노동자 1인당 산출+투자자본당 산출
**** 1979-89년

자료: OECD. (1996c). *Economic Outlook*. Paris: OECD.: N. Crafts. *Britain's Relative Economic Decline 1870-1995.*: B. Rowthorn. The Thatcher Revolution.: Cosh, Hugh and Rowthorn. The Competitive Role of UK Manufacturing Economy; 김영순. (1999)에서 재인용.

〈표6-9〉 노동생산성 및 단위노동비용 증가율 국제비교

단위: %

구 분		1996년	1997년	1998년	1994-1998년
독 일	노동생산성	2.6	3.6	2.8	2.6
	단위노동비용	-1.1	-2.3	-2.2	-1.4
프랑스	노동생산성	1.4	2.0	1.9	1.6
	단위노동비용	0.4	-1.0	-1.2	-0.4
영 국	노동생산성	1.7	1.8	1.3	1.6
	단위노동비용	-1.1	0.2	1.6	-0.1
EU 평균	노동생산성	-	-	1.7	-
	단위노동비용	-	-	-1.2	-

자료: Employment & Social Affairs. (1999). *Employment Policies in the EU and in the Member States*. Belgium: European Commission.

다음은 GDP 성장률이다. 일반적으로 1인당 GDP 성장률은 가장 전통적이며 널리 쓰이고 있는 경쟁력의 측정지표이다. 그러나 이 지표 역시 구성원들의 '삶의 질'을 제대로 측정하여 경쟁력 평가에 반영시키는 데에는 한계가 있다.

2000년도 유럽연합(EU) 통계청 발표에 의하면 1999년도 영국의 GDP는 1조 3,480억 유로(8,220억 파운드, 16,444조 원)에 달해 1조 3,470억 유로에 그친 프랑스를 30여년 만에 앞질렀으며, 경제규모면에서 세계 4위로 도약했다고 한다. 영국의 GDP 성장률은 최근 10년간(1989-1999) 미국의 연평균 성장률 4.1%에는 미치지 못하지만 일본이나 프랑스, 독일과 같은 주요 선진국에 비하여 상대적으로 높은 성장률을 보여주고 있다(〈표6-10〉, 〈표6-11〉). 아울러 1998년부터 1999년까지 연간성장률 또한 일본이나 독일보다 다소 높은 것으로 나타났다. 그럼에도 불구하고 여전히 낮은 수준의 투자와 생산성 문제는 영국경제가 해결해야 할 과제로 제기되고 있다(임성일 · 최영출, 2001).

〈표6-10〉 국내총생산(GDP) 국제비교(1990년-1999년)

단위: %

연 도	영 국	프랑스	독 일	스웨덴	미 국
1990	0.6	2.5	-	1.4	1.8
1991	-1.5	1.1	-	-1.7	-0.5
1992	0.1	1.3	2.2	-1.4	3.0
1993	2.3	-0.9	-1.0	-2.2	2.7
1994	4.4	1.8	2.4	3.3	4.0
1995	2.8	1.9	1.6	3.9	2.7
1996	2.6	-	0.8	1.3	3.6
1997	3.5	1.9	1.5	1.8	4.2
1998	2.2	3.2	2.1	2.9	4.3
1999	2.1	-	-	-	4.1

주: 일정기간 동안 경제규모의 실질적인 증가 정도를 나타내는 지표로서 기준년가격 GDP의 전년비 증가율로 나타냄.

자료: 한국은행. (1999).「국민계정」; IMF. (2000). International Financial Statistics.; 통계청. (2000). 「국제통계연감」. 대전: 통계청에서 재인용.

〈표6-11〉 주요 OECD 국가들의 경제지표 비교

구 분	각국의 OECD 총GDP 대비 비율(%)	1인당 GDP($)	GDP 성장률(%)		
			1989-99년	1998-99년	1997-98년
영 국	5.4	22,300	1.9	1.7	2.2
프랑스	5.4	21,900	1.6	2.4	3.3
독 일	7.8	23,600	0.6	1.3	2.2
일 본	12.5	24,500	1.7	1.4	-2.8
미 국	37.1	33,900	4.1	4.1	4.3
OECD 전체	100	22,300	-	-	-

자료: OECD. (2000c). *OECD Economic Surveys United Kingdom*. Paris: OECD.

다음의 시장점유율은 수출경쟁력을 평가하는 근거로서 나라마다 경제규모와 수출비중이 다르기 때문에 경쟁력 측정 시엔 보통 시장점유율 자체보다는 특정기간 동안 얼마나 시장점유율이 변했나를 문제 삼는다. Krugman이 지적하였듯이 세계시장에서의 우열이 부지불식중에 국민경제의 수행능력과 등치되고 있어서 경쟁력의 척도로 자주 이용되는 지표이기도 하다. 그러나 시장점유율은 세계시장 점유율의 증대가 반드시 세계시장으로부터 높은 소득을 벌어들이는 것으로 연결되지는 않는다는 점(국내 시장점유율의 하락을 반영할 수도 있고, 가격인하에 의해 시장점유율을 늘일 수도 있다), 환율조작이나 무역정책의 조작에 의해 영향 받을 수도 있다는 점에서 경쟁력을 정확히 반영하지 않는다는 단점이 역시 있다.

〈표6-12〉 제조업 국제시장 점유율 국제비교

단위: %

구 분	1913년	1950년	1973년	1979년	1992년
벨기에	5.1	6.4	6.7	5.9	4.9
캐나다	0.6	6.3	5.0	4.2	4.7
프랑스	12.4	9.9	10.5	10.5	10.2
독 일	27.3	7.2	20.8	20.8	19.6
이탈리아	3.4	3.7	8.3	8.3	8.1
일 본	2.4	3.5	12.8	13.7	16.9
네덜란드		3.0	5.1	4.8	4.5
스웨덴	1.4	2.9	3.4	3.1	2.5
스위스	3.2	4.2	3.2	3.4	3.2
영 국	30.9	25.4	9.1	9.1	7.9
미 국	13.3	27.5	16.1	16.2	17.6

주: 표에 나타난 11개국을 100%로 했을 때의 점유율

자료: Craft. *Britain's Relative Economic Decline 1870-1995*; 김영순. (1996). 「복지국가 재편의 두 가지 길: 1980년대 영국과 스웨덴에 대한 비교연구」. 서울: 서울대출판부에서 재인용.

이상의 통계에서 보면 생산성과 GDP성장률 등은 전반적으로 향상되었으나 국제시장에서의 경쟁력은 여전히 취약한 상태임을 알 수 있다. 이러한 괴리는 무엇을 의미하는가? 여러 논자들은 영국의 생산성 향상이 투자 증대 및 혁신과 숙련도 제고에 의한 품질향상이 아니었기 때문이라고 파악하고 있다. 다음절에서는 이러한 논의에 대하여 좀 더 자세히 분석하도록 한다.

3. 논 의

논자들은 영국이 20세기에 들어서면서 과거의 영광에서 벗어나 경제적으로 쇠퇴하고 있는 원인 중의 하나로 직업훈련제도의 취약성을 공통적으로 제시하고 있다[138]. 어떻게 이러한 원인이 제시될 수 있었는지 먼저 영국의 경제적인 경쟁력 저하의 원인을 알아보도록 한다.

---

138) 다음의 표는 잉글랜드의 1980년대 교육훈련 실적을 보여주고 있다. 1980년대에도 유럽의 경쟁국과 비교하여 교육훈련의 결과가 좋지 않았음을 알 수 있다.

〈표〉 잉글랜드의 교육훈련 국제비교 실적

구 분	비 교
학교성적 (86년, 15세 기준 수학성적)	잉글랜드의 상위 20%=독일의 상위 20% 잉글랜드의 평균=독일의 하위 50%
정규교육참여율(88년)16세 16-18세	잉글랜드=47%, 미국, 일본, 스웨덴=85-95% 잉글랜드=32%, 일본, 스웨덴, 미국=80% 이상
자격증 보유 노동자비율(80-81년)	잉글랜드=36%, 독일=66%, 일본=60%
고등교육부문 18세 비율 고등교육 및 계속교육 10-24세 비율	영국=15%, 미국=48% 이상, 한국=36% 영국=20%, 일본=30%, 스웨덴=37%
교육훈련(87년)의 전문자격증 취득비율	영국=20%, 프랑스/독일=60%, 미국/일본=85%
고용상태 성인훈련 - 정부(90년) - 개인(88년)	영국=0.1%으로서 유럽에서 최하 최근 3년간 훈련을 받지 않은 경우 66%, 미래에 훈련이수계획 없는 경우 42%

자료: NIESR. (1983).; NIESR. (1986).; OECD. (1990). ; MSC/NEDO. (1984).; DES. (1989).; Handy. (1987).; Finegold. (1992)에서 재인용.

20세기 초부터 지속된 영국의 경제적 쇠퇴는 1970년대 초부터 시작된 세계적인 경제위기에 훨씬 더 심각해졌다. 1970년대의 경제적 위기는 서구자본주의 국가 모두에서 나타났던 일반적 현상이었으나 영국은 황금기 동안에 이미 상대적 쇠퇴를 계속해 옴으로써 위기에 대처하기 어려운 구조적 취약성을 안고 있었기 때문이다. 영국경제의 쇠퇴원인에 대해서는 다양한 해석이 존재하나 이를 정리하면 대체로 다음과 같다(Gamble, 1988; 1990; Overbeek, 1989; Dunleavy, 1989; 김영순, 1996).

첫째, 국제화된 금융자본의 지배력이다. 19세기 중엽 대영제국의 황금기에 형성된 영국의 금융과두제는 지금까지도 막강한 지배력을 유지하고 있다. 흔히 '런던의 헤게모니(hegemony of the City)로 불리는 이런 금융자본의 우위와 국제지향성은 국내 산업의 발전에 지극히 불리하게 작용해 왔다. 금융자본의 우위는 산업자본으로 하여금 금융자본의 경영평가에 민감할 수밖에 없게 함으로써, 단기적인 이윤창출에 집착하게 만들었으며 산업구조의 합리화를 위한 장기적 전략을 수립할 수 없도록 하였다. 이러한 상황에서 기업들은 종업원들에 대한 직업훈련과 같은 장기적인 계획은 설정하기가 힘들었다. 금융자본의 국제지향성 역시 산업자본에는 불리했다. 금융자본은 세계적인 신용대부를 통해 이익을 취할 수 있었으므로 자국 산업자본에 유리한 신용의 제공은 중요한 사안이 아니었다. 오히려 산업자본의 수출을 유리하게 할 수 있는 파운드화의 평가절하가 이들에게 항상 저지해야 할 목표였다.

둘째, 일부 거대 산업자본의 조기국제화와 내수자본의 취약성이다. 전후 내수를 기반으로 부흥한 독일이나 일본의 산업자본과는 달리, 영국의 핵심적 산업자본은 빨랐던 산업혁명과 광범위한 식민지 상품시장의 영향으로 초기부터 대단히 국제화되어 있었다. 게다가 자국의 내수자본을 지원하지 않는 금융자본의 성격은 이를 더욱 강화시켰다. 이는 이들 초국적 기업의 이윤 증대가 국내에서의 투자와 고용의 창출 및 임금증대로 연결되지 않는다는 것을 의미했다. 한편 이들과 달리 내수에 기반을 둔 자본들은 금융자본의 헤게모니와 제국의 유산에 기인하는 전근대적 기업문화(제조업종사자에 대한 경시풍조와 기업주들의 기업가정신의 결여) 및 노사관계라는 한계 속에서 열위를 면치 못했다. 그리고 이는 이윤이 높고 팽창적인 잉글랜드 남동부의 소수의 금융자본 및 초국적 기업들과 나머지 내수자본 간의 차이를 확대시켜 경제의 이원화를 가져왔다.

셋째는 국가의 취약성이다. 영국의 국가는 케인즈 주의를 국가가 개입하지 않고 시장을 방치할 경우 초래될 실업과 정체를 교정하기 위한 총수요 조절수단으로만 생각했다. 따라서 투자와 생산 등 공급측면과 수요측면을 잘 조화시킬 국민경제의 총체적 관리를 위한 개입은 시도하지 않았다. 국가기구 내에 이런 총체적 관리를 담당할 정부부처 간의 정책협조도 없는 상태에서, 거시경제정책의 결정은 런던의 금융자본과 긴밀히 연결된 소수의 재무부관료의 손[139]에 맡겨져 있었던 것이다. 이들은 국제수지의 적자로 파운드화의 위기가 표면화될 경우, 신용회복을 위하여 디플레정책을 대응하고, 이렇게 하여 수요가 충분히 위축되면 다시 리플레정책으로 회귀하는 스탑-고우정책(stop-go policy)으로 일관하면서 금융자본의 이해를 일차적으로 대변했다. 그리고 이런 구조적 한계에 의해 제약된 경제정책의 특성들은 노동당 정권이나

139) 기술교육 분야에서 영국의 상대적 낙후성을 이해하는 데는 제도적인 측면으로 지향된(institutionally oriented) B. Elbaum과 W. Lazonick의 설명이 매우 유용함을 보여주고 있다(B. Elbaum and W. Lazonick. (1986). An Institutional perspective on British decline. In B. Elbaum and W. Lazonick(eds.). *The Decline of British Economy.*) 사실상 영국과 같은 자유민주주의 국가에서는 소위 국가이익을 상정하는 데 있어서 서로 경쟁하는 각각의 이익집단들 사이에 항상 얼마간의 차이가 있을 수 있다. 정부의 기술교육 관련 각 부처 간에도 서로 이해관계가 상반되고 있었다. 이런 맥락에서 G. C. Allen은 영국 산업의 쇠퇴에 대한 주 책임을 그들 대부분이 자신의 기존 견해나 이해관계에 크게 젖어 있는 '우리가 현재 권력기구라고 부르는 곳, 정치지도자들, 관료집단, 그리고 주요 기업체의 정책결정자들' 위에 놓았다.

보수당정권이나 크게 다르지 않았다.

마지막으로 들 수 있는 것은 영국 노조의 방어적 힘과 전(前) 근대적 노사관계이다. 영국의 노동조합은 전국적 수준에서 국가와 자본 간의 협상을 통해 자신에 유리한 경제정책을 유도하는 조직이기보다는 임의주의에 입각하여 작업장 수준에서의 단기적 물질적 이익을 추구하는 조직이었다. 그리고 적어도 작업적 수준에서 자신의 이익을 방어하는 힘은 더욱 강화되었는데 이 역시 영국 산업의 현대화에 큰 걸림돌이 되었다. 노조는 기존의 낡은 노사관계의 관행에 집착하면서 산업합리화에 저항했던 것이다. 물론 더욱 중요한 문제는 투자부족이었고 이는 투자증대의 환경을 조성하지 못했던 국가나 자본가들의 실패에 기인하는 것이라는 점에서, 그리고 국가나 자본가들 역시 이런 산업관계를 개선하기 위해 적극적 노력을 기울이지 않았다는 점에 있다. 그러나 노조의 이런 방어적, 보수적 성향 역시 경제적 쇠퇴에 전혀 책임이 없지는 않았던 것이다.

그렇다면 이러한 경제적 쇠퇴를 극복할 하나의 대안이었던 대처정부 이래의 유연화는 어떻게 진행되었으며 이는 어떠한 영향을 미쳤는가?

J. Atkinson에 따르면 포디즘의 경직성을 극복하고 소비자들의 차별화된 수요를 만족시킬 다품종 소량생산을 수행하기 위해서는 다음 세 가지의 유연화가 필요하다고 한다.

첫째, 수요변화에 대응하여 노동력의 규모를 신속하고 용이하게 변화시킬 수 있는 능력을 의미하는 수량적 유연성(numerical flexibility), 둘째, 시장수요, 기술, 혹은 기업전략의 변화에 맞추어 노동자들을 쉽게 배치 전환시킬 수 있는 능력을 의미하는 기능적 유연성(functional flexibility), 셋째, 보수의 구조가 수량적, 기능적 유연화를 고무하고 개별노동자의 수행업적과 기술숙련도를 반영할 수 있는 정도를 의미하는 보수의 유연성(pay flexibility)이다.

이런 기업수준에서의 유연성을 제고하기 위해서는 당연히 이를 뒷받침할 국가의 규제완화와 자유화조치가 뒤따라야 한다. 수량적 유연성의 제고를 위해서는 고용보호를 위한 국가의 규제조치가 철폐되어야 하고, 보수의 유연화를 위해서는 기존의 집단현상에 의한 경직적 임금결정을 뒷받침해왔던 노사정의 3자협상구조를 해체시켜야 하며, 자본주도의 기능적 유연성을 위해서는 작업장 수준에서 노조가 지니고 있던 여러 법적, 제도적 권한들을 약화시켜야 하기 때문이다.

그러나 다른 한편으로 국제경쟁력을 갖는 진정한 의미의 유연적 생산방식으로의 이행이 이루어지기 위해서는 이러한 탈규제만으로는 부족하다. 그것은 또 다른 형태의 국가개입을 필요로 한다. 신기술에 기반을 둔 유연생산의 확산을 위해서는 대규모의 연구개발투자가 요구되고 또한 기능적 유연성을 발휘할 수 있는 고숙련노동력이 필요하지만, 이는 집합재(collective goods)적인 성격을 갖는 것으로 개별 기업단위에서는 이루어지기 어렵기 때문이다(Brown, 1990). Jessop에 따르면 기존의 케인즈 주의 복지국가를 대신하는 슘페터 주의적 복지국가는 개방경제 속에서 자국 기업의 국제경쟁력의 강화를 위해 기업의 재구조화와 혁신을 지원할 다양한 정책들을 실시해야 한다. 개별기업이 감당할 수 없는 대규모의 연구개발투자나 신기술을 사용할 노동자들의 훈련, 재훈련 등이 그것이다(Jessop, 1993).

그러나 1980년대 들어 본격적으로 추진된 대처정부의 유연화전략의 특징은 유연생산을 위해 필요한 하부구조(infrastructure)의 조성 없이 탈규제에만 의존하려 했다는 것이다. 전통적으로 기업가정신을 결여하고 있던 영국의 자본가들은 연구개발투자와 노동력의 재숙련에 적극적으로 나서지 못했고 대처정부 역시 마찬가지였다. 대처정부는 노동자들을 재숙련화시킴으로써 기술적 유연화를 꾀하는 대신, 고용·임금·작업시간·노동조건에 대한 규제 장치를 해제함으로써 노동시장을 수량적·가격적으로 유연화시켰다(March, 1992; Jessop, 1993).

이와 같은 탈규제를 통한 시장의 강화는 자본에 대해서도 적용되었다. 대처정부는 민간산업의 혁신을 적극적으로 지원하거나 스스로 연구개발투자에 나서는 대신에 자생적 경쟁력의 강화라는 명분 아래 영국의 자본을 국제경쟁에 노출시켰던 것이다. 즉, 대처정부는 새로운 국가개입에는 지극히 소극적인 한편 탈규제의 논리만을 채택함으로써 노동과 자본을 모두 철저한 시장경쟁으로 내몰았던 것이다(Jessop *et al.*, 1989).

영국은 기업의 문제에 관한 한 정부가 개입하지 않는 긴 역사를 가지고 있었으나 대처정부 이래 수행된 각종 규제완화 조치는 이를 더욱 강화시켜 갔다. 이런 상황에서 기업의 종업원에 대한 직업훈련도 기본적으로 개별 종업원들과 기업에 거의 전적으로 책임이 주어졌기 때문에 종업원의 직업훈련에 대한 기업의 의무는 없어졌다. 청소년이나 실업자와 같은 취약계층의 직업훈련에 대한 정부의 지원을 제외하면 체계적인 직업훈련제도가 없다고 할 수 있다.

전통적으로 존재하던 직업훈련의 자발주의에 덧붙여 대처의 집권 이후 다양한 제도적 개혁을 통하여 직업훈련제도가 시장원리에 기초한 규제로 변화하였기 때문이다. 1960년대의 짧은 조합주의적 경험을 탈피하여 정부는 사용자와 종업원들이 스스로 훈련에 대하여 책임지고 모든 종업원에게 훈련의 기회가 주어지는 완전한 훈련시장을 더 선호하게 된 것이다.

한편으로 정부재정지원훈련인 양성훈련과 실업자훈련 부문에서도 정부는 재정지원을 통하여 훈련기관을 주도할 수 있는 권한을 가지면서도 다른 한편으로는 고객의 선택 폭을 넓히면서 비용을 절감하기 위하여 분권화된 경쟁을 이용하는 준시장적(quasi-market)제도를 채택하였다. 정부가 운영하던 직업훈련시설과 같은 공공재산은 매각되었고 민간부문인 훈련기업협의회를 통하여 간접적으로 훈련공급업자와 계약을 통해 훈련을 공급하게 된 것이다. 정부는 충분히 발전한 훈련시장에서 사용자와 종업원이 스스로 훈련을 책임지게 하고 반면에 정부는 청소년이나 실업자에게 신경을 쓰는 등 책임을 분담해야 한다고 생각했다.

물론 보수당하에서도 경쟁국과 경쟁하기 위한 국가교육훈련목표가 제시된 바 있다. 1989년 경쟁국과 비교한 기술 및 생산성 저하에 자극 받아서 영국기업연맹(CBI)을 주축으로 한 연구팀은 국가교육훈련목표(NTETs)를 제시하였다. 이는 분명히 기업들조차 국가 전체의 교육훈련의 저하[140]를 걱정하였기 때문이었다. 이 계획은 정부를 제외한 직업훈련의 이해관계자들이 국가적, 분야별, 지역별로 목표를 성취하는 데 있어 행해야 할 방안에 대한 행동계획을 합의, 결정했고, 그 목표에 대한 모든 이해관계자들의 책임을 강조했다. 그러나 당시 보수당정부는 이 계획을 공식적으로 승인하지 않았는데 그러한 사실은 국가의 개입을 최소화하고, 국가가 목표실행의 추가적 비용책임을 떠맡을 수 없다는 당시 정부의 정책 사고를 반영하는 것이었다. 그러나 일단 그 목표가 국가적으로 공유되고, 국가훈련 테스크포스(the National Training Task Force)와 그 후임인 교육훈련목표 국가자문위원회(the National Advisory Council for Education and Training Targets; NACETT)의 책임이 되면서, 정부는 보다 책임을 느끼지 않을 수 없었으며, 또한 그 목표를 달성하는 데 있어 정부가 보조할 수 있는 방안에 대한 실천계획을 내놓게 되었다. 그러나 물론 목표의 전제는 법적 의무에 의한 체제(a statutory based system)가 아니라, 완전히 자발적 체제를 통한 성취였다. 영국기업연맹은 더 높은 수준의 성취는 국가가 비용을 부담해야 할 것이라 하면서 교육훈련의 이해관계자인 사업주, 개인, 정부는 투자에 있어 그들의 몫을 받아들여야

140) 일반적으로 영국의 기술부족은 일반교육과 직업훈련 모두의 취약성으로 파악되고 있다. 초중등교육에서도 영국의 어린이들은 국가별 비교시험에서 상대적으로 낮은 성적을 올리고 있다. 과학 분야에서 영국의 10세, 14세의 어린이들은 17개국과 비교한 결과 평균적으로 뒤져 있다는 결과가 나왔었다(Finegold and Soskice, 1988). 또한 학교교육에서도 기술교육과 직업교육에는 투자가 너무 적게 책정되었다는 데 문제가 있는 것으로 지적되고 있으며, 모든 수준의 교육에서 응용과목과 기술교육은 소홀히 하고 학문적이고 이론적인 교육만을 너무 많이 강조하고 있는 것으로 지적되고 있다.

할 것이라고 주장했다. 그러나 단지 권고 받은 사업주들만이 완전히 자발적 상태에서 노동인력에 대한 투자를 높였으며, 또 정부의 추가재정 책임을 요구하지 않았다.

더욱이 그 목표는 기술수준의 낮은 노동인력(the lower attainer)의 요구는 무시했다. 가장 낮은 기능을 지닌 15%의 청소년은 기본목표(the foundation targets)에 포함되지 않았다. 이는 이러한 청소년들의 기능이 영국의 경쟁력에 그다지 도움이 되지 못한다고 판단한 것이라 해석될 수 있다. 그래서 교육훈련을 통한 경쟁력 강화와 같은 모든 기본가정은 교육적으로 혜택 받지 못한 이들(educational disadvantaged)을 무시하는 경향을 실질적으로 드러낸 것이라고 보는 연구자도 있다(Robinson, 1996).

어쨌든 국가교육훈련목표는 전 계층을 포함하고 있다기보다는 특정계층에 국한되었다. 목표에는 청소년과 노동인력 전체의 자격취득은 포함되어 있다. 그러나 장기 실업자의 요구수준에도 미치지 못하며, 여성, 소수인종 혹은 특별한 배려가 요구되는 이들에 대한 교육훈련 불평등도 해명하지 못하고 있었다. 이 목표는 1995년 개정되었고, 2000년까지의 목표로 확장되었다.

이러한 시장중심형 정책이 비판을 받는 것과 달리 논자들 일부는 영국이 기본목표를 달성할 가장 효과적인 방법은 조합주의적 독일 모델보다는 미국/프랑스 모델을 채택하여 전일제 수업에서 집단 참여를 유도하는 것이라고 주장하기도 한다(Soskice, 1993). 이러한 주장의 주요쟁점은 영국경제가 기술의 공급뿐만 아니라 수요가 높지 못해 기술 균형이 낮기 때문에 이미 기업의 훈련 강화를 통해 타개할 가망성이 없다고 판단하는 것이다. 기업이 직업훈련에 체계적으로 참여하도록 하는 전제조건은 그 기본이 되는 제도구조가 영국보다는 독일 및 북유럽 국가들(이들 나라에서는 기업이 매우 유기적으로 조직되어있음)에 더 유사해야 한다고 판단하고 있다.

국가교육훈련목표(NTETs)
"성공적인 미래를 위한 기술계발"

목적
세계수준으로 교육훈련의 기준과 성취수준을 높여, 영국의 국제경쟁력을 향상시키기 위하여
1. 모든 사업주는 사업성공을 달성하기 위한 근로자계발에 투자한다.
2. 모든 개인은 공인자격을 취득할 수 있는 교육훈련에 참여하고, 이를 통해 필요와 소망을 충족시킨다.
3. 모든 교육훈련은 특히 핵심기술 능력을 육성함으로써, 독립성, 유연성, 넓은 식견을 계발한다.

목표 2000
기본학습
1. 19세까지, 청소년의 85%가 C등급 이상 5 GCSEs, 중급 GNVQ 혹은 국가직업자격 2레벨 취득.
2. 19세까지 청소년의 75%가 통신, 수리능력, IT능력 2레벨 취득. 그리고 21세까지 35%가 이 핵심기술영역에서 3레벨 취득.
3. 21세까지, 청소년의 60%가 2 GCE A levels, 고급 GNVQ 혹은 국가직업자격 3레벨 취득.

평생학습
1. 노동인력의 60%가 국가직업자격 3레벨, 고급 GNVQ 혹은 2 GCE A level 자격취득.
2. 노동인력의 30%가 국가직업자격 4레벨 이상의 직업적, 전문적, 관리 혹은 학문 자격취득.
3. 200인 이상 사업장의 70%, 50인 이상 사업장의 35%가 IIP로 공인됨.

그러나 미국식 모델 또한 기업의 기술수요를 증가시키도록 하는 어떠한 제도적 개혁도 이루지 않았다는 데 문제가 있다. 사실 과거의 영국의 경제적 르네상스를 구성했던 핵심요소들은 지속적 GDP 성장, 제조업에서의 생산성 및 수출 증대, 효율성과 이윤을 중시하는 기업가 문화의 발전 등이었다(Cosh and Rowntorn, 1993). 앞서 살펴 본 바와 같이 금융자본의 산업에 대한 부정적 영향력은 장기적인 안목의 금융

－산업관계에 대한 정책으로부터만 완화될 수 있다. 또한 혁신과 숙련의 향상 역시 공공재적 성격을 갖는 것으로서 국가의 정책적 지원과 기반조성 속에서만 가능한 것이다. 기업가문화와 경영능력의 향상 역시 이윤을 증가시킬 수 있는 인센티브와 더불어 혁신을 하지 않고는 살아남을 수 없는 제도적 압력이 존재할 때만 가속화될 수 있었다.

하지만 현재 영국의 직업훈련의 문제점은 바로 이렇게 사용자 주도적이면서 자발성을 강조하고 시장의 실패를 인정하지 않는다는 점에 있다. 완벽한 자발적 체계는 국가 인력의 기술수준을 높여주지 못한다. 사용자를 상대로 한 영국기업연맹(Confederation of British Industry: CBI)의 설문에서조차 절반 이상의 사용자들이 사용자주도의 자발적 훈련은 국가경제의 수요를 충족시키는데 적절하지 않으며, 근로자의 장기적 개발에 적합하지 않다고 응답하는 결과가 나오고 있다. 즉, 기술수요를 충족시키는 수단이 시장에만 의존하는 형태에는 어려움이 많다는 지적이다.

영국의 경쟁국인 독일의 훈련제도가 이루어내는 높은 수준의 기능은 독일경제의 높은 생산성과 무역의 강력한 성과와 광범위하게 관련이 깊고 특히 제조업의 성과에 영향을 미치고 있다. 영국은 종종 독일 훈련제도의 강점과 비교되는 반대사례가 되고 있다. 독일, 영국, 프랑스, 네덜란드의 비슷한 회사들 간의 10년 기간 동안의 사례를 비교한 영국의 National Institute of Economic and Social Research의 결과에 따르면, 국가별 기능 투입수준이나 그 기능의 이용 방식의 차이가 여전히 국가 간 요소 생산성에서 차이를 초래하는 주요 요인이라고 한다. 금속, 가구, 제과, 의류, 호텔, 소매업 등의 다양한 산업에서 영국 근로자의 낮은 수준의 자격이 다른 나라 특히 독일에 비하여 영국의 생산성이 낮은 주요 요인이었다(Jarvis and Prais, 1989; Steedman and Wagner, 1989).

또한 국가별 통계에 대한 분석에서도 같은 결과를 발견할 수 있다.

1987년 제조업 내 57개 업종에 대해 영국과 독일의 상대적인 노동생산성을 비교하여 보면, 해당 업종 종사자가 보유한 기능자격의 상대적인 수치와 매우 연관성이 컸다(O'Mahony, 1992). 동일하게 1978년에서 1987년까지 기간 동안 25개 영국과 독일의 제조업종의 수출 성과의 상대적 차이도 종사자의 자격의 상대적 차이와 상관관계가 있음이 드러났으며, 자본집약도와 R&D 투자비중의 차이를 통제한 결과도 마찬가지이다(Oulton, 1996).

Finegold and Soskice(1988)는

> "영국에서 그 노동력의 교육 및 훈련 면에서 낙후되었다는 사실이 전후의 빈약한 경제성장성과에 기여하여 왔다. …… 공인된 엔지니어가 복잡한 산업기계로 미숙련근로자보다 훨씬 생산적으로 일할 것이라는 주장을 그 누구도 논박할 수 있을 것 같지 않다. …… 첫째, 영국 산업의 단기적인 팽창은 훈련제도가 충분한 숙련노동을 공급하는 데 실패함으로써 방해를 받아왔다. 둘째로 영국경제와 개인기업들이 국제경쟁에서의 장기적 이동에 적응해 나가는 능력이 자질을 갖춘 인력의 부족으로 방해를 받아 왔다."고 밝히고 있다. 또한 영국과 같은 시장모델이 제공할 수 있는 훈련은 국가의 경쟁력을 제고할 수 있는 높은 수준의 숙련은 제공하지 못하며, 저숙련 균형(low-skill equilibrium)만을 이룰 수 있다고 하였다. 시장중심적 훈련모델의 훈련은 국가가 훈련에 개입하는 것이 아니기 때문에 사업주 내지는 근로자 개개인의 책임으로 인식되는 시각이 대부분이다. 따라서 이 경우 국가전체로 볼 때 소수의 고숙련 고부가가치 인력부문과 다수의 저숙련 생신부문으로 인력구조가 구분되고, 취약한 복지구조는 형평성을 추구하지 못하여 소득불균형 내지는 사회적 불평등이 야기될 수밖에 없다고 한다.

시장모델의 경우 일반적으로는 지배적인 저 부가가치 산업이 사업주의 즉각적인 수요를 충족하기 위한 제도적 구조를 결정짓는 경향이 있다. 이런 방안들은 주변부(marginal) 근로자의 취업능력을 유지하는 기능을 수행함으로써 저비용・저부가가치 형태의 생산을 하는 사업주들을 지원하는 수동적 대책이 될 수밖에 없다. 이 체제 내에서 고부가가치 형태의 산업을 추진하는 사업주들은 정부가 훈련비용의 상당부분을 부담하는 조합주의적 모델에 비하여 높은 숙련형성 비용을 지출해야 한다. 조합주의적 모델에서는 교육훈련제도가 사업주들의 숙련기능인력 요구에 강한 영향을 미치기 때문에 사업주들에게는 고부가가치형태의 생산을 유지해야 하는 압력으로 작용한다. 조합주의 모델에서 국가는 숙련형성 비용을 분담할 뿐만 아니라 산업, 노동계와 더불어 숙련형성 과정에 대한 통제권한을 가지고 있다. 하지만 이러한 조합주의적 모델과는 거리가 먼 영국의 기술 부족은 바로 영국이 택하고 있는 시장중심적 모델의 한계에서 비롯한 것이라는 지적을 받게 되었다.

Layard, Mayhew and Owen(1994)도 영국의 상대적인 경제적 몰락의 원인(contributory factor)이 국가전체의 훈련의 수준이 낮은 데서 비롯한다고 비판하고 있다. 경쟁국가인 독일이 강력한 제조업을 보유하고 숙련수준이 높은 것은 바로 훈련제도가 사회 전체적으로 잘 갖추어져 있기 때문인 것으로 파악하고 있다. 이에 비해 영국의 경우는 기업의 훈련에 대한 강제유인이 없기 때문에 국가전체의 숙련수준이 저조할 수밖에 없는 것이다.

영국의 저발전 이유로 이미 영국 내부에서는 1870년대부터 직업훈련부문의 저발전이 지적되어 왔다. 그러나 이를 개혁하려는 시도는 일관적이지 않았다. 인적자본에 대한 부적절한 투자는 영국의 산업성과에 악영향을 미치고 있으며, 특히 이는 세계경쟁의 본질적 측면의 변화에서, 또한 기술 중심 생산품과 서비스의 증가의 측면에서 본다면 다음 세기에 더 심한 악영향을 미치게 될 것으로 판단된다.

한편, 1996년 영국노동조합회의(Trade Union Congress: TUC)가 발표한 '평생학습의 재정지원방안(Funding Lifelong Learning)'도 다음과

같은 내용을 담고 있다.

> "영국 경제는 자발적 훈련제도에 바탕을 둔 저숙련의 평준화라는 덫에 걸려 있다. 경제의 기술에 대한 빈약한 수요가 훈련에 대한 인센티브를 없애고 있으며, 이는 다시 저숙련 노동력을 양산하고 있다. 이런 기술의 부족은 비용 대비 질(value for money)을 강조하는 경제 지향적 전략으로의 이동을 방해하고 있다. 우리는 이런 악순환을 깰 필요가 있으며, 고숙련·고품질·고임금 경제를 추구해야 한다."

이러한 문제의식을 반영하여 영국에서는 주요정당과 노사 간에 인력의 기술수준이 국가의 경쟁력과 사회의 안정에 주요한 요소라는 공감대가 형성되고 있다. 숙련형성을 통하여 노동생산성을 향상시키고 경제성장을 이루며, 생활수준까지 높아질 수 있다는 뜻이다. 최근 영국 정부 내에서도 자국의 훈련정책에 대한 비판이 제기되고 있다. 교육고용부의 자문그룹인 The National Skills Task Force(NSTF)는 16세 이후의 교육훈련정책에 관한 정책을 검토하였는데 이들의 최종보고서가 2000년 7월 발간된 'Skills for All: Proposals for a national Skills Agenda'이다. 이 보고서는 교육훈련정책에 관한 24개의 권고사항을 제시하고 있는데 그중 하나가 현재의 자발적인 시장중심적 훈련체제가 결코 영국의 경쟁국가에 비견될 숙련노동력을 창출할 수 없다는 전제하에 법적인 틀(statutory framework) 도입이다. 이 보고서가 발간된 후 영국노동조합회의도 사업체 훈련과 관련한 세금면제와 과세를 도입할 것을 주장하고 있다.

제2절 사회복지적 차원의 결과

1. 직접적 효과

일반적으로 직업훈련의 형평성(equity) 수준은 훈련과정에 대한 취약계층의 참여의 내용과 훈련당시와 과정이수 후 경제적인 변화를 결과지표로 한다(Ryan, 1999).

훈련과정에 대한 취약계층의 참여내용을 먼저 분석하여 본다. 영국 인구의 대략 6.7% 정도가 소수민족[141]인데 이들 소수민족의 실업률은 전체인구의 2배 이상으로 나타나고 있다(DfEE, 1999d). 청소년훈련에서 백인 이외의 소수민족의 참여율은 약 5%(〈표6-13〉)로 나타나고 있으며 이들 계층의 실업률이 상대적으로 높음에도 불구하고 소수민족의 참여율은 그다지 높지 않은 것으로 판단된다. 한편 장애인의 참여율도 2% 내외(〈표6-14〉)를 기록하고 있다.

141)

〈표〉 인구의 민족별 구성(1999-2000년, GB)

구 분	인원(천 명)	비율(%)
백 인	53,082	93.2
비백인	3,832	6.7
계	56,927	100.0

주: 계는 민족을 밝히지 않은 인원까지 포함한 것임.
자료: Office for National Statistics. (2000a). Britain 2001. London: Stationary Office.

〈표6-13〉 민족별 청소년훈련 참여율

단위: %

구 분	1995-96년	1997-98년	1998-99년	1999-00년
백 인	97	95	95	95
흑 인	1	1	2	2
인도인, 파키스탄, 방글라데시, 스리랑카	1	2	2	2
기 타	1	1	1	1

자료: DfEE. (2000). *Education and Training Statistics for the United Kingdom.* Sheffield: DfEE.

〈표6-14〉 장애인의 청소년훈련 참여율

단위: %

구분	1995-96년	1997-98년	1998-99년	1999-00년
장애인	2	3	2	2
비장애인	98	97	98	98

자료: DfEE. (2000). *Education and Training Statistics for the United Kingdom.* Sheffield: DfEE.

2. 간접적 영향

간접적 성과로는 임금, 실업률, 지니계수, 소득분포 등을 지표로 삼았다. 먼저 임금부문이다. 최근 몇 년간의 기술감사보고서(the Skills Audit report)에 따르면, 숙련수준에 따른 임금격차(pay differentials)가 심화되고 있다고 한다. 저급기술 노동자들의 임금은 제자리인 데 반하여 고급기술을 보유한 노동자들의 임금이 점차 증가하여 사실상 그 격차가 넓어졌기 때문이다. 예를 들어, 고급기술 소유 노동자의 평균임금은 1979년에서 1993년까지 148%에서 156%까지 증가했다고 한다. 반면 3급 수준의 저급기술 보유 노동자는 같은 기간 동안 임금변화가 거의 없었다(DfEE/Cabinet Office, 1996). 그러나 독일의 경우 기술수준에 따른 임금격차는 대체로 안정적인 상태를 유지하고 있으며, 프랑스의 경우는 오히려 임금격차가 줄어들었다고 한다.

다음은 실업률과 관련된 내용들이다. 2000년 기준 남성의 경제활동참가율은 84.6%, 여성의 경제활동참가율은 72.9%, 전체 경제활동참가율은 79.0%로 나타나고 있다. 영국의 실업률은 최근의 경기호조[142]로 유럽의 평균 수준보다 낮은 비율을 나타내고 있으며, ILO실업률은 남성 6.0%, 여성 4.8%, 전체 실업률은 5.5%로 나타나고 있다.

영국의 공식적 실업률은 1990년대 중반 이후로 낮아지고 있는데 이는 유럽대륙에 비하여 매우 낮은 수치로서 보수당정부는 이러한 결과야말로 보수당정부의 신자유주의적 경제개혁이 장기적으로 효과를 발휘하고 있음을 증명하는 것이라고 주장한다. 그러나 영국의 낮은 실업률은 실제로 1979년 이래 32차례나 바뀐 바 있는 ILO의 방식을 따르지 않는 영국의 독특한 실업률 산정방식 때문이라고 한다. 이에 따르면 1997년 4월 영국의 공식 실업자 수[143]는 174만 6천(실업률 6.7%)에 불과하지만 ILO 기준에 따르면 226만 명(8,7%)이며 장기실업자까지 계산하면 246만(9.4%)에 이르렀다. 공식실업률이 영국의 2배인 프랑스의 경우엔 무취업자가구가 8.8%에 불과하나(독일은 8.4%), 영국은 20.6%

142) 1970년대 이후 오랜 기간 동안 영국사회를 특징지은 스태그플레이션(stagflation) 현상-고물가, 고실업현상-은 영국 경제는 물론 정치, 사회 전반에 걸쳐서 많은 부정적 영향을 미쳤다. 특히, 1984-1987년까지의 기간 중에는 연 10% 이상의 실업률을 보였으며 그 후 한자리수로 감소되었다. 그 이후 1992-1993년 중에 다시 10%대의 실업률을 경험한 다음 1994년 이후 경기회복과 더불어 계속 감소추세를 보여 왔다.

143) 영국 실업률의 공식적 자국통계는 직업안정기관의 업무통계에 의한다. 따라서 과소 집계되는 현상을 보이고 있다. 예를 들어서 1999년 기준 영국정부가 발표한 자국공식통계는 4.3%였으나 미국의 노동통계청과 OECD가 분석한 통계는 6.1%였다.

에 이르고 있다(*Guardian*, 1997. 4. 16; *Financial Times*, 1997. 4. 17).

또한 낮아진 실업률은 경제활동참가율이 과거보다 줄어들고 있다는 점, 청소년층과 노년층의 경제활동참가율이 줄어들었다는 점에 기인한 바가 크며 〈표6-16〉에서 보이듯이 장기실업자의 비율은 여전히 유럽의 여타국가보다 높다는 데에 문제가 있는 것으로 지적되고 있다(OECD, 2000c).

또한 지역별 편차도 큰 편으로서 북아일랜드의 실업률이 가장 높고, 잉글랜드가 가장 낮으며 스코틀랜드와 웨일즈는 그 중간에 해당된다. 이러한 영국경제 호황의 배경에는 지속적으로 추진되어 온 각종 개혁 프로그램과 경기적인 요인도 중요한 역할을 하였지만 노동시장의 유연성이 중요한 요인으로 작용했다고 한다(OECD, 2000c).

〈표6-15〉는 ILO 기준 실업률의 국제비교를 보여주고 있다. 영국의 실업률은 실제 1990년대 후반에 들어서면서 많이 낮아지고 있음을 알 수 있다.

〈표6-15〉 실업률 국제비교

단위: %

구 분	조사방법	해당연령	1990	1991	1992	1993	1994	1995	1996	1997	1998	1999
영 국	노동력 표본통계조사	16세 이상	6.8	8.4	9.7	10.3	9.6	8.6	8.2	7.1	6.1	-
독 일	공식 추계치	15세 이상	-	6.6	7.9	9.5	10.3	10.1	8.8	9.8	9.7	10.5
프랑스	노동력 표본통계조사	15세 이상	8.9	9.4	10.3	11.6	12.3	11.6	12.3	12.4	11.8	11.2

자료: ILO. (2000).

〈표6-16〉 장기실업의 발생비율(총노동력 대비 비율) 국제비교

단위:%

구 분	1983년		1990년		1993년	
	6개월 이상	1년 이상	6개월 이상	1년 이상	6개월 이상	1년 이상
프랑스	67.6	44.3	55.5	38.0	58.2	34.2
독 일	65.8	41.6	64.7	46.8	60.2	40.3
영 국	66.4	45.6	50.3	34.4	62.9	42.5
스웨덴	24.9	10.3	16.0	4.7	32.0	10.9

주: 등록한 실업자들을 기준으로 함.
자료: OECD. (1995). *Jobs Study: Implementing the strategy*. Paris: OECD.

다음은 지니계수와 5분위 소득분포를 통하여 소득의 평등도를 알아보도록 한다. 지니계수에서도 영국은 독일에 비하여 소득분포가 불공평한 것으로 나타나고 있다.

〈표6-17〉 지니계수 변화 국제비교

구 분	지니계수의 변화	
	연평균 변화(%)	당해 연도(%)
영 국	(1979년-1992년) 0.80	(1992년) 33.7
독 일	(1978년-1990년) 0.05	(1990년) 26.0
프랑스	(1984년-1989년) 0.15	-

자료: N. Crafts. (1995). *Britain's Relative Economic Decline* 1870-1995.; Atkinson. *Seeking to Explain the Distribution of Income.*; P. Barclay. *Income and Wealth* Vol. 1. Joseph Rowntree Foundation. 1995.; 권혁주. (1998). 영국 복지개혁의 소득재분배 효과: 쎄처 정부시기를 중심으로(1979-1991). 「한국행정학보」, 32(1): 27-43에서 재인용.

다음의 〈표6-18〉은 대처, 메이저, 블레어 정부의 지니계수의 변화를 보여주고 있다. 원천소득에서도 소득불평등이 점차 심화되고 있으며, 각종 정부의 보조와 세금이 가산된 이후의 세후소득에서 특히 소득불평등이 심화되었음을 알 수 있다.

〈표6-18〉 지니계수의 변화 추이(1978년-2000/01년)

단위: %

연 도	원천소득	총소득	가처분소득	세후소득
1978	43	29	26	28
1979	44	30	27	29
1980	44	31	28	30
1981	46	31	28	31
1982	47	31	28	31
1983	48	32	28	31
1984	49	31	28	30
1985	49	32	29	32
1986	50	34	31	35
1987	51	36	33	36
1988	51	37	35	38
1989	50	36	34	37
1990	52	38	36	40
1991	51	37	35	39
1992	52	37	34	38
1993	53	38	35	38
1993/94	54	37	34	38
1994/95	52	37	33	37
1995/96	52	36	33	37
1996/97	53	37	34	38
1997/98	53	37	34	38
1998/99	53	38	35	39
1999/00	53	38	35	40
2000/01	51	38	35	39

주: 원천소득(original income): 취업 및 투자에서 나오는 소득으로 정부의 개입이 없는 상태의 소득
총소득(gross income): 원천소득에서 퇴직연금과 같은 현금수당이 포함된 소득
가처분소득(disposable income): 총소득에서 직접세 등이 제외된 소득
세후소득(post-tax income): 가처분소득에서 간접세가 제외된 소득
자료: Lakin. (2002). The effects of taxes and benefits on household income, 2000-01. Available: http://www.statistics.gov.uk.

다음 〈표6-19〉의 5분위별 소득분포에서도 하위 20%의 소득비중이 1990년대 들어와 더 줄어들었음을 알 수 있다. 반면에 상위 20%의 소득비중은 점차 늘어났다.

〈표6-19〉 총가구의 5분위별 소득 분포 추이(1978년-2000/01년)

구 분		1978년	1979년	1980년	1981년	1982년	1983년	1984년	1985년	1986년	1987년	1988년	1989년
원천소득	하위20%	3	2	2	3	3	3	3	2	3	2	2	2
	중하20%	10	10	9	9	8	8	7	7	7	7	7	7
	중간20%	18	18	18	17	17	17	17	17	16	16	16	16
	중상20%	26	27	26	26	26	26	26	27	26	25	26	26
	상위20%	43	43	44	46	46	47	47	47	49	50	50	49
총소득	하위20%	9	9	8	8	9	9	9	8	8	7	7	7
	중하20%	13	13	12	12	12	12	12	12	11	11	11	11
	중간20%	18	18	18	17	17	17	17	17	16	16	16	16
	중상20%	23	24	23	23	23	23	23	24	23	23	23	23
	상위20%	37	37	38	39	39	39	39	40	41	43	43	42
가처분소득	하위20%	10	9	9	9	9	9	10	9	9	8	8	8
	중하20%	14	13	13	13	13	13	13	13	12	12	11	12
	중간20%	18	18	18	17	17	17	17	17	17	16	16	17
	중상20%	23	23	23	23	23	23	23	23	23	23	23	23
	상위20%	35	36	37	38	37	38	37	38	40	41	42	41
세후소득	하위20%	10	10	9	9	9	9	9	9	8	8	7	7
	중하20%	14	13	13	13	13	13	13	13	12	12	11	11
	중간20%	18	18	17	17	17	17	17	17	16	16	16	16
	중상20%	23	23	23	22	22	22	22	23	22	22	22	23
	상위20%	36	37	38	39	39	39	38	39	41	43	44	43

구 분		1990년	1991년	1992년	1993년	1993/94	1994/95	1995/96	1996/97	1997/98	1998/99	1999/00	2000/01
원천소득	하위20%	2	2	2	2	2	2	3	2	2	3	2	2
	중하20%	7	7	6	6	6	6	7	7	7	7	7	7
	중간20%	15	16	15	15	14	15	15	15	15	15	15	15
	중상20%	25	26	26	25	25	25	25	25	25	25	25	25
	상위20%	51	50	50	52	52	51	50	51	51	52	52	50
총소득	하위20%	7	7	7	7	7	7	7	7	7	7	7	6
	중하20%	10	10	11	11	11	11	11	11	11	11	11	11
	중간20%	16	16	16	16	16	16	16	16	16	16	16	16
	중상20%	23	23	23	23	23	23	23	23	23	23	23	23
	상위20%	44	44	43	44	44	43	43	44	44	44	44	44
가처분소득	하위20%	7	7	7	8	8	8	8	8	8	7	7	7
	중하20%	11	11	11	12	12	12	12	12	12	12	12	12
	중간20%	16	16	16	16	16	16	17	16	16	16	16	16
	중상20%	23	23	23	23	23	23	23	23	23	23	23	23
	상위20%	43	42	42	42	42	41	40	42	42	42	42	42
세후소득	하위20%	6	7	7	7	7	7	7	7	7	6	6	6
	중하20%	10	11	11	11	11	11	12	11	11	11	11	11
	중간20%	15	16	15	16	16	16	16	16	16	16	16	16
	중상20%	23	23	23	22	22	22	23	22	22	22	22	22
	상위20%	45	44	44	44	44	43	43	44	44	45	45	44

주: 원천소득(original income): 취업 및 투자에서 나오는 소득으로 정부의 개입이 없는 상태의 소득
총소득(gross income): 원천소득에서 퇴직연금과 같은 현금수당이 포함된 소득
가처분소득(disposable income): 총소득에서 직접세 등이 제외된 소득
세후소득(post-tax income): 가처분소득에서 간접세가 제외된 소득

자료: Lakin. (2002). The effects of taxes and benefits on household income, 2000-01. Available: http://www.statistics.gov.uk.

3. 논 의

이상으로 사회복지적 차원의 직접적 효과와 간접적 영향에 대해 살펴보았다. 먼저 직접적인 효과에 대하여 분석해 보도록 한다. 논자들(Tonge, 1993)은 훈련기업협의회라는 민간 기구를 통하여 훈련을 전달하는 집행기구의 문제와 성과 연계적 재정지원방식이 장기실업자나 취약계층에 대한 정책목표를 분명히 하지 못하는 잘못을 낳았다고 비판하고 있다. 훈련기업협의회는 민간부문의 사업체로서 이윤을 가져야만 하였고 따라서 비용이 많이 발생하거나 재정지원을 덜 받게 될 결과를 초래할 취약계층에 대한 훈련을 우선시하지 않게 된다는 것이다.

훈련기업협의회에 대해서는 앞서서도 문제점이 제시된 바 있다. 첫째, 훈련기업협의회가 자신들의 설립목적(사용자가 기술발전 및 기업발전에 이바지한다)에 부응하지 않고 있다는 비판이 많다. 둘째, 훈련기업협의회의 구성자체가 지역공동체의 대표로 구성되어 있지 않고, 공적자금에 대한 책임을 지지 않게 된다는 점이 지적되고 있다. 특히 실업자에 대한 훈련체계를 증진하는데 안일한 대처를 하고 있다고 비판받고 있다. 셋째, 중앙정부가 설정한 훈련목표는 달성된 것처럼 보이지만 훈련기업협의회의 재정지원은 훈련요구가 가장 큰 지역에서부터 상대적으로 훈련목표를 쉽게 달성할 수 있는 지역까지 무조건적으로 배당되는 데 문제가 있었다. 지역별로 다를 수밖에 없는 훈련의 우선순위가 없었다는 뜻이며, 이는 지역의 요구를 수용하지 못하였다는 의미이기도 하다.

다음으로는 성과연계재정지원방식이다. 자격증취득률, 전일제교육으로의 연계나 취업과 같은 긍정적 결과에 대해서 증가되는 이러한 방식은 너무 강조될 경우 훈련에 대한 접근을 어렵게 하게 함으로써 교육훈련에 관한 국가목표(NTETs)를 오히려 손상시키게 된다. 이러한 성과연계재정지원방식이 실제로 취약계층의 훈련에 대한 기회접근을 어렵게 하고 있다는 조사결과도 나오고 있다. 1995년 교육고용부의 보고서(Meager, 1995)는 새롭게 도입된 '시작과 성과(starts and outcomes)' 재정지원체제 때문에 훈련공급자들이 훈련생을 충원하는 데 있어서 좀 더 선별적(selective)이 되어 가고 있다고 한다. 이 보고서는 53개의 훈련기업협의회와 126개의 훈련기관을 상대로 해서 훈련기업협의회와 훈련기관의 취약계층(이 조사에서는 장애인이나 학습에 어려움을 겪는 집단을 의미하였음) 회피 요인을 조사한 결과 훈련기관에서 제일 많이 제기한 요인이 바로 성과연계재정지원방식 존재 자체와 성과연계재정지원방식의 수준이라고 밝히고 있다. 특히 취약계층이 많이 참여하고 있는 기관인 자원단체(voluntary sector)의 경우는 성과연계재정지원방식에 강력히 반대하는 입장을 취하고 있다. 성과연계재정지원방식에 의한 재정지원의 영향으로 다른 공급자들에게 훈련을 받지 못하게 된 취약계층의 경우 자원단체와 특수교육전문 공급자에게 훈련을 받게 됨에 따라 이들 기관에서는 훈련생의 탈락률이 예전보다 높아지고 있다는 통계도 나오고 있다.

즉, 정부가 지원하는 실업자훈련이나 양성훈련의 경우 모두 취약계층을 대상으로 한 프로그램임에도 불구하고 그 대상의 특수성을 인정하지 않고 있다는 비판이 제기되는 셈이다. 훈련기관과 훈련기업협의회까지도 실업자훈련에의 성과기준을 취업으로 변화시키고 있는 것이 취약계층의 훈련 접근에 어려움을 주는 것이 되고, 이러한 문제가 이들 계층에 대한 공정하지 못한 결과를 갖게 하는 것으로 판단하고 있다. 또한 훈련의 질도 나빠졌다고 보고 있는데 훈련생 선별과 더불어 훈련시간도 짧아지고 있고, 훈련생들에 대한 진로상담 등도 없어지고 있다고 한다. 따라서 실업자훈련에 관한 훈련프로그램이 아니라 직업소개 프로그램이라는 비판까지 나오고 있는 실정이다.

실업자훈련에는 이른바 '걷어내기 효과(creaming effect)'가 더 많이 나타나고 있다. 청소년훈련의 경우에는 비교적 장애인 집단에만 나타나고 있으나 실업자훈련의 경우에는 장애인, 저학력층 및 흑인이나 소수민족출신에게까지 광범위하게 적용되고 있다. 따라서 취약계층에 대한 훈련 시에는 성과연계지원방식의 기준이 되는 것이 아니라 오히려 더 많은 정부의 재정지원을 투여해야 한다는 의견이 제기되고 있다.

현재 청소년훈련 계약 시 훈련기업협의회가 적용한 성과연계재정지원의 수준의 평균을 보면 1995/1996년 기준 최고는 38.6%이었으며, 최저는 35.2% 수준이었다. 실제로는 75%가 적용된 경우도 있었다. 일반적으로 청소년훈련의 경우 40%가 성과에 연계하여 지원되며, 실업자훈련의 경우 60%에서 75%가 성과에 연계하여 지원되는 것이 일반적이다(1999년 기준 웨일즈지역의 경우)

교육고용부의 또 다른 연구보고서(Rolfe, Bryson and Metcalf, 1996)에서도 성과연계재정지원방식이 훈련기관으로 하여금 훈련생을 선별하게 하고 직업탐색만을 위한 단기간의 프로그램만을 제공하게 함으로써 취약계층에게 불리하게 작용하였다고 지적되고 있다. 취약계층에 대한 성과에 대하여 훈련기관에게 추가로 재정 지원하는 등의 조치 또한 훈련생 선발에서는 대부분의 경우에 충분하지 않은 것으로 나타났다.

이상의 결과는 그간의 훈련프로그램이 취약계층의 참여를 정책목표로 하였으나 실제 집행과정에서 '비용 대비 질(Value for money)', '효율성', '성과에 연계한 인센티브'를 강조한 나머지 취약계층의 참여가 오히려 배제되는 등 형평성을 보장하는 사회정책으로 작동하지 않았음을 보여주고 있다.

일반적으로 교육이 확대되고, 정부가 지원하는 훈련의 확대가 있으면 모든 계층이 교육훈련의 기회를 향유하게 될 수 있으리라고 기대한다. 그러나 이러한 생각을 비판하면서 Brown and Scase(1994)는 영국의 교육훈련모델을 테크노크라트의 모델(technocrat model)로 명명한 바 있다. 즉, 이 모델은 Stephen Ball(1993)도 얘기한 바와 같이 그간의 영국의 시장중심적 개혁이 승자와 패자를 낳고 있다는 점을 강조하고 있는 것이다. Brown and Scase(1994)는 따라서 영국의 시장중심적 교육훈련정책이 오히려 사회를 양극화하였고, 이를 양극화모델(polarization model)이라고 하면서 다음과 같이 도식화한 바 있다.

〈그림6-1〉 영국 교육훈련의 양극화모델(polarization model)

1. A levels	→ 숙련향상 → 숙련의 다양화	→ 고등 및 계속 교육의 확대	→ oxbridge, redbrick과 같은 대학의 서열의 심화	→ 1. 중심근로자: 중산층의 고위직 독점화
2. GNVQ	→ 새로운 복합 숙련		→ 다각화 증대	
3. NVQ	→ 재숙련		신설대학 과거 폴리테크닉 계속 및 고등교육 대학	→ 2. 주변근로자: 시간제, 임시, 단기계약
4. 자격증 무	→ 숙련저하	→ 청소년훈련수료자의 50%가 자격을 취득하고 24%가 실업하게 됨	사업체기반 청소년훈련	→ 3. 실업 하층계급

자료: Heinz. (1999). From Education to Work: cross-national perspectives. Cambridge: Cambridge University Press.

블레어정부는 취약계층에 대한 직업훈련을 최우선의 사회복지정책으로 내세우고 있다. 보수당정권에서 양산되었던 실업자들과 취약계층에 대하여 직업훈련을 실시하여 그들의 사회적 통합(social inclusion)을 가속화하겠다는 전략이다. 그러나 간접적 영향으로 살펴 본 '노동을 위한 복지' 정책의 시기 동안 임금의 불평등이나 소득의 불평등은 과거보다 더욱 심화되었다.

이러한 논의는 기본적으로 직업훈련이 취약계층의 사회통합에 기여하고 있는가 하는 의문을 갖게 하고 있다. 현재 '노동을 위한 복지'는 그것이 최후의 선택수단이라는 점 때문에 강제적인 성격이 강하게 내재되어 있다. 적극적 노동시장정책에선 근로활동 참여조건을 이행하지 않아 실업혜택을 볼 수 없더라도 보다 단계가 낮은 여타 사회보장정책의 수혜를 볼 수 있지만 '노동을 위한 복지'의 경우에는 이를 보완해 줄 하위단계의 정책이 존재하지 않는다. 바로 이런 점 때문에 '노동을 위한 복지'에서는 '알선(offer) 일자리가 결코 거절할 수 없는 것(you can't refuse)'(Lodemel and Trickey, 2000)이 된다. 둘째, 대부분의 적극적 노동시장 프로그램과 달리 '노동을 위한 복지'에서 조건으로 제시하는 의무적인 근로활동은 심화된 직업훈련이라기보다는 직업 그 자체라고 볼 수 있다. 적극적 노동시장 정책의 경우 직업훈련은 여러 선택안 중 하나이지만 심화된 직업훈련이 제시되고 있다. 반면에 '노동을 위한 복지'에서는 제시되는 직업훈련의 수준도 그리 높지 않은 것으로 나타나고 있다. 이는 훈련기간이 과거보다도 더 짧아지고 있다는 점에서 알 수 있다. 셋째, 적극적 노동시장 정책은 노동시장 정책당국이 주도하는 반면, '노동을 위한 복지'는 사회복지차원에서 먼저 고려되기 때문에 직업훈련의 중요성이 오히려 약화되는 것처럼 보인다. '노동을 위한 복지'는 마치 일반노동시장의 노동자 선별과정과도 유사하게 운영되고 있다. 지원자들 중에서 고용능력이 있는 경우 정선될 수 있고 직업 활동의 기회를 얻게 된다. 하지만 '노동을 위한 복지' 정책이 심각한 취업상의 장애를 가진 자들을 정책대상집단으로 상정하고 있다면 당연히 문제가 되는 것이다.

제3절 소 결

일반적으로 직업훈련정책은 국가의 인력수준 제고와 취약계층에 대한 적극적 복지의 차원에서 추진되고 있다. 이러한 시각에서 볼 때 영국의 현 직업훈련정책은 경제의 지속 가능한 발전을 지탱할 적절한 수준의 인력을 제공하고 있지 못하고 있으며, 특히 중급수준의 기술의 부족은 여러 번의 직업훈련제도의 변화를 통해서도 이루어지지 않고 있음이 드러나고 있다. 또한 취약계층에 대한 직업훈련도 활성화되고 있지 못하는 것으로 파악되고 있다. 이는 영국이 가지고 있는 시장중심적제도하에서 파생되고 있는 근본적인 문제로 보이고 있다.

그간 영국의 시장중심적 직업훈련모델은 국가의 경쟁력을 제고할 수 있는 높은 수준의 숙련은 제공하지 못하였으며, 저숙련 균형(low-skill equilibrium)만을 이루었다는 평가를 받고 있다. 시장중심적 직업훈련모델에서는 국가가 직업훈련에 개입하는 것이 아니기 때문에 직업훈련은 사업주 내지는 종업원 개개인의 책임으로 인식되는 시각이 대부분이다. 따라서 이 경우 국가전체로 볼 때 소수의 고숙련 고부가가치 인력부문과 다수의 저숙련 생산부문으로 인력구조가 구분되고, 취약한 복지구조는 형평성을 추구하지 못하여 소득불균형 내지는 사회적 불평등이 야기될 수밖에 없다.

영국과 같은 시장중심모델의 경우 일반적으로는 지배적인 저부가가치 산업이 사업주의 즉각적인 수요를 충족하기 위한 제도적 구조를 결정짓는 경향이 있고, 이런 방안들은 주변부(marginal) 근로자의 취업능력을 유지하는 기능을 수행함으로써 저비용·저부가가치 형태의 생산을 하는 사업주들을 지원하는 수동적 대책이 될 수밖에 없다. 이 체제 내에서 고부가가치 형태의 산업을 추진하는 사업주들은 정부가 직업훈련비용의 상당부분을 부담하는 독일과 같은 조합주의적 모델에 비하여 높은 숙련형성 비용을 지출해야 한다.

조합주의적 모델에서는 교육훈련제도가 사업주들의 숙련기능인력 요구에 강한 영향을 미치기 때문에 사업주들에게는 고부가가치형태의 생산을 유지해야 하는 압력으로 작용하게 된다. 조합주의 모델에서 국가는 숙련형성 비용을 분담할 뿐만 아니라 산업, 노동계와 더불어 숙련형성 과정에 대한 통제권한을 가지고 있다. 하지만 이러한 조합주의적 모델과는 거리가 먼 영국의 기술부족은 바로 영국이 택하고 있는 시장중심적 모델의 한계에서 비롯한 것이라는 지적을 받고 있다.

그러나 이러한 시장중심적 모델의 한계와 앞으로의 방향에 대해서는 논자들 사이에도 의견이 대비되고 있다. 어떤 논자들은 영국의 교육훈련제도 개혁은 조합주의적 모델보다는 미국식 모델을 채택하여 일반교육의 집단 참여를 유도하는 것이 올바른 방향이라고 주장한다(Soskice, 1993). 이러한 주장의 주요 쟁점은 영국경제는 기술의 공급뿐만 아니라 기술수요가 높지 못해 기술 균형이 낮고, 기업의 계속훈련 과정을 통해 이를 타개할 가망성은 없다는 것이다. 기업을 체계적인 양성훈련에 효과적으로 참여할 수 있게 하는 전제조건은 그 기본이 되는 제도구조가 영국보다는 독일 및 북유럽 국가들(이들 나라에서는 기업이 매우 유기적으로 조직되어 있음)에 더 유사해야 한다는 것이다. 따라서 정부정책의 주안점이 미국과 같이 누구든 16세 이후의 의무교육과 고등교육에 참여할 수 있도록 하고 기업에 필요한 기술훈련이 이 교육에 의해 이루어지게 해야 한다고 주장한다. 그러나 이러한 과정을 택하는 것에는 많은 문제가 있다. 기업의 수요에 맞춘 완벽한 교육훈련이 있기는 어렵고 기업의 기술수요를 증가시키도록 하는 제도적 개혁도 가져올 수 없다.

이상의 논의를 종합하여 볼 때 직업훈련부문의 시장의 결과는 공평하다고 하기는 어렵고, 정부의 개입이 어느 정도 필요한 것으로 보인다. 일반적으로 공평성의 판단기준으로 기회의 평등(equality of opportunity)이 흔히 논의되곤 한다. 즉, 누구나 자신의 능력을 발전시킬 수 있는 동등한 기회와 권리를 보장받아야 한다는 것인데 성별, 인종, 종교 등에 의한 취업기회의 차별, 가난한 사람에 대해서는 융자를 잘 안 해 주거나 높은 이자율을 적용하는 반면 부유한 사람에 대해서는 특혜를 주는 것과 같은 자본에 대한 접근에 있어서의 차별 등이 문제라는 것이다. 영국의 경우에도 직업훈련 및 고용제도에서 기회의 평등은 많이 논의되고 있다. 그러나 여기서 더 나아가 결과의 평등(equality of outcome)이 논의되어야 할 것으로 판단된다. 즉, 누구나 일정한 수준 이상의 복지를 누릴 수 있어야 하나 기회의 평등만을 강조하는 경우 이것이 보장될 수 없으므로 정부의 적극적 개입이 주장되는 것이다. 여러 가지 사회복지정책이 바로 이러한 근거에서 주장되고 있다. 직업훈련의 경우에도 바로 이 결과의 평등을 누리기 위해서는 시장중심적 제도의 한계를 정확히 분석하는 것이 중요하다.

제7장 결 론

제1절 요 약

이상으로 영국의 직업훈련정책 형성의 요인, 정책의 내용, 정책의 집행기구 및 운영방식, 정책의 결과에 대하여 분석하였다. 먼저 영국의 독특한 직업훈련정책을 형성하는 설명변수로 정책 환경, 정책결정구조, 기존 제도의 특성을 살펴보았다. 정책 환경으로는 정치이데올로기와 산업과 고용구조 및 생산체제를 설정하였다. 정책결정구조로는 정치행정구조와 노사정구조를 포함시켰다.

먼저 정책 환경 중 정치이데올로기로 대처리즘과 블레어의 제3의 길을 분석하였다. 블레어리즘은 대처와 메이저 정부에서는 주요하게 여겨지지 않았던 직업훈련정책을 주요한 정책어젠다로 상정하였다는 점에서 과거와는 확실한 차이가 있었다. 대처 정부의 노동시장 유연화 강화 과정에서 양산되었으나 별다른 구제방법이 없던 실업자 등 노동시장 취약계층에 대한 근로복지 차원의 직업훈련을 강조하고 있는 것이다. 그러나 이들에 대한 직업훈련은 사회와 국가에 대한 의무를 강조하면서 강제적으로 이루어지고 있다는 점에서는 대처나 메이저의 보수당정부와 유사점이 많다. 보수당과 노동당이 서로 다른 정책관을 제시하고 있었기 때문에 노동당의 블레어가 집권함에 따라 정책사고의 변화도 있을 것으로 예견되었으나 블레어정부도 실제 급진적인 변화를 유도하지는 못했다.

산업과 고용구조 및 생산체제도 직업훈련이 중요하게 여겨지기 어려운 상황을 보여주고 있다. 서비스산업 위주의 산업구조 재편, 비정규노동의 증가 및 노동 이동이 잦은 고용구조 등 체계적인 직업훈련이 실시될 수 있는 노동자의 폭도 줄어들어서 탄탄한 직업훈련체계 확립이 어렵기 때문이다.

정책결정구조도 유럽대륙의 조합주의적 모델과는 다른 모습을 보이고 있었다. 조합주의의 대표적인 모델인 독일의 자본주의 체제는 장기적 관점의 금융대출, 높은 고용안정성, 직업훈련에 대한 기업의 투자, 비교적 낮은 이직률, 노동자들의 노동시장 조절기제 참여권 보장, 노동자들의 경영참여 등으로 묘사되면서 직업훈련부문에 있어서 노동조합의 참여가 제도적으로 보장되어 있다. 이와 반대로 영국은 노동조합의 참여가 배제되어 있어서 기업의 직업훈련에 관한 한 사용자가 전권을 지니고 있다.

다음은 1990년대 이전의 정책에 대한 분석이다. 이미 20세기 초부터 영국의 상대적인 경제적 쇠퇴의 원인으로 직업훈련의 제도적 취약성이 영국내부에서 제기되면서 이를 개혁하려는 시도도 지속적으로 있어 왔다. 1964년의 산업훈련법 제정은 정부개입을 통한 직업훈련의 공급을 증진하려는 전후시기의 주요한 노력 중 하나였다. 산업훈련위원회를 설립했던 이 법은 기업의 직업훈련에 정부가 개입하게 되면서 기업에 대하여 직업훈련분담금제도를 도입하였다. 그러나 직업훈련분담금제도는 노사정 간 훈련의무에 대한 합의가 이루어지지 않으면서 시행하는데 어려움이 많았다. 1970년대에는 직업훈련분담금제도가 폐지되었고 당시 경제위기로 인하여 대량으로 발생하는 청년층의 실업에 대하여 정부가 관심을 가지기 시작하였다. 그러나 대처 정부가 시장의 힘에 강조를 두는 직업훈련체제를 지속시키면서 기업이 기업 내의 직업훈련체계를 계획하고 관리하는 데 주도권을 잡게 되었다. 여기에는 직업훈련부문에 관한 영국 고유의 기업의 자발주의라는 관행도 작용하였다.

이러한 정책 환경 및 정책결정구조, 기존 정책의 특성을 형성의 요인으로 하는 영국의 직업훈련정책은 국가 전체의 숙련이 부족하다는 인식에도 불구하고 숙련향상을 위해 가장 중요한 기업의 직업훈련에 관해서는 정부가 직접 개입하지 못하는 관행을 지속적으로 유지하고 있다. 정부는 역사적으로 기업의 직업훈련에 대하여 개입하지 못하였으며 현재에도 취약계층인 청소년과 실업자에 대한 직업훈련에만 개입하고 있다. 기업들은 매년 막대한 비용을 직업훈련에 투자하고 있다. 그러나 노동자들의 높은 이직률과 노동의 이동성 때문에 일반적 기술에 대한 투자는 부족한 편이다.

정부는 기업과 개인의 직업훈련을 제고하기 위해서 간접적인 재정지원방안들을 도입하고 있다. 그러나 노동시장에 대한 약한 규제와 노동이동의 높은 비율은 사용자나 개인들에게 직업훈련에 대한 인센티브를 적절하게 제공하고 있지 못하다.

정책의 집행기구 및 운영방식은 다음과 같다. 영국의 다른 행정부문과 마찬가지로 직업훈련정책에서도 정부와 민간의 역할에 대한 구분이 명확한 편이다. 정부는 정책을 입안하고 정책수행에 대한 평가의 원칙을 제시하며, 민간부문이 정부의 정책을 집행한다. 이러한 정부와 민간의 역할 구분 아래 각종 시장원칙에 의한 직업훈련정책이 집행되어 왔고 직업훈련의 이익이 모두에게 돌아갈 것이기 때문에 정부만의 부담이 아닌 개인, 기업, 정부가 공히 직업훈련의 비용을 분담해야 한다는 공공재정 지원 원칙이 강조되고 있다. 이 과정에서 정부는 직업훈련의 정보제공과 같은 인프라 구축과 취약계층의 직업훈련 제공에만 초점을 두고 있다. 정부의 직업훈련정책을 집행하는 훈련기업협의회도 공적 역할을 부여받은 민간 기업으로서 이윤을 남겨야 하며, 훈련기업협의회에 대한 정부의 재정지원도 성과를 제고한다는 목표하에 성과연계재정지원방식이 이용되고 있다. 따라서 직업훈련 이수 후 취업률이나 자격증취득률이 높은 훈련기업협의회나 직업훈련기관에는 정부의 재정지원도 많이 이루어지고 있다. 이로 인하여 실제 취업능력을 배양하기 위해 정부의 재정지원이 많이 필요한 취약계층은 배제되고 있다는 지적이 많았다.

직업훈련정책은 국가의 인력수준 제고와 취약계층에 대한 적극적 복지의 차원에서 추진되고 있다. 이러한 시각에서 볼 때 영국의 현 직업훈련정책은 경제의 지속 가능한 발전을 지탱할 적절한 수준의 인력을 제공하고 있지 못하고 있으며, 특히 중급수준의 기술 부족은 여러 번의 직업훈련제도의 변화를 통해서도 이루어지지 않고 있음이 드러났다. 또한 취약계층에 대한 직업훈련도 활성화되고 있지 못하는 것으로 파악되고 있다. 이는 영국이 가지고 있는 시장중심적제도가 파생하고 있는 근본적인 문제로 보여지고 있다.

그간 영국의 시장중심적 직업훈련모델은 국가의 경쟁력을 제고할 수 있는 높은 수준의 숙련은 제공하지 못하였으며, 저숙련 균형(low-skill equilibrium)만을 이루었다는 평가를 받고 있다. 시장중심적 직업훈련모델에서는 정부가 직접 직업훈련에 개입하는 것이 아니기 때문에 직업훈련은 기업이나 종업원 개개인의 책임으로 인식되는 시각이 대부분이다. 따라서 이 경우 국가전체로 볼 때 소수의 고숙련 고부가가치 인력부문과 다수의 저숙련 생산부문으로 인력구조가 구분되고, 취약한 복지구조는 형평성을 추구하지 못하여 소득불균형 내지는 사회적 불평등이 야기될 수밖에 없다.

영국과 같은 시장중심모델의 경우 일반적으로는 지배적인 저부가가치 산업이 기업주의 즉각적인 수요를 충족하기 위한 제도적 구조를 결정짓는 경향이 있고, 이런 방안들은 주변부 근로자의 취업능력을 유지하는 기능을 수행함으로써 저비용·저부가가치 형태의 생산을 하는 사업주들을 지원하는 수동적 대책이 될 수밖에 없다. 이 체제 내에서 고부가가치 형태의 산업을 추진하는 기업주들은 정부가 직업훈련비용의 상당부분을 부담하는 독일과 같은 조합주의적 모델에 비하여 높은 숙련형성 비용을 지출해야 한다.

조합주의적 모델에서는 교육훈련제도가 사업주들의 숙련기능인력 배출에 강한 영향을 미치기 때문에 사업주들은 고부가가치형태의 생산을 유지해야 하는 부담을 가질 수밖에 없다. 조합주의 모델에서 국가는 숙련형성 비용을 분담할 뿐만 아니라 산업, 노동계와 더불어 숙련형성 과정에 대한 통제권한도 가지고 있다. 하지만 이러한 조합주의적 모델과는 거리가 먼 영국의 기술부족은 바로 영국이 택하고 있는 시장중심적 모델의 한계에서 비롯한 것이라는 지적을 받고 있다.

그러나 이러한 시장중심적 모델의 한계와 앞으로의 방향에 대해서는 논자들 사이에도 의견이 대비되고 있다. 앞으로 영국의 교육훈련제도 개혁은 조합주의적 모델보다는 미국식 모델을 채택하여 일반교육의 집단 참여를 유도하는 것이 올바른 방향이라고 주장하는 경우도 있다. 이러한 주장의 주요 쟁점은 영국경제가 기술의 공급뿐만 아니라 기술수요가 높지 못해 사회 전체적으로 기술 균형이 낮기 때문에 기업의 계속훈련 과정을 통해 이를 타개할 가망성은 없다는 것이다. 기업을 체계적인 양성훈련에 효과적으로 참여할 수 있게 하는 전제조건은 그 기본이 되는 제도구조가 영국보다는 독일 및 북유럽 국가들(이들 나라에서는 기업이 매우 유기적으로 조직되어 있음)과 유사해야 한다는 것이다. 따라서 정부정책의 주안점이 미국과 같이 누구든 16세 이후의 의무교육과 고등교육에 참여할 수 있도록 하고 기업에 필요한 기술훈련이 이 교육에 의해 이루어지게 해야 한다고 주장한다. 그러나 이러한 과정을 택하는 것에는 많은 문제가 있다. 기업의 수요에 맞춘 완벽한 교육훈련도 존재하기 어려우며, 이러한 과정에서는 기업의 기술수요를 증가시키도록 하는 제도적 개혁도 가져올 수 없기 때문이다.

제2절 정책적 함의

다른 나라의 정책에 대하여 심도 있는 검토가 이루어지지 않은 채 모방하는 것은 적절하지 않다. 왜냐하면 그 제도들은 그것이 만들어진 사회적, 경제적, 정치적, 문화적 맥락을 고려하지 않고는 성공할 수 없기 때문이다. 따라서 정책모델의 비교와 논의의 전개에서 중요한 것은 그 모델이 가지고 있는 중요한 원칙, 원리를 정확하게 파악하는 일이 될 것이다.

이상의 논의에서 영국의 직업훈련정책은 우리나라와는 다른 정책형성과정, 정책내용, 정책집행기구 및 운영방식을 보이고 있음을 알 수 있었다. 전통적으로 직업훈련부문에서 정부의 개입이 자제되어 왔으며, 복지국가의 팽창에 대한 반작용으로 생겨나 작은 정부를 강조하는 정치이데올로기, 금융업 위주의 산업구조 등은 우리나라와는 많이 다르기 때문이다.

우리나라의 직업훈련은 후발산업국가로서 필요하였던 정부의 개입을 바탕으로 제조업 중심의 산업구조에서 직업훈련이 활발하게 진행되어 왔다. 앞으로 한국의 산업화 전략이 첨단산업 분야로 전환해야 하는 것은 사실이지만 아직 기술수준이나 자본능력으로는 단기간 내에 첨단산업으로의 획일적인 전환은 불가능하다. 한국의 주력산업 중의 하나는 중화학공업분야이고, 한국이 세계시장에서 경쟁력이 있는 부분도 아직까지 이 분야이다. Cohen and Zysman(1987)은 미국산업의 경쟁력강화를 논의하면서 한 국가의 산업구조를 고부가가치 분야로만 특화시키고 싼 임금을 찾아 하위생산부문이나 전통적인 산업분야를 해외로 이전시키는 산업화전략은 매우 위험하다고 주장하였다. 한 국가 내에서 다양한 산업분야의 존재와 이들 간의 유기적 연계가 존재해야 자국

내의 고용도 증대시키고, 다양한 숙련노동을 축적시키며, 노동시장의 안정을 위해서 매우 중요하다고 한 것이다.

영국의 직업훈련정책의 성과는 '저숙련 균형'이라는 뚜렷한 단점을 보이고 있었다. 이를 해소하기 위하여 대처, 메이저정부를 거쳐 현재의 블레어정부까지 부단히 개혁정책을 펼쳐 왔다. 그러나 그 한계는 쉽사리 고쳐지지 않고 있다. 저숙련 균형을 탈피하기가 어려웠던 이유는 바로 기업이 즉각적으로 생산에 투여할 수 있는 수준 정도의 기술에만 관심이 있으므로 사회 전반적인 기술수준이 높아지지 않았기 때문이었다.

이상과 같은 영국의 경험을 통해서 사회전체의 제도를 변화시키는 것이 중요함을 알 수 있었다. '저숙련 균형'을 타파하기 위해서는 생산성을 증가시키고 경쟁력을 높이는 것과 같은 단순한 공급차원의 기술수준이 아니라 그 기술의 배치와 활용까지도 고려하는 사회적 합의의 제고가 필요한 것이다. 높은 기술수준은 노동시장이 그 기술을 효과적으로 활용하지 않는다면 소용이 없다. 따라서 직업훈련의 주요한 이해관계자가 서로 균형 있게 역할을 다 할 수 있도록 이해관계자의 힘을 길러주면서 직업훈련에 참여할 수 있는 제도를 만들어내는 것이 중요하다는 것을 알 수 있었다. 영국의 제도에서는 주요한 이해관계자들 간의 네트워크, 특히 노동자조직의 참여가 부진하였다.

우리나라도 정부 주도적 정책형성과정이 가장 큰 문제라고 지적되고 있다. 현재 직업훈련관련 정책 형성에 있어서 기업·노동조합 등 이해관계자의 참여통로로는 「노사정위원회의설치및운영에관한법률」에 의한 노사정위원회 및 지역노사정위원회, 「고용정책기본법」에 의한 고용정책심의회(직업능력개발전문위원회) 및 지방고용심의회, 「직업교육훈련촉진법」의 직업교육훈련정책심의회와 직업교육훈련협의회, 노동부장관이 직업능력개발훈련계획 수립 시 경유하여야 할 고용정책심의회 및 직업교육훈련정책심의회, 그리고 「근로자참여및협력증진에관한법률」에 의한 중앙노사정협의회 등이 있다. 그러나 법률에 의해 설치된 이들 각종 위원회의 경우 회의체의 권한이 의결이 아닌 심의 내지 자문 기능에 그치고 있고, 이해당사자의 동수 참여가 아니라 소수 참여제를 채택하고 있어서 사실상 정부가 훈련정책 형성을 주도한다고 볼 수 있다. 따라서 법조항이나 실제 법집행에서도 이해관계자의 참여가 보장되는 제도 확립이 필요하다. 영국의 사례에서도 보이듯이 직업훈련 관련 이해관계자의 참여 없이는 숙련의 공급이나 수요에서 '저숙련 균형'의 결과를 낳을 수 있다. 영국사례와 대비되는 독일은 시장의 힘에 바탕을 둔 제도이면서도 정부가 입법을 통하여 직업훈련에 대한 노사의 참여와 협조를 위한 전반적인 여건을 조성하고 있다. 정부는 직업훈련 기준을 규제하고 훈련의 질을 감독하는 역할을 수행하지만 정부 단독으로서가 아니라 사회적 동반자(social partnership)의 일원으로서 노사 양주체와 협력적으로 분담하고 있다. 독일은 조합주의의 전통에 따라 직업훈련에 있어서 노사정 간의 합의에 따라서 운영되는 것이다.

그러나 영국의 직업훈련정책은 한계도 보여주고 있지만 우리의 상황에 비추면 다음과 같이 의미 있는 부분을 발견할 수 있었다.

첫째, 직업훈련 이해관계자 간 기능・역할의 재정립이 중요하다. 직업훈련이 효율적으로 이루어지려면 정부・기업・직업훈련기관・노동조합 등 직업훈련 이해관계자 간에 각자의 역할우위(relative advantage)에 기초한 역할 분담이 이루어져야 할 것이다. 정부의 역할우위 기능은 영국과 같이 '직업교육훈련제도의 기본틀 형성', '정책방향 설정' 및 '인센티브를 통한 규율자로서의 역할', '정책과 집행의 분리'로 정리할 수 있을 것이다. 직업훈련의 기획기능은 정부가, 집행기능은 민간이 담당하는 방향으로 제도를 재구축해야 할 것으로 보인다. 현재 우리나라의 직업훈련도 현장성 강화에 대한 요구, 재원 마련에 대한 요구, 신기술 훈련의 요구가 많아지고 있으므로 정부로서는 민간부문을 동원하지 않을 수 없다.

특히 이와 관련해서는 훈련기업협의회의 운영방식을 주목할 필요가 있다. 훈련기업협의회는 취약계층의 직업훈련에 관하여 문제점도 내보인 바 있으나 전반적으로는 기업의 참여를 제고하는 역할을 수행하였다. 훈련기업협의회의 이 사회에 기업체 인사가 많이 참여하고 있으며, 기업체의 숙련수요를 파악하는 데 도움이 컸다.

둘째, 직업훈련에 대한 접근성 제고가 필요하다. 영국은 특히 전국적인 학습망을 건설하여 많은 정보를 제공해주고 있었다. 정부는 직업훈련에 관한 정보제공과 같은 인프라 구축에 초점을 맞추고 직업훈련의 공급자와 수요자를 연계하는 정보망 구축을 확립하였다.

셋째, 직업훈련의 질적 향상을 위한 평가 및 경쟁 시스템 도입이 필요하다. 우리의 직업훈련제도도 부분적으로 훈련과정관리 및 성과관리제도를 도입한 바 있다. 현행 「직업교육훈련촉진법」에서는 정부가 직업훈련기관을 주기적으로 평가하여 그 결과를 행·재정 지원과 연계시킬 의무를 명시하고 있다. 또한 「근로자직업훈련촉진법」에서도 노동부장관이 매년 훈련 기관 및 과정을 평가하도록 하고 우수 기관 또는 과정에 대하여는 정부지원에 있어 이를 우대하도록 규정하고 있다. 그러나 영국의 질 관리와 같은 수준의 정부지원훈련 질 관리제도는 매우 취약한 상태에 있다.

현행 우리나라 직업훈련의 질 관리제도의 특징을 정의한다면, 성과 중심적 질 관리제도라기보다는 행정관청에 의한 지도감독 중심의 질 관리제도라 평가할 수 있을 것이다. 따라서 앞으로 행정관청에 의한 지도감독 중심의 훈련의 질 관리 제도를 성과 연계적 질 관리제도로 전환함으로써 이른바 시장친화형 행정에로의 전환을 촉진할 필요가 있다. 그러므로 단기적으로는 취업률을 중심으로 훈련성과 항목의 비중을 높여갈 필요가 있고, 중·장기적으로는 자격제도를 능력중심(competence-based)으로 단계적으로 개편하되 이를 훈련과정에 연계하여, 훈련성과지표로서 자격취득률의 비중을 점차 높여갈 필요가 있다. 그러나 영국의 예에서 볼 수 있듯이 취약계층의 참여를 제고하기 위한 방안 마련이 필수적이다.

넷째, 실업자 특성을 고려한 상담과 차별화된 프로그램 제공이 필요하다. 뉴딜 프로그램에서 보듯이 실업자들 개인에 대한 개인상담원이 특성에 맞는 상담과 지원을 해주고 있었다. 장기실업자나 노동시장의 취약계층이 참여하게 되는 뉴딜프로그램에서는 실업자별로 실업의 원인해소가 이루어져야 하므로 개인을 전담할 수 있는 상담체제가 필요한 것이다. 이를 위해서는 특별히 상담원들의 전문성을 높이고 심층상담이 가능하도록 해야 한다. 특히 취약계층에 대해서는 지속적인 상담이 가능하도록 관리시스템을 정비하여야 한다.

여섯째, 기업과 개인의 직업훈련관련 지출에 대한 조세부담 경감이 더욱 필요하다. 우리나라의 경우 기업체의 직업훈련 소요비용에 관하여 「조세특례제한법」, 「지방세법」, 「관세법」 등에서 일부 적용하고 있으나 아직 부족한 편이며, 특히 개인의 직업훈련소요 비용에 대해서도 소득공제의 혜택이 주어질 필요가 있다.

참고문헌

1. 국내문헌

가. 단행본

강순희 외. (2000). 「직업훈련제도의 효율성 제고방안」. 서울: 한국노동연구원.

고세훈. (1999). 「영국노동당사」. 서울: 나남출판.

김명수. (2000). 「공공정책평가론」. 서울: 박영사.

김상인. (1999). 「영국 지방정부의 어제, 오늘 그리고 내일」. 서울: 성지각.

김석준 외. (2000). 「뉴 거버넌스 연구」. 서울: 대영문화사.

김영규. (2000). 「시장의 실패 자본의 실패」. 인천: 인하대학교 출판부.

김영순. (1996). 「복지국가 재편의 두가지 길: 1980년대 영국과 스웨덴에 대한 비교연구」. 서울: 서울대 출판부.

김윤태. (1999). 「제3의 길: 토니 블레어와 영국의 선택」. 서울: 새로운 사람들.

김형렬. (2000). 「정책학」. 서울: 법문사.

김훈 외. (2001). 「노사관계 및 인적자원관리 패널조사」. 서울: 한국노동연구원.

남궁근. (1998a). 「비교정책연구-방법, 이론, 적용-」. 서울: 법문사.

남궁근. (1998b). 「행정조사방법론」. 서울: 법문사.

노화준. (1995). 「정책학원론」. 서울: 박영사.

노화준. (2001). 「정책평가론」. 서울: 베스트북.

민강휘. (2001). 「영국의 지역발전기구와 정책 시사점」. 서울: 산업연구원.

박덕제・조우현・이원덕. (1989). 「선진각국의 노조운동과 노사관계」. 서울: 한국경제신문사.

박원표. (1996). 「시장・정부・사회」. 대전: 한남대학교 출판부.

박재희. (1997). 「영국의 중앙정부조직」. 서울: 한국행정연구원.

박천익. (2000). 「시장과 복지」. 대구: 홍익출판사.

백종억. (2000). 「주요국의 교육행정제도와 교육개혁 동향」. 서울: 교육과학사.

송근원・김태성. (1995). 「사회복지정책론」. 서울: 나남출판.

심재용. (1997). 「직업훈련과 정부역할」. 서울: 자유기업센터.

유길상・강순희・홍성호. (1997). 「경제환경의 변화에 대응한 직업훈련체제 개편방안」. 서울: 한국노동연구원.

이규환. (1997). 「선진국의 교육제도」. 서울: 배영사.

이남국. (2001). 「영국의 중앙정부조직」. 서울: 한국행정연구원.

이달곤・김판석・박경원・오성호・조국형. (2002). 「공공직업안정기관의 발전방안 연구－직업상담원제도 개선방안을 중심으로－」. 노동부 용역과제 최종보고서.

이동호. (1998). 「영국 산업사양화의 요인분석과 그 교훈」. 서울: 한국경제연구원.

이명숙・강수택・강욱모. (1995). 「영국의 교육훈련제도, 고용구조의 변화 및 경제성장」. 1995년도 교육부 해외지역연구과제 최종보고서.

이병호. (2000). 「산업경쟁력 강화를 위한 시장과 정부의 역할」. 서울: 산업연구원.

이영찬. (2000). 「영국의 복지정책: 구빈법 개혁부터 제3의 길까지」. 서울:

나남출판.

이주호. (1992). 「직업훈련과 산업경쟁력」. 서울: 국민경제교육연구소.

이준구. (1993). 「미시경제학」. 서울: 법문사.

임무송. (1997). 「영국의 노동정책 변천사」. 서울: 한국노동연구원.

임성일 · 최영출. (2001). 「영국의 지방정부와 공공개혁」. 서울: 법경사.

정정길. (2002). 「정책학원론」. 서울: 대명출판사.

정종화. (1997). 「유럽연합국가들의 교육제도」. 서울: 법문사.

정주연. (2002). 「선진국과 한국의 직업교육 · 훈련제도의 특성과 한계」. 서울: 집문당.

최성수. (1997). 「직업훈련체제의 문제점과 개선방안」. 서울: 한국경제연구원.

최양식. (1998). 「영국을 바꾼 정부개혁」. 서울: 매일경제신문사.

통계청. (2000). 「국제통계연감」. 대전: 통계청.

하연섭. (2003). 「제도분석」. 다산출판사.

한국산업인력관리공단. (1991). 「영국의 직업훈련」. 서울: 한국산업인력관리공단.

한스 슬롬프. (1997). 「유럽의 노사관계: 노사관계의 초국가 모형과 국가별 다양성」. 서울: 한국노동연구원.

허찬영. (1998). 「영국노사관계 - 어제와 오늘 -」. 과천: 한국노동교육원.

나. 논 문

강욱모. (1998). 토니 블레어 노동당 정권의 복지정책. 「'98 한국사회복지연감」, 488-515. 서울: 유풍출판사.

고세훈. (2000). 영국 중앙 - 지방정부 관계의 조정기제: 정당의 역할을 중심으로. 「한국정치학회보」, 34(3): 255-273.

권혁주. (1998). 영국 복지개혁의 소득재분배 효과: 쎄처 정부시기를 중심으로(1979-1991). 「한국행정학보」, 32(1): 27-43.

권혁주. (1999). 영국의 소득분배와 국가. 「한국정치연구」, 8: 257-270.

김근세. (1996). Sayre 법칙의 종말?: 영국 신관리주의의 본질과 한계. 「한국행정연구」, 5(2): 127-149.

김만기. (1980). 80년대 복지정책의 방향-교육, 노동 및 주택정책을 중심으로-. 「한국정치학회보」, 14: 187-221.

김만기. (1990). 한국행정개혁의 접근방법과 전략. 「한국행정학보」, 24(1): 603-628.

김만기 · 김영평 · 유민봉 · 이창원 · 김난도. (2001). 중앙인사관장기관의 효율적 운영에 관한 연구. 「한국행정학회 2001년도 추계학술대회 발표논문집」, 487-502.

김석준. (2000). 한국 국가재창조와 뉴 가버넌스: 새로운 패러다임 모색. 「한국행정학보」, 34(2): 1-21.

김선명. (2000). 한국 금융제도의 경로의존에 관한 연구-역사적 제도주의 접근법을 중심으로-. 「한국정책학회보」, 9(3): 187-215.

김성철. (1999). 복합체계론과 신제도주의의 방법론적 연계: 제도의 속성 및 변화에 관한 논의를 중심으로. 「한국정치학회보」, 33(3): 179-197.

김시윤. (1997). 정책변화와 신제도주의-통신산업정책의 사례-. 「한국정치학회보」, 31(1): 323-345.

김영범. (2001). 적극적 노동시장정책의 실업 감소 효과에 관한 연구. 「한국사회복지의 쟁점 세미나 발표집」, 3-27. 이화여자대학교 사회대 BK21 뉴거버넌스 교육연구단.

김영순. (1997). 1980년대 영국의 고용위기와 노동시장정책. 「한국정치학회보」, 31(1): 211-230.

김영순. (1999a). 제3의 길 위의 복지국가: 블레어정부의 일을 위한 복지 프로그램, 「한국정치학회보」, 33(4): 203-220.

김영순. (1999b). 복지국가는 역전될 수 없는가? - 영국 복지국가의 신보수주의적 재편을 통해 본 '불가역성' 명제의 비판적 검토 -. 「한국과 국제정치」, 15(1): 271-300.

김영종. (2001). 영국보수당정부의 노동개혁정책. 「한국정책과학학회보」, 5(3): 1-25.

김정렬. (2001). 영국 블레어정부의 거버넌스. 「한국행정학보」, 35(3): 85-103.

김진영. (1999). 직업훈련정책과 시장실패, 정부실패: 비교의 관점에서. 「한국정책학회보」, 8(1): 155-183.

김판석. (1998). '지속가능한 발전'에 대한 이해와 개념정립. 「한국정치학회보」, 32(4): 71-88.

김판석. (2000). 김대중정부의 정부개혁과정 연구. 「행정논총」, 38(2): 217-252.

김흥식. (1999). NHS하에서의 영국 민간의료보험에 관한 연구: 한국에 주는 정책적 함의. 「한국정책학회보」, 8(3): 299-324.

나병균. (1997). 1980년 이후 서유럽 복지국가들의 신보수주의와 사회보장제도의 개혁 - 프랑스, 독일, 영국의 예. 「사회보장연구」, 13(1): 207-246.

남궁근. (2002). 역사적 제도주의론. 김태룡 · 윤영진 외. 「새행정이론」, 262-286. 서울: 대영문화사.

류장수. (2002). 인적자원개발 투자, 숙련향상, 국가경쟁력. 「한국사회과학협의회 2002 학술 심포지엄 발표자료집」, 55-96.

문진영 · 조홍식 · 김연명. (1999). 기초생활보장과 복지국가. 「한국사회보장학회 정책토론회 자료집」, 1-59.

성제환. (1999). 사용자단체의 조직과 역할에 대한 비교연구-영국, 독일, 프랑스의 사용자단체를 중심으로. 「산업관계연구」, 9: 55-73.

송희준. (1990). 복지사회의 노동 및 교육정책의 토대로서 인적자본축적의 소득향상 효과와 정책방향에 관한 연구. 「한국행정학보」, 24(2): 905-922.

송희준. (1992). 공무원 생애주기의 인적자본적 인사관리 정책방향. 「한국행정연구」, 1(2): 97-111.

송희준. (1993). 우리나라 고용정책의 문제점과 그 해결 대안. 「한국행정연구」, 2(3): 73-91.

송희준・박기식. (2000). 지식정보사회의 정부역할: 시장과 정부, 그리고 네트워크 가버넌스. 「한국행정학회 2000년도 기획세미나발표논문집」, 189-205.

신동면. (2001). 영국 사회보장제도의 개혁. 「한국사회보장학회 2001년도 학술대회 발표집」, 235-272.

양형일. (1997). 영국 노동당정부의 이념과 정책적 진로. 「한국행정학보」, 31(2): 141-155.

에버린 후버, 존 스테픈스. (2002). 세계화, 경쟁력, 그리고 사회민주주의 모델. 「국가전략」, 8(1): 5-25.

염재호. (1999). 민주화와 정부-기업 관계. 「신제도주의 연구」, 서울: 대영문화사. 193-211.

유현석. (1996). 국제화의 도전과 독일, 영국 노동조합운동의 대응. 「한국과 국제정치」, 12(2): 85-112.

유현석. (2001). 토니 블레어의 '제3의 길': 개혁정책의 전개와 지지 동학 연구. 「한국정치학회보」, 35(1): 307-325.

이내주. (1993a). 기술교육과 영국산업의 쇠퇴. 「서양사론」, 41: 159-199.

이내주. (1993b). 영국국가와 기술교육－교육부 기술교육 발전운동을 중심으로, 1932-39. 「역사학보」, 145: 231-262.

이명숙 · 강수택. (1997). 영국 의무교육의 성과와 국제비교. 「EU학 연구」, 2(2): 136-168.

이명숙. (1997). 영국의 고등교육과 고용구조. 「경제학논집」, 6(2): 519-539.

이명숙 · 송기호. (1998). 1980년대 영국의 노사관계 환경변화. 「노동경제논집」, 21(2): 99-133.

이연호. (2001). 영국 신노동당의 자본주의개혁: '이해관계보유경제(The Stakeholding Economy)'의 실험과 국가성격의 변화. 「국제정치논총」, 41(2): 203-221.

이종수 · 정길원. (1999). 책임운영기관 연구－영국의 도입과정 및 성과에 대한 분석과 한국의 정책방향. 「사회과학논집」, 30: 151-175.

임무송. (1998). 80년대 이후 영국의 신자유주의 구조개혁과 노사관계. 최영기 · 이장원 편저. 「구조조정기의 국가와 노동」, 181-226. 서울: 나무와 숲.

장 훈 · 강원택 · 김영순 · 구갑우. (2000). 영국에서 국가성 변화의 이중성에 대한 연구: 케인스주의 국가에서 신자유주의적 국가로. 「국제정치논총」, 40(3): 297-316.

정무권. (1994). 세계화와 한국의 노동 · 자본 · 국가관계: 힘의 균형과 실용주의 관계를 위하여. 「한국정치학회보」, 28(2): 319-358.

정무권. (1998). '적극적 노동시장정책'의 정치경제: 한국에서의 제도적 정착을 위한 모색. 「한국정책학회보」, 7(3): 319-358.

정영순 · 석재은. (2000). 청소년 고용증진을 위한 영국과 한국의 직업교육제도의 비교. 「사회보장연구」, 16(2): 109-145.

정정길. (2002). 행정과 정책연구를 위한 시차적 접근방법: 제도의 정합성 문제를 중심으로. 「한국행정학보」, 36(1): 1-19.

정주연. (1997). 영국기업의 인적자원관리 - 그 이론과 실질적인 변화 및 노사관계에 대한 영향. 「산업관계연구」, 8: 1-30.

주은선. (2001). 영국 보수당정부와 노동당정부의 공적연금 개혁의 성격에 관한 연구: 연속성과 단절. 「사회복지연구」, 17: 219-244.

최진우. (1995). EC의 사회정책과 회원국의 국내정치 - 영국과 독일의 사례. 「한국정치학회보」, 29(4): 619-642.

폴 라이언. (1996). 영국, 프랑스, 독일의 코포라티즘과 인력개발. 송종래 편. 「한국과 EU국가들의 노사관계: 구조적 특성과 EU 진출 한국기업의 대응」, 343-382. 서울: 법문사.

하연섭. (1999a). 역사적 제도주의. 정용덕 외. 「신제도주의연구」, 9-36. 서울: 대영문화사.

하연섭. (1999b). 비교정치경제론. 정용덕 외. 「신제도주의연구」, 37-62. 서울: 대영문화사.

하태수. (2001a). 제도변화의 형태: 역사적 신제도주의를 중심으로. 「행정논총」, 39(3): 113-137.

하태수. (2001b). 한·영 기업거버넌스 개혁의 비교: 역사적 신제도주의 시각을 중심으로. 「한국행정학회 발표논문집」, 59-73.

하태수. (2002). 영국의 기업 지배구조와 정부개입. 「한국 사회와 행정 연구」, 12(4): 43-58.

황규호. (1997). 열린 교육에서 경쟁교육으로 탈바꿈하는 영국의 교육. 구자억 외. 「동서양 주요국가들의 교육」, 205-270. 서울: 문음사.

2. 외국문헌

가. 단행본

Ashton, David and Green, Francis. (1996). *Education, training and the global economy.* London: Edward Elgar.

Atkinson, A. B. and Hills, John. (1997). *Exclusion, Employment and Opportunity.* London: Centre for Analysis of Social Exclusion at the London School of Economics and Political Science.

Barrell, Ray and Julian Morgan(1996). *International Comparisions of Labour market Responses to Economic Recoveries.* Reseach Studies 38. Sheffield: DfEE.

Blair, Tony. (1992). *Training in Crisis: a report of the underfunding of Training and Enterprise Councils.* London: Labour.

Blair, Tony. (1998). *The Third Way: New Politics for the New Century.* The Fabian Society.

Boeri, T., Layard, R. and Nickell, S. (2000). *Welfare-to-Work and the Fight Against Long-term Unemployment. Research report.* Sheffield: DfEE.

Booth Alison L. and Snower, Dennis J. (1995). *Acquiring skills: market failures, their symptoms and policy responses.* Cambridge: Cambridge University Press.

Bosworth, Derek, Dutton, Pat and Lewin, Jackies. (1992). *Skill shortages: causes and consequences.* Aldershot: Avebury.

Butcher, Tony. (1995). *Delivering welfare: The governance of the social services in the 1990s.* Buckingham: Open University Press.

Cantor, Leonard. (1989). *Vocational education and training in the developed world: A comparative study.* London: Routledge.

CEDEFOP. (1990). *The role of the social partners in vocational education and training including continuing education and training.* Thessaloniki: CEDEFOP.

CEDEFOP. (1991). *Continuing training in firms and trainer development in Britain.* Thessaloniki: CEDEFOP.

CEDEFOP. (1994). *Vocational education and training in the United Kingdom.* Thessaloniki: CEDEFOP.

CEDEFOP. (1996). *New strategies to combat long-term unemployment in Belgium, Denmark and the United Kingdom.* Thessaloniki: CEDEFOP.

CEDEFOP. (1999a). *The financing of vocational education and training in the United Kingdom.* Thessaloniki: CEDEFOP.

CEDEFOP. (1999b). *Vocational education and training in the United Kingdom.* Thessaloniki: CEDEFOP.

Chatrik, Balbir. (1997). *New Deal-Fair Deal?: Black young people in the labour market.* Ilford: Barnardos.

Chatrick, Balbir, Convery, Paul and Prosser, John. (1999). *Unemployment and Training Rights Handbook.* London: Unemployment Unit & Youthaid.

Coates, Davids. (1994). *The Question of UK Decline. States, Society and Economy.* London: Harvester Wheatsheaf.

Cohen, S. and Zysman, J. (1987). *Manufacturing Matters: The Myth of the Post-Industrial Economy.* New York: Basic Books.

Coffield, Frank. (1998). *Learning at Work.* Bristol: The Policy Press at the University of Bristol.

Coffield, Frank. (2000). *Differing visions of a learning society.* Bristol: The Policy Press at the University of Bristol.

Confederation of British Industry. *Flexible Labour Markets: Who pays for training?.* London: CBI.

Collins, Helen. (1993). *European vocational education systems: a guide to vocational education and training in the european community.* London: Kogan Page.

Compston, Hugh. (1997). *The new politics of unemployment: Radical policy initiatives in western europe.* London: Routledge.

Cousins, Christine. (1999). *Society, work and welfare in Europe.* London: Macmillan Press Ltd.

Crouch, Colin. (1993). *Industrial Relations and European State Traditions.* Oxford: Clarendon Press.

Crouch, Colin and Traxler, Franz. (1995). *Organized industrial relations in Europe: what future?.* Aldershot: Avebury.

Crouch, C., Finegold, D. and Sako, M. (1999). *Are Skills the Answer ?.* Oxford: Oxford University Press.

Crowley-Bainton, Theresa. (1993). *TECs & Employers: Developing effective links: Part 2: TEC-employer links in six TEC areas.* Research Series No.13. Sheffield: Employment Department.

Dale, Ian. (2000a). *Labour Party General Election Manifestos 1900-1997.* London: Routledge.

Dale, Ian. (2000b). *Conservative Party General Election Manifestos 1900-1997.* London: Routledge.

Dale, Ian. (2000c). *Liberal Party General Election Manifestos 1900-1997.*

London: Routledge.

Deakin, B. M. (1996). *The youth labour market in Britain: the role of intervention.* Cambridge: Cambridge University Press.

DfEE. (1997). *Employer's contribution to youth training initiatives.* Sheffield: DfEE.

DfEE. (1998a). *Evaluation of modern apprenticeships: 1998 survey of young people.* Sheffield: DfEE.

DfEE. (1998b). *Evaluation of modern apprenticeships: 1998 survey of employers.* Sheffield: DfEE.

DfEE. (1999a). *Education and Training Statistics for the United Kingdom 1998 Edition.* Sheffield: DfEE.

DfEE. (1999b). *TEC/CCTE Licence and Contract Document.* Sheffield: DfEE.

DfEE. (1999c). *Departmental Report.* Sheffield: DfEE.

DfEE. (1999d). *Learning to Succeed: a new framework for post-16 learning.* Sheffield: DfEE.

DfEE. (2000). *Education and Training Statistics for the United Kingdom 1999 Edition.* Sheffield: DfEE.

DfEE. *The Learning and Skills Council: a brief guide.* Available: http://www.dfes.gov.uk

DfEE. *Learning and Skills Council Operation Guide.* Available: http://www.dfes.gov.uk

DfES. (2002). *Departmental Report.* Available: http://www.dfes.gov.uk.

Dore, Ronald. (1987). *Taking Japan Seriously.* Stanford: Stanford University Press.

Employment Department. (1989). *Training and Enterprise Councils: a prospecturs for the 1990s.* Sheffield: ED.

Employment & Social Affairs. (1999). *Employment Policies in the EU and in the Member States.* Belgium: European Commission.

Employment & Social Affairs. (2000). *Employment in Europe 2000.* Belgium: European Commission.

Esland, Geoff. (1991). *Education, Training and Employment: volume 1: Educated Labour-the Changing Basis of Industrial Demand.* London: Addison-Wesley Publishing Company in association with the Open University.

European Commission(1997). *Continuing Vocational Training: Europe, Japan and the United States of America.* Belgium: European Commission.

European Commission. (1999). *Evaluating socio-economic programmes.* Belgium: European Commission.

Evans, Brendan. (1992). *The politics of the training market: from Manpower Services Commission to Training and Enterprise Councils.* London: Routledge.

Felstead, Alan. (1998). *Output-related funding in vocational education and training: a discussion paper and case studies.* Thessaloniki: CEDEFOP.

Ferlie, Ewan, Ashburner, Lynn, Fitzgerald, Louise and Pettigrew, Andrew. (1996). *The new public management in action.* Oxford: Oxford University Press.

Ferner, Anthony and Hyman, R. (1992). *Industrial Relations in the New Europe.* Oxford: Blackwell.

Field, John(1994). *Spicers European Union policy briefings: educational and vocational training Policy*. London: Longman.

Further Education Unit. (1991). *Higher Skills*. London: FEU.

Geers, Frederik, Nielsen, Soren, and Darling, Jill. (1992). *New strategies to combat long-term unemployment in the UK*. Thessaloniki: CEDEFOP.

Giddens, Anthony. (1998). *The Third Way: The Renewal of Social Democracy*. Cambridge: Polity.

Ginsburg, Norman. (1992). *Divisions of welfare: A critical introduction to comparative social policy*. London: SAGE Publications.

Gleeson, Denis. (1989). *The Paradox of Trainig: Making Progress out of Crisis*. Buckingham: Open University Press

Godfrey, Martin. (1997). *Skill development for international competiveness*. Cheltenham: Edward Elgar.

Goodhart, David. (1994). *The Reshaping of the German Social Market*. London: The Institute for Public Policy Research.

Goodwin, Tom and Matthews, Nick. (1998). *Knowledge Transfer: A UK Competitive Weakness*. London: The Institute for Public Policy Research.

Grubb, W. Norton and Ryan, Paul. (1999). *The roles of evaluation for vocational education and training: plain talk on the filed of dreams*. London: Kogan Page.

Hall, P. A. (1986). *Governing the Economy: The politics of state intervention in Britain and France*. Cambridge: Polity Press.

Haughton, Graham et. al. (1995). *TECs and Their Boards*. for the Department for Education and Employment. Research Series No.64. Sheffield: DfEE.

Heinz, Walter R. (1999). *From Education to Work: cross-national perspectives.* Cambridge: Cambridge University Press.

Hillage, Jim, Atkinson, J., Kersley B. and Bates, P. (1998). *Employers' training for young people.* The Institute for Employment Studies. DfEE research report no.76. Sheffield: DfEE.

Hillage, J., Uden, T., Aldridge, F. and Eccles, J. (2000). *Adult learning in England: A review.* Brighton: Institute of Employment Studies at the University of Sussex.

Hills, John. (1996). *New inequalities: The changing distribution of income and wealth in the United Kingdom.* Cambridge: Cambridge University Press.

Hodgson, Ann and Spours, Ken. (1999). *New Labour's educational agenda: issues and policies for education and training from 14+.* London: Kogan Page.

Hodgson, Ann. (2000). *Policies, politics and the future of lifelong learning.* London: Kogan Page.

ILO. (1996/97). *World Employment 1996/97: National Policies in a Global Context.* Geneva: ILO.

ILO. (2000). *Yearbook of Labour Statistics.* Geneva: ILO.

ILO/Regional Office for Asia and the Pacific. (1999). *Skills in Asia and the Pacific: Why Training Matters.* Technical Report for discussion at the Tripartite Asian and Pacific Consultative Meeting on HRD and Training. Bangkok: ILO/Regional Office for Asia and the Pacific.

Jagger, N., Morris, S., Pearson, R. (1996). *The Target for Higher Level Skills in an International Context.* Brighton: The Institute for Employment Studies at the University of Sussex.

Jones, Kathleen. (2000). *The making of social policy in Britain: From the Poor Law to New Labour.* London: The Athlone Press.

King, Desmond. (1995). *Actively seeking work?: The politics of unemployment and welfare policy in the United States and Great Britain.* Chicago: The University of Chicago Press.

Lane, Christel. (1989). *Management and Labour in Europe.* Hants: Edward Elgar.

Layard, R., Mayhew, K., and Owen, G. (1994). *Britain's training deficit: The centre for economic performance report.* Aldershot: Avebury.

Lodemel, Ivar and Trickey, Heather. (2000). *'An Offer You Can't Refuse': Workfare in International Perspective.* Bristol: The Policy Press at the University of Bristol.

Lourie, Julia. (1997). *Training and Enterprise Councils.* Research Paper 97/48. London: House of Commons Library.

Lynch, Lisa M. ed. (1994). *Training and the Private Sector. International Comparisons.* Chicago: The University of Chicago Press.

Manning, Nick and Shaw, Ian. (2000). *New risks, new welfare: Signposts for social policy.* Oxford: Blackwell Publishers.

Manson-Smith, Derek. (1997). *Paying for Training.* London: The Stationery Office.

Mason, Charlie and Russell, Mason. (1987). *The role of the social partners in vocaitional education and training in the United Kingdom.* Thessaloniki: CEDEFOP.

Matheson, Catherine and Matheson, David. (2000). *Educational issues in the learning age.* London: Continuum.

Meager, Nigel. (1995). *Winners and losers: funding issues for the training of people with special training needs.* Brighton: The Institute for Employment Studies at the University of Sussex.

Miliband, David. (1991). *Markets, Politics and Education: Beyond the Education Reform Act.* London: Institute for Public Policy Research.

National Advisory Council for Education and Training Targets. (2000a). *Learning pays and learning works.*

National Advisory Council for Education and Training Targets. (2000b). *Aiming higher: NACETT's report on the National Learning Targets for England and advice on targets beyond 2002.* Sheffield: NACETT.

Neary, Michael. (1997). *Youth, training and the training state: the real history of youth training in the twentieth century.* London: Macmillan Press Ltd.

OECD. (1991). *Evaluating Labour Market and Social Programmes: The state of a complex art.* Paris: OECD.

OECD. (1994). *Vocational Education and Training for Youth: Toward Coherent Policy and Practice.* Paris: OECD.

OECD. (1995). *Jobs Study: Implemting the strategy.* Paris: OECD.

OECD. (1996a). *Lessons from Labour Market Policies in the Transition Countries.* OECD proceedings. Paris: OECD.

OECD. (1996b). *Enhancing the Effectiveness of Active Labour Market Policies.* Paris: OECD.

OECD. (1996c). *Economic Outlook.* Paris: OECD.

OECD. (1998a). *Employment Outlook.* Paris: OECD.

OECD. (1998b). *Thematic review of the transition from initial education to working life.* Interim comparative report. Paris: OECD.

OECD. (1999a). *Education Policy Analysis 1999.* Paris: OECD.

OECD. (1999b). *Overcoming exclusion through adult learning.* Paris: OECD.

OECD. (2000a). *National Accounts of OECD Countries.* Paris: OECD.

OECD. (2000b). *Employment Outlook.* Paris: OECD.

OECD. (2000c). *OECD Economic Surveys United Kingdom.* Paris: OECD.

OECD. (2000d). *Education at a Glance.* Paris: OECD.

Office for National statistics (2000a). *Britain 2001: The official yearbook of the United Kingdom.* London: The Stationary Office.

Office for National Statistics. (2000b). *Statistics of Education: Education and Training Expenditure since 1990-91.* Issue No 06/00. London: The Stationary Office.

Office for National Statistics. (2000c). *Education and Training Statistics for the United Kingdom 2000 edition.* London: The Stationery Office.

O'Higgins, Niall. (2001). *Youth unemployment and employment policy: a global perspective.* Geneva: ILO.

O'Mahony, M. and Wagner, K. (1994). *Changing Fourtunes: An Industry Study of British and German Productivity Growth over Three Decades.* London: NIESR.

Owen, Geoffrey. (1999). *From empire to Europe: The decline and revival of British industry since the second world war.* London: Harper Collins Publishers.

Plummer, John and Zipfel, Tricia. (1998). *Regeneration and employment.*

a new agenda for TECs, communities and partnerships. Area Regeneration Series. Bristol: The Policy Press at University of Bristol.

Powell, Martin. (1999). *New labour, new welfare state?: the 'third way' in British social policy.* Bristol: The Policy Press at the University of Bristol.

Price, David. (2000). *Office of Hope: A History of the Employment Service.* London: Policy Studies Institute at the University of Westminster.

Raggatt, Peter and Unwin, Lorna. (1991). *Change and intervention: vocational education and training.* London: The Falmer Press.

Randall, Geoffrey and Brown, Susan. (1999). *Ending exclusion: employment and training schemes for homeless young people.* York: Joseph Rowntree Foundation.

Reich, R. B. (1983). *The Next American Frontier.* New York: Times Books.

Rose, R. (1993). *Lesson-Drawing in Public Policy.* New Jersey: Chatham House Publishers.

Rolfe, Heather, Bryson, Alex and Metcalf, Hilary. (1996). *The effectiveness of TECs in achieving jobs and qualifications for disadvantaged groups.* Research Studies RS4. Sheffield: DfEE.

Salisbury, J. and Riddell, Sheila. (2000). *Gender, Policy and Educational Change: Shifting agendas in the UK and Europe.* London: Routledge.

Sanderson, Michael. (1999). *Education and economic decline in Britain, 1870 to the 1990s.* Cambridge: Cambridge University Press.

Savage, S. P., Atkinson, R, and Robins, L. (1994). *Public Policy in*

Britain. London: Macmillan Press.

Schiller, Bradley R. (1998). *The economics of poverty and discrimination*. 양세정 · 김동엽 · 김대원 · 주인숙 역. 『빈곤의 경제학』. 서울: 석정.

Seaton, Nick. (1999). *Fair funding or fiscal fudge?: Continuing chasos in school funding*. London: Centre for Policy Studies.

Senker, Peter J. (1992). *Industrial training in a cold climate*. Aldershot: Avebury.

Senker, Peter J. (1995). *Training levies in four countries: implications for British industrial training policy*. Herts: Entra.

Shackleton, J. R. (1992). *Training Too Much?: A Sceptical Look at the Economics of Skill Provision in the UK*. London: Institute of Economic Affairs.

Shackleton, J. R. (1995). *Training for Employment in Western Europe and the United States*. London: Edward Elgar.

Smith, David. (1999). *Will Europe work?: Unemployment in Germany is now the highest it has been since the 1930s. In Britain it is the lowest it has been for 18 year. Why?*. London: Profile Books.

Steedman, H. Gospel, H. and Ryan, P. (1998). *Apprenticeship, a strategy for growth*. London: Centre for Economics Performance at the London School of Economics and Political Science.

Streeck, Wolfgang, Hilbert, Josef, Karl-Heinz van Kevelaer, Maier, Frederike and Weber, Hajo. (1987). *The role of the social partners in vocational training and further training in the Federal Republic of Germany*. Thessaloniki: CEDEFOP.

Tonge, Jon. (1993). *Training and Enterprise Councils: The Privatisation of Britain's Unemployment Problem?*. UWE Papers in Politics No.1.Bristol: University of the West of England.

Trade Union Congress. (1995). *Funding Lifelong Learning: A Strategy to deliver the National Education and Training Targets.* London: TUC.

Trade Union Congress. (1997). *Jobs. unemployment and exclusion.* London: TUC.

Vaughan, Patrick. (1993). *TECs & employers developing effective links Part 1: a survey.* Sheffield: Employment Department.

Wagner, Karin. (1986). *Relation between education, employment and productivity and their impact on education and labour market policies-a British-German comparison.* Thessaloniki: CEDEFOP.

Walsh, Kieron. (1995). *Public Services and Market Mechanisms: competition, contracting and the new public management.* London: Macmillan Press Ltd.

Whiteside, Noel and Salais, Robert. (1998). *Governance, Industry and Labour Markets in Britain and France.* London: Routledge.

Wolf, Charles Jr. (1993). *Market or Government. Choosing between Imperfect Alternatives.* Cambridge, MA: The MIT Press.

나. 논 문

Alheit, Peter. (1999). On a Contradictory Way to the 'Learning Society': a critical approach. *Studies in the Education of Adults.* 31(1): 66-82.

Arulampalam, W. and Booth, A. L. (1997). Labour Market Flexibility and Skills Acquisition: Is There A Trade-Off?. In A. B. Atkinson and H. Hills(eds.). *Exclusion, Employment and Opportunity,* 65-88. London: Centre for Analysis of Social Exclusion at the London

School of Economics and Political Science.

Clough, Bert. (1996). Woking towards the targets. unpublish paper, 1-25. London: Institute of Education at the London University.

Corney, Mark. (2001). Post-16 Education and Training: A Policy Options Paper. unpublished paper for IPPR seminar on Training for People in Work, 1-29.

Cosh, A. D., Hughes, A. and Rowntorn, B. (1993). The Competitive Role of UK Manufacturing Industry: 1979-2003. In Kristy Hughes(ed.). *The Future of UK Competiveness and the Role of the Industrial Policy*. London: Policy Studies Institute.

Crouch, Colin. (1997). Skills-based Full Employment: the latest philisopher's stone. *British Journal of Industrial Relations*. 35(3): 367-391.

Cutler, Tony. (1992). Vocational Training and British Economic Performance: A Further Instalment of the 'British labour Problem'?. *Work, Employment and Society*. 6(2): 161-182.

Dolowitz, P. and Marsh, D. (2000). "Learning from Abroad: The Role of Policy Transfer in Contemporary Policy-Making." *Governance*. 13(1).

Felstead, Alan, Green, Francis and Mayhew, Ken. (1999). Britain's Training Statistics: a cautionary tale. *Work, Employment & Society*. 13(1): 107-115.

Finegold, D. (1991). Preconditions for a High-Skill Equilibrium. In P. Ryan(ed.). *International Comparisons of Vocational Education and Training for Intermediate Skills*, 93-116. London: The Falmer Press.

Finegold. D. (1992). *The Low-Skill Equilibrium: an Institutional Analysis of Britain's Education and Training Failure.* Unpublished Doctoral Dissertation in Politics. Oxford: Oxford University.

Finegold, D. (1996). Market Failure and Government Failure in Skills Investment. In A. L. Booth and D. J. Snower(eds.). *Acquiring Skills: Market Failures, Their Symptoms and Policy Responses,* 233-253. Cambridge: Cambridge University Press.

Finegold, D. and Soskice, D. (1988). The failure of British Training: Analysis and Prescription. *Oxford Review of Economic Policy.* 4(3): 21-54.

Goddard-Patel, Paul and Whitehead, Stephen. (2000). Examining the Crisis of Further Education: An Analysis of 'Failing' Colleges and Failing Policies. *Policy Studies.* 21(3): 191-212.

Goodin, Robert E. (2001). Work and Welfare: Towards a Post-productivist Welfare Regime. *British Journal of Political Science.* 31(1): 13-39.

Gospel, Howard. (1998). The Revival of Apprenticeship Training in Britain?. *British Journal of Industrial Relations* 36(3): 435-457.

Green, Francis and Zanchi, Luisa. (1997). Trends in the Training of Male and Female workers in the United Kingdom. *British Journal of Industrial Relations.* 35(4): 635-644.

Hall. P. A. (1992). The Movement from Keynesianism to Monetarism: Institutional Analysis and British Economic Policy in the 1970s. In Sven Steinmo, Kathleen Thelen and Frank Longstreth(eds.). *Structuring Politics: Historical Institutionalism in Comparative Analysis,* 90-113. Cambridge: Cambridge University Press.

Hall, Peter A. (1999). Social Capital in Britain. *British Journal of Political Science.* 29(3): 417-461.

Hutton, Will. (1997). 'An Overview of Stakeholding'. In Gavin Kelly,

Dominic Kelly and Andrew Gamble(eds.) *Stakeholding Capitalism.* London: Macmillan.

Immergut, Ellen M. (1992). The Rules of the Game: The Logic of Health Policy-making in France, Switzerland, and Sweden. In Sven Steinmo, Kathleen Thelen and Frank Longstreth(eds.). *Structuring Politics-Historical Institutionalism in Comparative Analysis,* 57-89. Cambridge: Cambridge University Press.

Jackson, Nancy and Jordan, Steve.(2000). Learning for Work: Contested Terrain?. *Studies in the Education of Adults.* 32(2): 195-256.

Jarvis, V. and Prais, S. J. (1989). Two Nations of Shopkeepers: Training for Retailing in Britain and France. *National Institute Economic Review.* 128.

Jeong, J. (1995). The Failure of Recent State Vocational Training Policies in Korea from a Comparative Perspective. *British Journal of Industrial Relations.* 33(2): 237-252.

Keep, E. and Mayhew, K. (1995). Training Policy for Competitiveness-time for a fresh perspective?. In H. Metcalf(ed.) *Future Skill Demand and Supply.* London: Policy Studies Institute.

Keep, E and Rainbird, H. (2000). Towards the Learning Organization. In W. Bach and K. Sisson(eds.). *Personnel Management in Britain.* Oxford: Blackwell.

Lakin, Caroline. (2002). The Effects of Taxes and Benefits on Household Income, 2000-01. Available: http://www.statistics.gov.uk.

Lodemel, Ivar. and Dahl, Espen. (2000). Public Works Programes in Korea: a Comparison to Active Labour Market Policies and Workfare in Europe and the US. 「한국의 경제위기와 노동시장 개혁에 관한 국제회의 자료집」. Available: http://www.kli.re.kr.

Marsden, D. W. and Ryan, P. (1991). Initial Training, Labour Market Structure and Public Policy: Intermediate Skills in British and German Industry. In P. Ryan(ed.). *International Comparisons of Vocational Education and Training for Intermediate Skills*, 251-285. London: Falmer Press.

Massey, Andrew. (1999). Quality Issues in the Public Sector. *Public Policy and Administration*. 14(3): 1-14.

Payne, John. (2000). The Contribution of Individual Learning Accounts to the Lifelong Learning Policies of the UK Government: a case-study. *Studies in the Education of Adults*. 32(2): 257-270.

Rhodes, R. A. W. (1996). The New Governance: Governing without Government. *Political Studies*. XLIV: 652-667.

Ryan, P. (1991). Comparative Research on Vocational Education and Training. In P. Ryan(ed.) *International Comparisons of Vocational Education and Training for Intermediate Skills*, 1-20. London: Falmer Press.

Ryan, P. (1996). The Institutional Setting of Investment in Human Resources in the UK. In C. Buechtemann and D. Soloff(eds.). *Human Capital Investment and Economic Performance*. New York: Russell Sage Foundation.

Ryan, P. (2000). Publicly Funded Training for Unemployed Adults: Germany, the UK and Korea. 「한국의 경제위기와 노동시장 개혁에 관한 국제회의 자료집」. Available: http//www.kli.re.kr.

Sjoberg, Ola. (2000). Unemployment and Unemployment Benefits in the OECD 1960-1990 -An empirical test of neo-classical economic theory. *Work, Employment & Society*. 14(1): 51-76.

Soskice D. (1994). Reconciling Markets and Institutions: the German

Apprenticeship System. In L. M. Lynch(ed.). *Training and the Private Sector: International Comparisons*, 25-60. Chicago: University of Chicago Press.

Soskice, D. (1997). Stakeholding Yes: the German Model No. In G. Kelly, D. Kelly and A. Amble(eds.). *Stakeholder Capitalism*. London: Macmillan.

Steedman, H. and Wagner, K. (1989). Productivity, Machinery and Skills: Clothing Manufacture in Britain and Germany. *National Institute Economic Review*. 128: 40-57.

Streeck, W. (1989). Skills and the Limits of Neo-Liberalism: The Enterprise of the Future as a Place of Learning. *Work, Employment and Society*. 3(1): 89-104.

Thelen, Kathleen and Steinmo, Sven. (1992). Historical institutionalism in comparative politics. In Sven Steinmo, Kathleen Thelen and Frank Longstreth(eds.). *Structuring Politics: Historical Institutionalism in Comparative Analysis*, 1-32. Cambridge: University of Cambridge Press.

Walsh, Janet. (1997). Employment Systems in Transition? A Comparative Analysis of Britain and Australia. *Work, Employment & Society*. 11(1): 1-25.

White, Michael. (2000). New Deal for Young People: Towards an Ethical Employment Policy?. *Policy Studies*. 21(4): 285-298.

Wooden, Mark and Heuvel, Audrey Vanden. (1997). Gender Discrimination in Training: a Note. *British Journal of Industrial Relations*. 35(4): 627-633.

• 저자 •

고혜원
(高惠媛)

• 약 력 •

이화여자대학교 정치외교학과 졸업
이화여자대학교 대학원 정치학 석사
이화여자대학교 대학원 행정학 박사
대통령자문 정부혁신지방분권위원회 전문위원
정부산하기관 경영평가위원
여성부 자체평가위원
국가보훈처 자체평가위원
한국행정학회 운영이사
건국대 및 강남대 강사
영국 서섹스대학 방문연구원
(현) 한국직업능력개발원 부연구위원

• 주요논저 •

「서울시 여성발전센터의 운영형태별 성과분석」
「외국인고용허가제 도입과정」
「영국 직업훈련정책의 제도주의적 접근」
『현대사회와 직업』
외 다수

영국 직업훈련정책의 제도주의적 분석

• 초판 인쇄 | 2005년 12월 10일
• 초판 발행 | 2005년 12월 10일

• 지 은 이 | 고혜원
• 펴 낸 이 | 채종준
• 펴 낸 곳 | 한국학술정보㈜
경기도 파주시 교하읍 문발리 526-2
파주출판문화정보산업단지
전화 031) 908-3181(대표) · 팩스 031) 908-3189
홈페이지 http://www.kstudy.com
e-mail(e-Book사업부) ebook@kstudy.com
• 등 록 | 제일산-115호(2000. 6. 19)
• 가 격 | 18,000원

ISBN 89-534-4421-7 93350 (Paper Book)
89-534-4422-5 98350 (e-Book)